容中逵 著

力度与限度的博弈

—— 基础教育改革的支配逻辑

REFORMING FORCE AND ITS LIMITATION
THE MAIN LOGIC WHICH DOMINATES THE BASIC EDUCATIONAL REFORM

社会科学文献出版社
SOCIAL SCIENCES ACADEMIC PRESS (CHINA)

目 录 Contents

上 篇
基本原理：基础教育改革支配逻辑论

下　篇
个案分析：2001年基础教育课程改革论

导论　基础教育改革之真精神

> 窃疑中国自今日以后，……其真能于思想上自成系统，有所创获者，必须一方面吸收输入外来之学说，一方面不忘本来民族之地位。此二种相反而适相成之态度，乃道教之真精神，新儒家之旧途径，而二千年吾民族与他民族思想接触史之所昭示者也。
>
> ——陈寅恪：《冯友兰中国哲学史下册审查报告》

任何改革都试图更进已有不足，从而促使某种事物或事态朝着更为优化或完善的方向发展，教育改革亦不例外。关于教育改革的著述汗牛充栋，散见于各个视角，有从社会学视角进行研究并取得重大突破的，有从政治政策学视角进行研究并试图构建解释框架的，有从法律伦理学视角进行研究并形成重大影响的，有从哲学视角进行研究并处于长期争议的，还有就基础教育改革进行专题深入研究并结合长期实验做出综合考察的，等等。[①] 本研究不是从单一视角出发进行的基础教育改革纵深研究，而是一

[①] 社会学视角的代表如吴康宁、程天君教授等"社会学视野下的中国教育改革研究"及其相关成果；法律伦理视角的代表如劳凯声、刘复兴教授等"教育体现改革中的法律问题与伦理问题研究"及其相关论著；政治政策视角的代表如袁振国、陈玉琨、张武升、吴忠魁教授等《教育改革论》《教育政策学》中侧重教育改革基本理论的宏观研究，马凤岐、蔡春教授等《教育政治学》中关于教育改革基本政治机理的探讨；哲学视角的代表如石中英、周浩波教授等《教育哲学》中关涉教育改革基本价值取向的观点。当然，还有许多关于基础教育改革的专题研究，如叶澜教授的"新基础教育论""新基础教育探索性研究""中国基础教育改革发展研究"，黄书光教授的"中国基础教育改革的历史反思与前瞻"、"中国基础教育改革的文化使命"和"百年中国基础教育改革 （转下页注）

项多视角的综合分析，其目的是更好地通透了解基础教育改革运行的基本逻辑及其内在学理支撑。或许较史学视角它有失材料丰富，较比较视角它有失国别代表性，较哲学、政治学、社会学等视角又有失研究深度，并且囿于学养不足、能力不逮，相关分析还可能仅是浅尝辄止，但整体而言，它却可能较其他单一视角更具理解广泛性、认知全面性和诠释可通约性等优势。为使读者迅速了解笔者的基本思路，下面分三部分就本书的总体构思、基本立场、大致框架及主要观点、核心概念做一简要阐述。

一　基础教育改革的常与变

常与变是哲学研究中的一对重要范畴。常即稳固不变，暗含规律和必然之意，引申为有甲便有乙，如果如何那么怎样；变即变动更新，暗含打破常规、超出控制之意，引申为甲能创乙，亦能造乙，还可生丁，丙亦可生甲、成乙、覆丁，如果甲条件具备那么乙、丙、丁均有可成之象。基础教育改革为什么要讨论这个问题呢？似乎这个话题与本研究主题并不高度相关，然而正是这一对最普遍的哲学范畴才使我们能够更好地了解基础教育改革运行的本真，否则，我们的讨论终将流于肤浅。笔者以为，若将基础教育改革譬作世间万物中之一员，那么其常变法则大致如下。

其一，常的表征。此处"常"是指基础教育发展本身是有规律可循、具有自己特定稳固内涵和自身发展独异趋向的情形。许多人在研究基础教育改革时，都会人为地将基础教育本身具有的稳固性排斥在外，认为既然是改革，还用得着去考虑它的稳固性吗？事实上，基础教育本身是具有相当稳固特性的，如果我们不对其稳固性的一面给予应有的关注，我们很可能会陷入一种历史虚无主义的状态。因此，为确保基础教育改革能够相对

(接上页注①)进程的思想激荡"；裴娣娜教授的"主体教育实验"、郭文安教授的"国民素质建构与基础教育改革"、袁桂林教授的"基础教育改革与发展"、周兴国教授的"基础教育改革研究"、张天雪教授的"基础教育改革论纲"、陈建华教授的"基础教育哲学"、张荣伟教授的"当代基础教育改革""中国基础教育改革概论"等，此处不一而足。

达成应有目标，我们不可小视其"常"的方面。总体来说，无论基础教育如何改革，它都将具有如下三个不变的特征。一是教育性。基础教育无论如何变革，它都是教育变革，而非诸如经济、政治领域的改革，而只要是教育改革，就必将遵循教育的基本规律。二是基础性。既然是"基础"教育，那么基础教育无论如何变革，它都将是整个教育系统中的"基础"阶段，它都将具有承前启后的特征而受制于高等教育与学前教育因素，都不可能将基础教育变革成非基础教育。三是系统性。学校教育是一个相对独立的自我运行系统，基础教育无论怎样改革，它都不可能是基础教育领域当中某一要素的改革，而是一项系统的整体改革，它都将通过诸如教师、学生、教学内容与方法等教育系统的各个构成要素逐一实现，而此间改革的任何一方面都将影响基础教育系统结构当中的各个方面。如果改革过于激烈而超出了这三个不变特性，就会引发基础教育本身发展的混乱与无所适从。此外，"常"于本书的另一个含义是寻常、平常，笔者将其引申为对基础教育改革研究的通常做法。纵览当前我国关于基础教育改革的相关著作，有四个较为明显的特点：一是多集中于2001年新基础教育课程改革，具有明显的针对性或典型性；二是多集中于基础教育改革的教育系统构成要素，具有明显的全面性或整体性；三是多集中于为改革施行做解说，具有明显的辩护性或论证性；四是多集中于某一特定侧度进行专题研究，具有明显的视角性或深刻性。笔者对此至为赞同，并会在上述"常"之研究基础上予以进一步拓展与深化。

其二，变的表征。此处"变"是指基础教育发展过程本身是在不断发生变化，具有更新向前、异于从前的属性与特征。基础教育自然发生的这种变化本身就是改革，易言之，即使不改革，基础教育系统本身也会通过自组织的方式自行发生变化。这种变化来自两种力量：一种是基础教育系统外部的力量，这是基础教育本身随着社会实践变迁而自动自为发生以适应社会生产力与经济、政治与文化变化的变化；另一种是学校系统内部的力量，这是学校教育者为促使教育教学管理目标的有效达成而进行的人为努力改变而发生的变化。前者促使整个基础教育的目标与内容、模式与方法、评价与管理等发生变化，改革方式多以宏观、认知、文本为基础，由外部力量主导微观、动态、操作发生自外而内的变化；后者促使某所具体学校、某个具体教师的具体课堂内外教育教学管理、作业布置批改及相关考核评价行为等发生变化，改革方式多以微观、动态、操作层面为基础，由内部力量主导宏观、认知、文本发生自内而外的变化。事实上，通常我们所说的"改革"是针对前一种情况而言的，即以外在力量推进为主的基础教育变革。这种人为预先设计的旨在促使基础教育从目标、内容到行为、方法的改革，其在变革形式与内容上要比自然发生的变革更为明显可感。易言之，这种变革更为人们所具体感知与体认，因为只要是外在的改革，都会在价值取向上与当下已有的实践存在一种或物理或认知上的空间，这种空间可以被视为目标界定，也可以被视为改革的努力方向或经过改革后所要达成的应然状态，而改革就是要缝合已有实践与价值追求之间的这种距离。此外，"变"于本书的另一个含义是"不同、相异"，笔者将其引申为对本研究的另一种新做法，当然，这种所谓新的做法事实上也不能称其为新，而只是在研究时有意突出了如下三点：一是将相对单一的视角变成了综合的视角，把基础教育改革的分析纳入更为广泛的社会大系统来予以分析；二是将相对单一的静态结构展示变成一种更具动态意蕴的趋向动力分析；三是将相对单一的个案、理论、实践分析变成一种既具学理色彩又具实践特征，既具个案解读又具相对普遍解释力的立体分析。

其三，常变交融。常变交融是指一项相对成功的基础教育改革应当同时认清并考虑基础教育发展所具有的常与变这两种特质，不可偏废一端的情形。马克思主义哲学的基本原理告诉我们，普遍联系和永恒发展是世间万物的两大总特征，尽管整个物质世界的运动发展具有绝对性，但只有将运动变化的物质世界予以相对静止和固着化，人类才可能认识世界，否则人类对整个物质世界的认识便会陷入不可知论。因此，我们要研究基础教育改革的"常"。然而，物质世界的这种"常"是相对的，它会因时随地由人地自动发生变化，这种变化或因历史时间发生变更，或因所处地域发生位移，或因人为宰制形成，但在客观上却是变动不居的，在结果上是与它自身此前不同的，事物发展的内在动力源于矛盾的斗争性，只要存在矛盾，那么事物就必定会不断向前发展，故而因斗争性而产生的"变"便具有绝对性。因此，我们对基础教育改革应当持有一种前提性认知：基础教育领域的"改革"是常态，一成不变或主张基础教育一成不变是"变态"，我们不能拒斥教育或否定教育的变革；但基础教育改革领域的"变"，不是天马行空的变，而是具有系统传承基质的变，离开了传承性与应有的连续性，其"变"将成为毫无根基的乱变；基础教育系统的变革应当是常变交融、常中求变、变而求常。此外，"常变交融"于本书的另一个含义，旨在表明本书不仅会遵循已有学人对基础教育改革的常规研究路向，还会在此基础上突出一些自己的研究思路与看法，使本书尽可能地做到在看似寻常的研究当中，却能有一番变的意味在里面，继而能够体现并令读者产生一种"熟悉的陌生人"的感觉。当然，这只是笔者一种近乎一厢情愿的想法，毕竟，要想成此功效，仅凭荡口一言是不行的。

二 基础教育改革的静与动

上面陈述了基础教育改革本身的常与变，接下来阐述一下基础教育改革的"静"与"动"，或许人们会生疑，常不就是静，变不就是动，还要玩什么文字游戏？其实不然，中国文字虽然丰富，同义词变化多端，但也绝非无中生有，相近的词也是有所不同侧重的。前面的"常""变"着重从基础教育改革的实质和内容来分析，此处的"静""动"则主要是就基础教育改革的进程与方式而言的。因而除了文字游戏之外，目的还是稍有不同的。

其一，静的表征。此处"静"即"平静、不动声色"之意，它包括两层含义：一方面指基础教育改革的成效需在静静的春风化雨中获取，而非必然在暴风骤雨式运动中求得这一特点；另一方面也指本书的静态文本分析结构与框架。就前者而言，静的表征指基础教育改革从其原初意义上讲，应该是一种自觉自为的源于教育特别是学校教育系统内部的主动行为。所谓大道无形，真正真切而富有成效的改革必然是以静悄悄的试误，通过学校教师个体自觉改变、集群自发诱导，进而聚众成势、由寡至众，由量的不断积累到部分质变，再经由新质的量扩张至完全质变以达到一种新的水平和境界的活动。就后者而言，静的表征是指本书的基本分析框架和主体内容构成。任何关于基础教育改革的分析都会有一种分析框架，本书的核心任务是揭示支配基础教育改革的基本逻辑，因而在内容结构上主要分两大部分。上篇主要是关于基础教育改革支配逻辑的研究，属于原理性探讨，分别由支配基础教育改革的政治逻辑、经济逻辑、文化逻辑、教育逻辑四章构成。其中政治、经济逻辑体现的是基础教育改革中力度大于限度的两大制约因素，文化、教育逻辑体现的是基础教育改革限度大于力度的两大制约因素。下篇主要结合上篇揭示的基本原理，就2001年基础教育课程改革的基本理念、主要举措、实施推广做出具体个案分析与论证，体现的是上篇四种逻辑在具体实践中的分析运用。静的框架向读者展示的是作者分析基础教育改革时的系统构成要素及其基本关系结构，目的是让读者了解作者的总体研究思路与行文框架。

其二，动的表征。此处"动"即动向、趋势之意，也包含两层含义：一方面指基础教育改革通常会在外力推动特别是当局政府主动施行推进的特征及其路向；另一方面也指本书系统分析基础教育改革的动态过程。就前者而言，动的表征指基础教育改革从其过程来看，都会至少经历酝酿发起、施行推广、结果评判等基本环节。尽管理想的基础教育改革是如前所述发生在学校里的"静悄悄的革命"，但同样不可忽视的事实是，只要我们谈论基础教育的改革，势必是针对由外力推动特别是政府主导下的改革而言的，并且从各国不同历史时期所进行的基础教育改革来看，情形也是这样，如若不然，我们很可能在探讨基础教育改革这一问题时会产生相互难以理解与对话的情形。因此，对这种来自外部、通常由政府主导执行、且颇具暴风骤雨味道的基础教育改革分析肯定是本书的重中之重。就后者而言，动的表征是在上述静的分析框架基底下，着重动态解析四种支配逻辑的运动机理与展现形式以及 2001 年基础教育改革的施行实况。在上篇，每一种逻辑都将从基础教育改革的形成与实施着手，就其在上述两大环节的支配机理与特点予以逐个阐述，其依循基点是每个系统的基本特质，如政治系统的基本特质是权力争夺原则，经济系统的基本特质是盈亏得失原则，文化系统的基本特质是话语和价值区隔原则，教育系统的基本特质是效率公平原则，等等。洋洋洒洒数十万言均围绕这些基本特质展开论述并一贯以之于基础教育改革的形成与实施两大环节，以此试图使读者明了作者的意图和支配基础教育改革各方因素的构成及其运动趋向；在下篇，则从基本理念的判读开始，选取整个基础教育改革相关措施当中的核心构件予以重点解剖，进而就其施行推进中被忽视的四种支配逻辑及其可能带来的后果做出辨明预测，试图以此完成对 2001 年基础教育课程改革的系统个案解读。

其三，静动互补。"静""动"是讨论基础教育改革的两个维度，是由前面的"常""变"引发而来的，一项完整的基础教育改革研究应当是针对上述"静""动"情形而做出的兼及"常""变"的综合分析，否则便极可能导致我们的视域受限，进而影响结论本身的阐释力与可通约性。于本书而言，单纯静态的结构拆分只让我们知晓基础教育改革表象复杂的内容构成，不足以揭示其具体运作利益各方的现实博弈，单纯的具体个案解剖又不足以举一反三，从常理层面抽象出认知整个基础教育改革之所以复杂和如此这般的理据及其规律性的动向，因而完整的原理分析必须静、动两维交互进行，以使读者既能感受个案分析的入理性与情境性，又能高度体认原理总括的普遍性与可通约性。因为即使本书的关注点只在基础教育阶段，但就其解释力而言，仍可部分解释高等教育等其他教育阶段的情形，甚至部分地可通约至非教育系统领域的改革情形。当然，这一切都是以对如下三个基本概念的认知为前提展开的。一是基础教育。关于基础教育的界定，尽管目前国内外存在多种不同界定与解释，但在本书，基础教育主要指普通国民教育系统中的中小学教育特别是小学和初中教育，不包括学前教育，更不是高等教育。① 二是改革。关于改革，尽管目前有改革（reform）、变革（change）、革新（innovation）、改进（improvement）、革命（revolution）等多种不同的理解与指向混用，但在本书中，改革主要指由政府发起和主导的旨在达成与现状有所不同的变化或变更活动。② 三是逻辑。逻辑有三层含义，本书的逻辑主要指影响和支配中国基础教育改革的规律性认识及其相应观点总和。③

三　基础教育改革之真精神

上文阐述了基础教育改革的常与变、静与动以及本书的内容与方法、分析框架与基本概念，下面我们再来着重探讨一下基础教育改革的真精神所在。教育改革是主观见之于客观的行动，那么什么样的教育改革才是成功的改革？易言之，教育改革到底有没有好坏、优劣程度不同？此处涉及对教育改革意义和价值的判断问题，由于不同个体和集群各自利益归属、价值取向不同，加之任何判断都离不开特定的历史背景和环境，所以评价起来是比较复杂的，但至少我们可以从如下两方面来加以判断。一是从过

---

① 关于基础教育的界定，在国际上，1977年联合国教科文组织在肯尼亚首都内罗毕召开的高级教育计划官员讨论会上，认为基础教育是"向每个人提供并为一切人所共有的最低限度基础教育的知识、观点、社会准则和经验的教育"。在国内有两类代表性观点：一类是将基础教育视为包括幼儿教育、小学教育、初中教育和普通高中教育在内的国民教育（如叶澜的《中国基础教育改革发展研究》、尚文灵的《基础教育发展与政府在其中的作用研究》等）；另一类是将基础教育视为与技能教育或专业教育相对的基本素质教育（如钱源伟的《基础教育改革研究》、周金玲的《义务教育及其财政制度研究》等）。

② 改革的释义有"变更革新、革除恶习劣行、删改不当诗文"等多种含义，据此，有的学者强调改革的"革劣除恶"功能，有的则强调改革结果的中立功能。笔者对此的基本看法是改革须有对现状的变化，但改革只是一个中性概念，其结果并不全然意味正向的进步，它也可能导致负向的退步情形。

③ "logic"先后被译为"逻辑""论理""理则"，它指人通过概念、判断、推理、论证来理解和区分客观世界的思维过程，基本含义有三：一是表示客观事物发展的规律；二是表示思维的规律性或规则；三是某种特殊的理论、观点或说法。其在本书中的含义是第一种和第三种的结合。

程来看，主要看它的发起是否具有决策正当性，即改革决定是否经由正当与合理的公共选择而产生；看它是否具有程序预定性和目标可取性，即改革的内容及其施行是否遵循了相应的程序，并在目标预期上合乎道德。二是从结果来看，主要看它是否真正促进社会进步，即是否真的有益于经济生产、民主政治、法制建设、社会公正、社会流动的实现与社会文化的昌盛、人们精神面貌的普遍提升；看它是否真正促进个体的发展，即是否真的给予个体发展以更加充分的自由与自主、自在与独立，是否真正促进个体的社会化及个体的自律性、他律性、创造性的发展。这便是基础教育改革的真精神，若以大礼、小节喻之，则大率如下。

其一，大礼有三。所谓"大礼"，喻指基础教育改革的总体方向及其指导原则。这是关于基础教育改革的基本判断，也是方针或全局性的问题，所有关于基础教育改革的措施、进程都将直接受制于此，相关观点分殊、措施异同亦将源于此。对此，笔者的大体判断有三。一是以变求常，即基础教育改革应在变动改良中求其稳定性的一面，而不能唯变求变、变而失常。由此观点引申出三个具体要求：能稳定之处必须维系不变；需改良之处则必渐进改良；渐进改良不是革命和打倒重来。二是以静制动，即基础教育改革的方式将以静态的课程教材为载体，以教师观念、态度、情感的转变为前提，在此基础上再诱发教育教学管理行为的渐进变化，舍此，便会引起整个教育教学活动的混乱，带来贻误师生的危险。由此观点引申出两条具体要求：思想主导行为，课程诱导教学，教学促进师、生、材三边互动；不可本末倒置，不可逆向而动，不可陵节而施。三是以众故寡，即基础教育改革的实施需以民意或民心为指向，倾听大多数人的声音或意见，唯有在广泛获取教师、家长、社会各界人士认同支持的前提下方可执着推进，舍此，改革将会困难重重，即使理念先进、设计完美、措施巨细，也将在民众的反对声中四面楚歌，走向衰败无为。由此观点引申出三项具体要求：改革初期仔细倾听民众自然呼声，将其整理厘析并客观视之；若赞同居多则进，认同寡少则适时调整、以缓为进；若经调整之后仍然和者甚寡，则不吝弃之。所谓得道者众、失道者寡，道理不言自明，贵在改革者能够客观待之。

其二，小节亦三。所谓"小节"，喻指基础教育改革的具体推进策略或操作模式。这是改革的具体性问题，不仅关乎改革的行动路径和实施成效，还决定"大礼"的总体运作态势及其间正反、顺逆力量博弈的具体进程。对此，笔者的大体观点有三。一是以纲统目。基础教育改革重在告知广大教育者的改革思想或基本精神，而非规限其具体教育教学管理行为；重在纲领明确而非条目细致，由纲领去统率各种教育教学管理的条目，由精神去支配教育者的各种具体教育教学管理行为。舍此，改革将适得其反、弄巧成拙，最终会在广大教育者的集体自卫中淹没不举。二是以人使物。基础教育改革必须依赖或依托人的主观能动性，强调由广大教育者躬行实践去理解、消化、批判，形成新的教育教学管理方式，继而在此基础上创造性地付诸实践，而非以诸如课程、教材、教具、教学环境等物化因素去规训教育者的相关教育教学管理行为。一旦广大教育者原本极具创造性的潜能被各种物质性的因素固化、僵化、控制化，则必将诱发整体改革消极被动应付的情形。因为无论在哪个时期，教育的核心都是人与人之间的一种社会性活动，离开人特别是教育者的尽职尽责性与主动创造性，一切物的东西都只是客观存在的一堆毫无意义的死"物"而已。三是以适求安。这是针对改革具体举措和内容在实施进程中的应然策略而言的，即基础教育改革本身必须具有反思性与问题正视性，任何改革都应当敢于正视自身存在的不足之处与可能的偏差所在，继而不断调适完善自身，将不足易之，将不当改之，循序渐进地在不断调适中获取改革的渐进成效，切不可急功近利、刚愎自用，以一孔之见、一意孤行强力推进改革，否则动即乱，大动即大乱，大乱即反，反而过甚便会复归原位。真正的改革成效都是通过静悄悄的、润物细无声的方式产生的，唯明此理，基础教育改革才能上下齐心、左右合力，产生一如恩格斯所言"社会发展最终是通过平行四边形合力作用的结果"。

以上笔者简要交代了关于本书的基本大概，以下再花些笔墨以图解方式将本书的基本理路做一简要说明，主要是为了让读者在阅读完上述文字的基础上，对笔者关于基础教育改革支配逻辑及其博弈的基本观点有一迅速了解，也为了使耐性不足的读者在不愿意继续阅读余下冗言赘句时以减去其心劳之苦而能有所获。图1是基础教育改革相关制约因素及其力度与限度博弈基本模型，表明的是影响基础教育改革的四个基本因素及其力量与方向构成；图2是基础教育改革施行整体推进式的力度与限度博弈；图3是基础教育改革限制式的力度与限度博弈；图4是基础教育改革整体拉锯式的力度与限度博弈。

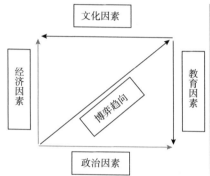

上横左向线代表文化因素，右竖下向线代表教育因素，表示对基础教育改革施行起限制作用；下横右向线代表政治因素，左竖上向线代表经济因素，表示对基础教育改革施行起推进作用

斜线表示基础教育改革的最终施行进程；箭头表示作用的方向及其作用程度的大小

关系原理：基础教育改革的具体施行进程系文化、教育因素和经济、政治因素相互博弈的结果，其运行方向不一、力量大小不同，致使真实的改革施行进程可能出现三种不同情形：

（1）致使基础教育改革整体向前推进

（2）致使基础教育改革整体向后推进

（3）致使基础教育改革整体拉锯徘徊

图1　基础教育改革相关制约因素及其力度与限度博弈基本模型

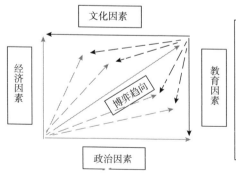

（1）当文化、教育两个因素的限制力存在但相对弱于政治、经济两个因素的推进力时，改革将会呈总体挺进态势

（2）当文化、教育两个因素由于政治、经济因素的制约而变得无限制力时，改革将呈总体超强挺进态势

（3）当文化、教育两个因素的限制力存在但个别弱于政治、经济两个因素的推进力时，改革将呈或经济、或政治型的单维异化挺进态势

图2　基础教育改革整体推进式的力度与限度博弈

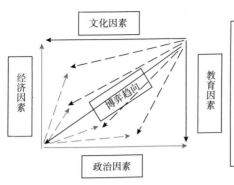

（1）当经济、政治两个因素的推进力存在但相对弱于文化、教育两个因素的限制力时，改革施行将呈总体限制态势

（2）当经济、政治两个因素的推进力日益减弱且被文化、教育因素的限制力淹没不举时，改革施行将呈总体不进态势

（3）当经济、政治两个因素的推进力存在但相对弱于文化、教育两个因素的限制力时，改革施行将呈总体或文化、或教育型的单维异化不进态势

图3　基础教育改革限制式的力度与限度博弈

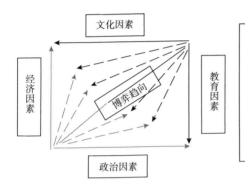

（1）只要文化、教育两个因素的限制力和政治、经济两个因素的推进力同时存在，改革施行将会呈总体拉锯徘徊态势

（2）改革在拉锯徘徊中的施行快慢、速缓，取决于文化、教育两个因素限制力与政治、经济两个因素推进力各自的力度大小、方向及其相互之间的两维四向交互博弈过程

图4　基础教育改革整体拉锯式的力度与限度博弈

当然，图1至图4只是简化后的大致情形，由于四个因素当中，每一种因素都是同时存在推进与限制的可能性，因此，还可能存在其他多种不同组合变式。囿于学养，此处笔者未对其予以进一步的深入细致分析。

| 上　篇 |

基本原理：基础教育改革支配逻辑论

随着我国 2001 年基础教育课程改革的纵深推进，时下关于基础教育改革的学术讨论越发广泛深入。事实上，关于基础教育改革的问题，只有我们将其放到更为广大的系统当中去考察，我们的讨论才是全面的，也唯有我们将其纳入一个更为广泛的视野去考察，我们的见解才是深刻的。否则，只见树木不见森林的结果便会在所难免，因此，将基础教育改革纳入更为宏大的社会系统并对其加以"点"式考察势在必行，这一考察至少包括政治、经济、文化、教育四种支配基础教育改革的基本逻辑。由于任何改革都可以粗分为改革形成（问题提出与确证、方案提出与论证、方案制定与颁布）和改革实施（改革方案的试验与试行、推广与总结、全面实施与展开）两个大的阶段，因此，本篇将集中对上述两大阶段基础教育改革的政治、经济、文化、教育本身的支配逻辑予以力所能及的分析。当然，相关观点当否还请各位专家学者批评指正。

　　基础教育改革的政治逻辑指支配基础教育改革运行的政治因素及其运行机理。图 5 是基础教育改革政治因素支配逻辑博弈。其中，推进式指在基础教育改革过程中，政治因素通过暴力、权力和正义等核心要件分别对文化、经济、教育施加影响，由于文化自动倾服、经济能动臣服、教育被动屈服，所以基础教育改革得以积极推进；图 5 中的箭头就像光线，中间的半椭圆则是一面凸透镜，当这些"光线"作用于这面"凸透镜"时，由于"凸透镜"的折射原理，政治因素对基础教育改革的施行起到了放大性的促进作用。限制式指在基础教育改革过程中，政治因素通过暴力、权力和正义等核心要件分别对文化、经济教育施加影响，由于文化惯习遏制、经济赢利抑制、教育集群抵制，所以基础教育改革难以顺利推进；此时，图中的箭头就像光线，当它们射向月牙形的"凹透镜"时，由于"凹透镜"的折射原理，政治因素难以顺利推进基础教育改革的施行。就基础教育改革形成的政治逻辑而言，它具有两个特征：一是主观性与功利性，改革无不由政治官员提议形成；二是选择性与合谋性，改革方案无不由政治官员延请专家学者论证形成。就基础教育改革实施的政治逻辑而言，它也具有两个特征：一是人缘性与地缘性，改革无不以试验形式渐进推行；二是自我辩护性与潜在排他性，改革无不在总结反思中实施推广。就基础教育改革力度与限度博弈的政治逻辑而言，它具有三个特征：一是总体而言，政治因素对于基础教育改革的基本趋向是力度大于限度、具有外在强制性与自我挺进性特征，限度制约力度、具有外在回避性与自我消解性特征；二是力度的主要依据在于存在的客观必然性、行政力量的强势性、非行政力量的分散性；三是限度的大致条件在于政策规划本身特征、主客观条件变更、民意反对与缺陷暴露。如果在民意反对、问题诊断本身不适切的情形下，政治因素仍要强力推行改革，则情况只有一种，即在政治架构高度集权及其内在运作高度一统的基础上，完全凭借政治权能一意孤行地反动式推进。

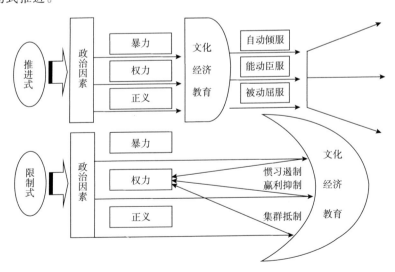

图 5　基础教育改革政治因素支配逻辑博弈

基础教育改革的经济逻辑指支配基础教育改革运行的经济因素及其运行机理。图 6 是基础教育改革经济因素支配逻辑博弈。其中，推进式指在基础教育改革过程中，经济因素通过物质性、资源性、人员性和地域性等多种获利路径分别对文化、政治、教育施加影响，由于文化自动迎合、政治主动媾和、教育能动配合，所以基础教育改革得以积极推进；图中的箭头就像光线，中间的半椭圆则是一面凸透镜，当这些"光线"作用于这面"凸透镜"时，由于"凸透镜"的折射原理，经济因素对基础教育改革的施行起到了放大性的促进作用。限制式指在基础教育改革过程中，经济因素通过物质性、资源性、人员性和地域性等多种获利路径分别对文化、政治、教育施加影响，由于文化价值抵制、政治权力控制、教育行动限制，所以基础教育改革难以顺利推进；此时，图中的箭头依然是光线，当它们射向月牙形的"凹透镜"时，由于"凹透镜"的折射原理，经济因素难以顺利推进基础教育改革的施行。就基础教育改革形成的经济逻辑而言，它具有两个特征：一是利益调整性与多方共赢性，改革无不以利益调整为基底并试图获取多方共赢；二是经费国家承载性与消费持续供给性，改革无不以经费为支撑并以国家为基本承载。就基础教育改革实施的经济逻辑而言，它具有两个特征：一是外在公益性与潜在趋利性，改革实施无不以公益事业为主旨但具有潜在被商家利用赢利的可能；二是利润广泛性与获利他者性，改革实施无不存在广泛利润来源并被非学校系统获得。就基础教育改革力度与限度博弈的经济逻辑而言，它具有三个特征：一是总体而言，经济因素对于基础教育改革的基本趋向是力度大于限度、具有原生性与被忽视性，限度以力度为前提、具有饱和性与被垄断性；二是力度的主要依据在于经济赢利的本能驱使和经济赢利外部供给条件的满足；三是限度的大致条件是无法获利、垄断性获利和唯趋利倾向恶果完全暴露、干扰破坏了改革各项目标的正常达成。

基础教育改革的文化逻辑指支配基础教育改革运行的文化因素及其运行机理。图 7 是基础教育改革文化因素支配逻辑博弈。其中，推进式指在基础教育改革过程中，文化因素通过物质、制度、价值和行为系统分别对

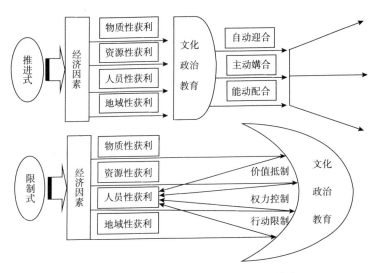

图6 基础教育改革经济因素支配逻辑博弈

经济、政治、教育施加影响，由于经济自动营构、政治主动型构、教育能动建构，所以基础教育改革得以积极推进；图中的箭头就像光线，中间的半椭圆则是一面凸透镜，当这些"光线"作用于这面"凸透镜"时，由于"凸透镜"的折射原理，文化因素对基础教育改革的施行起到了放大性的促进作用。限制式指在基础教育改革过程中，文化因素通过物质、制度、价值和行为系统分别对经济、政治、教育施加影响，由于经济自动创造、政治主动改造、教育能动塑造，所以基础教育改革难以顺利推进；此时，图中的箭头依然是光线，当它们射向月牙形的"凹透镜"时，由于"凹透镜"的折射原理，文化因素难以顺利推进基础教育改革的施行。就基础教育改革形成的文化逻辑而言，它具有两个特征：一是变迁变革性与主流主导性，改革无不在文化转型时期出现；二是批判解构性与标榜自居性，改革无不自打破旧有文化而开启。就基础教育改革实施的文化逻辑而言，它有三个特征：一是思想启蒙性和观念更新性，改革无不以价值文化输入为先导；二是协同一致性和建基规约性，改革无不以物质文化和制度建立为匹配；三是行为变更性与渐进生成性，改革无不以行为文化建立与践行为鹄的。就对基础教育改革力度与限度博弈的文化逻辑而言，它具有三个特征：一是总体而言，文化因素对改革的限度大于力度、具有执拗性与顽固抑制性，力度制约限度、具有超前性与不易播散性特征；二是限度的主要依据在于文化固有的稳定性、中国文化的超强稳定性、改革方式的激烈性与稳定破坏性；三是力度的大致条件分别为基础性条件是遵循文化自然发展的路向，支撑性条件是避免对传统文化的简单处理与对文化创新的简单套用，特殊性条件是改革文化与个人英雄主义文化相媾和。

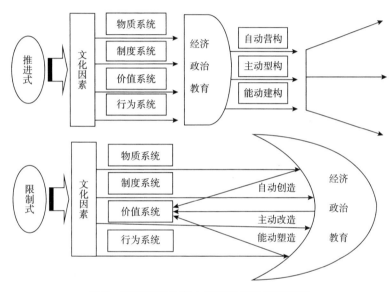

图 7　基础教育改革文化因素支配逻辑博弈

基础教育改革的教育逻辑指支配基础教育改革运行的教育因素及其运行机理。图 8 是基础教育改革教育因素支配逻辑博弈。其中，推进式是指在基础教育改革过程中，教育因素通过行政决策者、理论研究者、实践操作者、受教育者等构成要件分别对经济、政治、文化施加影响，由于经济积极营构、政治主动型构、文化能动建构，所以基础教育改革得以顺利推进实施；图中的箭头就像光线，中间的半椭圆则是一面凸透镜，当这些"光线"作用于这面"凸透镜"时，由于"凸透镜"的折射原理，教育因素对基础教育改革的施行起到了放大性的促进作用。限制式指在基础教育改革过程中，教育因素通过行政决策者、理论研究者、实践操作者、受教育者等构成要件分别对经济、政治、文化施加影响，由于经济自动趋利、政治自主使权、文化自行区隔，所以基础教育改革难以顺利实施推进；此时，图中的箭头依然是光线，当它们射向月牙形的"凹透镜"时，由于"凹透镜"的折射原理，教育因素难以顺利推进基础教育改革的施行。就基础教育改革形成的教育逻辑而言，它具有三个特征：一是客观现实性与系统反映性，改革无不因基础教育系统本身确实存在问题而引发；二是社会进步性与个体发展性，改革无不以促进社会进步和个体发展为理据；三是人员分离性和功能分殊性，改革形成无不以教育系统人员功能分殊为依据。就基础教育改革实施的教育逻辑而言，它具有个三个特征：一是校长主导性与教师主体性，改革无不以学校为基本单位推进；二是课程驱动性与教学承载性，改革无不从静态和动态两个层面同时展开；三是意见分歧性与执行变异性，改革无不在质构同异分合中付诸推广。就基础教育改革力度与限度博弈的教育逻辑而言，它具有三个特征：一是总体而言，教育因素对于基础教育改革是限度大于力度、具有系统自卫性和基质独异性，力度制约限度、具有目标原始性和大小从属性；二是限度的主要依据在于基

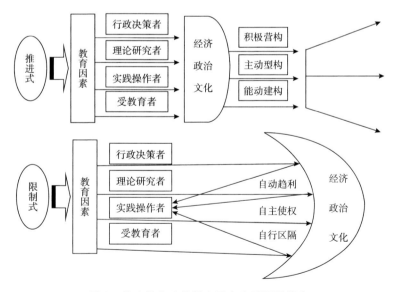

图 8　基础教育改革教育因素支配逻辑博弈

础教育的基础性、要素性、永恒性和教育系统的协同性；三是力度的大致
条件包括两方面，即正常情形下教育支持并强力推进改革的模式可以表述
为"教育内省式的自觉改革实施"，反常情形下教育支持并强力推进改革
的模式可以表述为"政治运动式的强制改革实施"。

基于笔者关于基础教育改革四种支配逻辑的基本判断，本篇余下四章
将着重从形成与实施两大环节来对此展开阐述，以完成对基础教育改革支
配逻辑的基本原理系统分析。

第一章　基础教育改革的政治逻辑

国家的目的是确保安全、建立秩序、寻求正义；为实现这些目的，相应的政府手段是暴力、权力、权威，这是对政府历史起源的简单勾勒和对国家目的实现的理想图景。然而明显的是，很多国家从没有达到正义的这一阶段，有些国家则只为大多数人确立了正义。

——〔美〕莱斯利·里普森：《政治学的重大问题：政治学导论》

改革是新政策的制定、执行、评估及其调整活动，它涉及社会群体之间利益关系的调整，本质上是一种政治行为。基础教育改革的政治逻辑指基础教育改革从问题引发、方案制定到实施推广、反思评价等一系列过程当中所呈现的基本政治运作机理。本章将集中对基础教育改革形成和实施过程中的政治支配机理做出深刻剖析，以使我们对影响基础教育改革的政治因素有一通透了解。

一　改革形成的政治逻辑

改革的形成指改革从被关注到被提上政治议程，进而形成改革方案这一过程，此间包括改革问题的提出及其确证、改革方案的初拟及其落定等多个不同具体环节。此处，为考察方便起见，我们均将其笼统称为"形成"阶段（下文关于"形成"的表述均为此意，不再赘述），在基础教育改革的形成阶段，政治因素的支配逻辑体现在哪里，又有哪些特征呢？笔者以为，明显特征大致有二。

（一）主观性与功利性：改革引发无不由政治官员提议形成

改革是公共政策主体基于各自权力责任，在分工协作基础上进行充分互动的集体行为。尽管"从群众中来，到群众中去"是我党群众路线的领导方法和工作方法，但在现实改革过程中，由于受到传统文化、法律完备程度及其他主客观条件的制约，改革不可避免地存在一定程度的精英决策特征，改革的引发及其政策制定基本由各级政治精英左右。

其一，政治官员左右改革的原因。为何政治精英成为我国各项改革方向与进程的主导力量？究其原因有三。一是社会结构因素。我国是一个高度组织化的社会，相关社会组织是执政党与民众之间的沟通纽带，民众个体的利益诉求总体上较为含蓄，个体意见往往要通过各类意见表达主体，以相对委婉的方式上报给各级执政者，因而改革通常都会通过政治精英的分析、研究和调查而将相关社会问题纳入改革进程，进而，"改革的方向通常都由政治角色的经验和活动所主导，而非由社会非政治领域中的民众诉求所决定"。① 二是领导体制因素。行政首长负责制是世界各国的基本领导体制，各级政府的决策权掌握在行政首长手中并对决策承担责任，这一领导体制保障了行政长官在改革决策中的支配地位。尽管基础教育决策过程中也有预案、初案、决案"三案"要求，但在关键环节或核心问题的决断上最终还需"一把手"拍板，因此，社会改革通常会依托政治团体发起。三是决策机制因素。"少数服从多数、下级组织服从上级组织"是党的民主集中制原则的重要内容，贯彻落实民主集中制的有效途径。当其在实际操作与理论要求发生部分脱节时，改革决策极易体现集中，因而，行政首脑的决断相对易于得到认同并达成统一。从而使少数服从多数的民主集中制原则发生偏差。一方面，我国政府行政首脑的推选多强调行政经验的丰富程度，这一经验型领导选举模式虽然可以减少重大决策失误，但也会致使领导者更多地依据自身过往的成功经验来掌舵改革航向，以已有经

---

① 陈振明：《公共政策分析》，中国人民大学出版社，2003，第 209 页。

验带来的主观能动性去排斥那些不符合其改革意向的非议；另一方面，尽管所有改革决策参与者在问题识别、性质判断等细节上存有不同处理意见，但受制于行政领导在组织内部所掌握的各种权力与非权力影响，下属在估量顺逆领导偏好利弊得失之后往往不会轻易表达改革异议，继而部分致使改革方向的最后定夺可能不是民主自由争议的结果，而是决策参与者向行政首脑个人权力妥协的结果。四是历史遗留因素。很长一段时间内，我国实行的是计划体制，在此体制下，政府是计划的制定者、推行者、领导者，群众的意见表达是分散杂乱的，只有通过党和政府的正确领导才能统一认识、动员广大群众投入行动并确保特定经济社会和政治目的得以实现，在此历史惯习影响下，高度同质化的社会实际上被当成了思想统一的政治客体，易致使政府走向全能而超越社会之上。

其二，政治官员判定改革问题的诱因。政策的本质是为了有效解决社会上的各种矛盾，由于人们对社会矛盾的解读是主观的，所以改革问题的确定具有一定的主观性，当政治官员将某一社会问题判定为改革问题时，可能该问题确实是一种严重不利的社会客观存在，但也可能是决策者的主观判断所致，因为"面对同样的政策问题，基于各自的利益，来自不同阶层、群体的人们都有不同的理解，而来自政党政府内不同部门、层级或地方的领导干部也有不同的看法"。① 那么，政治官员对改革问题的确定来源有哪些呢？大致有三。一是直觉。政策问题的界定首先源于政治官员的直觉判断，其认知、情感和意志都直观地渗透政策过程与政策文本。譬如1997 年原国家教委之所以能在烟台成功召开全国中小学素质教育经验交流会，下发《关于当前积极推进中小学实施素质教育的若干意见》，并从政府层面全面启动素质教育，客观上讲，就与当时国家领导对应试带来诸多恶劣影响的直观判断息息相关。二是经验。单纯的直觉还不足以导致政治官员做出改革的决定，因为直觉常常是非理性的代名词，真正促使政治官员做出改革决定的，在直觉之外还有不间断的直接、间接经验，这些经验

---

① 李金河、徐锋：《当代中国：公众政治参与和决策科学化》，人民出版社，2009，第63 页。

或在视察、调研之中感知，或在听取汇报、阅读相关材料之后发现，但无论何种方式、不管其间真假，它都能对直觉性的判断予以进一步澄清，对改革问题予以进一步确证。同时，对于改革本身，政治官员也会事先预测其可能带来的影响，即通过改革会为国家、社会、自身带来什么？通过历史考察的省思与近期经验的感知，政治官员通常会将改革视为自己创造政绩、名留青史的绝佳机会，不管之前的改革是否真的成功，但过往的经验似乎表明，无论成功与否，改革终归是历史前行的必然，在此判断影响下，发动改革并依靠以往经验调整改革步伐便成为政治官员行动的最佳策略。三是利益。马克思说"人们奋斗所争取的一切，都同他们的利益有关"，[①] 托马斯·戴伊（Thomas R. Dye）也曾指出"政策就是政府作为或不作为，而作为或不作为背后的考虑却是权力和利益"，[②] 公共政策制定本该以公共利益为依据，但鉴于现实中很难对公共利益做出明确而具体的界定，因而公共利益就很容易蜕变成一种由行政机关和政治官员自由裁断界定的单向行为，正因如此，当政治官员意识到变革能为其带来实际价值时，发起改革并努力汇集各方支持的行动也就成为必然。政治官员的这种利益诉求有两重：宏观上讲是希望凭借成功的改革去有效维护政党和政府的利益；微观上讲是希望通过政治业绩的提升以实现个人的升迁。任何组织都有自己的利益诉求，没有自己利益诉求的组织在理论和逻辑上是不存在的，"由于政策规划中，政治层面的重要性要超过技术层面"，[③] 因此，政策决策者十分关注政治因素特别是政治组织内部利益较量对政策规划的影响，而政策也往往会被设计成迎合支配者偏好、被扭曲为官僚机构本身受惠的政策。基础教育改革在政治官员看来是顺应民意、功在千秋的壮举，如果改革成功，组织和个人均会从中明显获益。

其三，政治官员选择基础教育改革的动因。政治精英为什么要选择基

---

① 《马克思恩格斯全集》第 1 卷，人民出版社，1956，第 82 页。
② T. R. Dye（1987）: *Understanding Public Policy*, Prentice – Hall. Inc. Englewood Cliffs. p1.
③ 朱志宏：《公共政策》，三民书局，1991，第 149～151 页。

础教育领域作为其改革的发起点呢？主要动因有二。一是基础教育易于产生社会影响。政策的核心是利益调整，而且不同政策之间也有相关性，一项政策发生变动必将使其他相关政策的变革提上日程，任何一项改革政策及其措施都会产生牵一发而动全身的功效，也将直接影响民众的利益分配格局和国家的未来发展进程。基础教育点多、线长、面广，不仅与民众的联系最为广泛直接，而且其功效也更为普遍，"基础教育是科教兴国的奠基工程，对提高中华民族素质，培养各级各类人才，促进社会主义现代化建设具有全局性、基础性、先导性的作用"。[①] 的确，如果说教育是事关社会发展全局的基础，那么基础教育就是"基础之基础"。正因如此，政治官员选择基础教育作为改革领域，不仅能从空间上广泛影响整个国家社会的发展情形，也更能从时间上普遍影响整个社会的未来发展趋势，对于这样一个领域，如若改革成功，其于民族国家与个体自身的历史意义是不言而喻的。二是基础教育易于付诸行政操作。任何一项改革的落实都需要相应的组织结构予以保证，在中国这样一个幅员辽阔的国度，要使基础教育改革蓝图在各级中小学实现，必须依托完善的行政组织机构，无论是改革政策信息自上而下的传达，还是改革物质条件自下而上的统一配备，均需清晰明确的行政系统为其提供便利条件。教育是一个复杂而开放的系统，不仅横向上包括各级各类学校，而且纵向上包括宏观教育决策、中观学校体系、微观课程教学及其实施等诸多方面，在整个教育系统构成中，哪一个子系统改革起来能让改革政策更具有认同力、更具有民众支持力从而更易操作呢？显然，基础教育更具潜力，因为基础教育下衔接学前教育、上接高等教育，不仅具有全民性、普及性、基础性等特征，其中九年还属于法律规定的义务教育。既然是义务教育，相关改革措施的付诸实施便能在法律上得以有效保证，其改革实施便可通过当前我国由高到低"教育部——省教育厅——市教育局——县（区）教育局——中小学"这种金字塔式的教育行政组织予以层层实施落实，相较学前教育私人性带来的难以

---

① 《国务院关于基础教育改革与发展的决定》（国发〔2001〕21 号），2001 年 5 月 29 日。

调适性和高等教育自主性带来的难以控制性，基础教育改革实施的迅捷容易性也就不言自明了。

（二）选择性与合谋性：改革方案无不由政治官员延请专家学者论证形成

由于改革并非单纯行政操作行为，而是一种更深层次的思想观念变更，囿于行政属性及政府决策者所需解决问题、承担职责、行使职权与其拥有知识、信息、能力之间客观存在的差距，所以政治官员在发起改革之初常会寻找其他依靠力量来增强自己的改革势能。源于社会地位及社会功用的特殊性，专家学者便自然成为政治官员的咨询辅助依赖源。

其一，延请专家学者的缘由。为什么要依赖专家学者来论证和形成改革方案呢？缘由有二。一是政治官员需要依靠专家学者论证"是否改"的问题。尽管政治官员能够凭借自身敏锐的政治嗅觉从纷繁复杂的社会问题中及时抓住需要解决的关键问题并提出相关改革事宜，但如前所述，行政首脑锁定的改革问题往往源于其直观感受与间接经验，在改革问题的确认上存在较大的主观性，为避免问题诊断失误造成的社会资源浪费，政治官员需要依靠学术力量来论证是否有必要来真正启动某项改革，因为经由专家学者论证后的改革方案至少具有如下两方面的优势：一方面，由于政府官员肩负社会管理职责，尽管其时刻关注社会事务，但也由此深陷繁芜的社会矛盾而难以清晰区分社会问题与改革问题，而享有"社会医师"美称的专家学者却能以其科学的研究方法、中立的价值判断、严谨的实证分析、较强的前瞻预测性来诊断社会机能，探明问题轻重缓急，提取真正亟须政府以改革方式去解决的社会症结，这一切都令政治官员坚信，只要经由专家学者论证过的方案便一定能防患于未然；另一方面，政府官员或怀揣功利心态或碍于任期所限，往往凭借一腔热情匆忙启动某项改革，结果可能因改革超越当时社会条件而难以获得预期效果，而专家学者通过对国际特别是国内经济、政治、文化环境的现实考察，分析改革措施与环境资源的匹配度，从而促成改革真正因势而动。譬如 1996 年 7 月至 1997 年底，教育部基础教育司组织 6 所大学及中央教科所专家对全国自 1993 年秋开始施行义务教育的 9 个省市的 16000 名中小学生及 2000 名校长、教师和社会各界的有关人士进行了大规模调研所获取的大量数据和资料，就为 2001 年的新一轮基础教育课程改革提供了依据。[①] 二是改革者需要依托学者论证"如何改"的问题。改革是一个动态复杂的艰辛过程，具体改革举措设计与论证也是一项科学性、技术性很强的工作，囿于个人条件，政治官员陷于日常事务，缺乏充裕的时间和精力对每个政策问题进行深入细致的调查和透彻入微的分析，也导致其对改革缺乏应有的整体性把握。对此，专家学者以其严谨的学术研究、独特的学科视角、敏锐的观察力，可以部分超越改革发起者的主观判断，通过整合社会各界对改革的态度和倾向，结合自身的专业知识和科学研究手段，独立客观地对政策进行评价和鉴定，及时提出改革方案的制定、修正、补充以有效促进改革进程更为科学合理，减少未来改革实施过程中的震荡。譬如 2001 年新基础教育课程改革之初，教育部就在华南师大召开了一个由 8 所师范大学参加的国家基础教育课程改革项目研讨会，公开招标"制定基础教育课程改革指导纲要；制定基础教育课程计划；制定基础教育课程标准；建立基础教育课程评价体系；建立基础教育课程管理体系；课程资源开发与管理系统的研究；基础教育课程改革实验与推广；调整现行中小学课程计划与教学大纲；组织基础教育课程理论研究"[②] 等九大项目，这些项目几乎包含了改革策略的方方面面，为接下来的新课程改革实践奠定了坚实的基础。

其二，延请专家学者的过程。专家学者是一个具有各自主张且对改革持有不同态度的庞杂群体，在改革形成的漫长论证过程中，延请专家学者，同样是一个充满博弈的复杂过程，其特点大致有二。一是政治官员将吸纳支持改革的专家学者参与。行政官员重视专家学者的支持意见，绝不是仅想获得专家学者单纯的技术支持，而是更注重专家学者所吸附的社会

① 朱慕菊：《走进新课程：与课程实施者对话》，北京师范大学出版社，2002，第 6 页。
② 朱慕菊：《走进新课程：与课程实施者对话》，北京师范大学出版社，2002，第 7 页。

力量。一方面，专家学者的支持可以增加改革的合法性。教育改革的合法性是民众对政府调整教育权利及教育资源分配依据的认同、信任与支持，它决定相关利益人对改革的接受程度和执行意愿，现实中由于公众对政策的本能质疑及缺乏对改革效果的认同，常常使政府及其改革政策的权威受到挑战、公信力下降。为解决这种危机，政府会通过多种渠道去增加政策的合法性，由于学者的"学术研究在提升政策合法性的作用是显而易见的"，[①] 同时，在中国这样一个文化精英主导的社会，公众对专家学者持有较高的认同度，对其言论往往顶礼膜拜，因此，这种与生俱来的良好社会基础无疑让专家学者充当了极好的改革政策宣传者和解释者；另一方面，专家学者的支持可以规避改革的失误责任。改革环境往往不可预测、前景常常不容乐观，改革问题也可分为"结构优良、结构适度、结构不良"[②]等不同类别，当政治官员面对结构不良改革问题时，他们可以通过专家学者的权威力量和影响力来推卸责任，降低改革风险并实现责任转嫁。二是政治官员将排斥不支持改革专家学者的参与。尽管在现代社会中，政治官员与专家学者的关系看似变得越来越融洽（官员尊重学者，学者支持政府），但官员在选择专家学者时绝对是偏爱那些赞同其改革施行的专家的，而只要选择了赞同者，自然就排斥了反对者。政治官员排斥非赞同改革专家学者的举措通常有两种形式：一种是通过对专家学者研究课题的选择性资助来限制其研究视角；另一种是利用业已成熟的信息传播网络进行信息过滤，重复或放大赞成意见，缩小或省略反对意见。何以如此呢？道理很简单：赞同意见有助于推进改革顺利实施，反对意见有碍于改革有效推进（即使有时候反对意见中也不乏真知灼见），也唯有支持大于反对，改革才得以卓有成效地实施。

---

① 闵维方、文东茅：《学术的力量：教育研究与政策制定》，北京大学出版社，2010，第196页。

② 三类改革问题的特征如下：结构优良和适度型政策问题确定性较高、风险较低或可忍受、利益相关者较易达成共识；结构不良型问题利益相关者多、备选方案多、利益冲突剧烈、政策后果难料、达成政策目的概率较低（参见陈振明《公共政策分析》，中国人民大学出版社，2003，第100页）。

其三，延请专家学者的结果。尽管政治官员试图通过鼓励不同言论以广泛获取不同专家学者群体的各种意见，但经过上述延请过程，一个可能的结果便是政治官员将与支持改革的专家学者形成合谋。事实上我国专家学者对于改革的影响是有限的，其更多扮演的是行政决策附和者的角色，尤其是那些赞同改革的专家学者更易成为"政治的婢女"①：政治官员将学术研究作为改革的学理支撑，专家学者的研究成果常为已有改革方案提供注释和佐证，从而使学理支持可能异化为成果鉴定。何以专家学者处于如此被动从属的地位呢？一方面，政治官员将对研究成果进行选择。专家学者对政府改革的影响取决于其与政府决策层的接近程度，由于接近程度不仅与专家学者本身的学术成就相关，还与专家学者和政治官员之间个人关系的亲疏程度相关，所以一种可能的情况是，亲密的私人关系较之高质量研究成果更能引发政府决策者的重视，也更能渗入决策者的主张。另一方面，政治官员对研究成果进行控制。政治官员与专家学者分属不同社会群体，由于生活构造、思想观念、价值取向、话语方式以及各自所处地位功能不同，二者在实际关系运行过程中，政治官员更具支配性，一如有学者所言，"在实际过程中，理论主体只是出售者，而决策者是收购者，基于市场的原则，决策者总是处于支配地位"。② 政治官员不仅通过控制选题、拨款等方式对专家学者的研究成果进行评价并重新加以解释，还会按照自己既有的价值倾向对专家学者的学理支撑做出取舍，从而使那些被采纳的研究结论常常带上迎合政治官员需要的烙印，而专家学者所发挥的具有真正意义的作用也就大打折扣，难怪有学者指出，"经过三十年的中国教育改革，专家学者的作用与地位较以往而言是有了新的提升，但就实际作用而言，仍发挥得相当有限"，③ 言辞尽管犀利了一点，却一语中的。

---

① 〔美〕刘易斯·科塞：《理念人：一项社会学的考察》，郭方等译，中央编译出版社，2004，第 215 页。

② 周浩波：《教育哲学》，人民教育出版社，1999，第 223 页。

③ 叶澜等：《中国基础教育改革发展研究》，中国人民大学出版社，2009，第 109 页。

二 改革实施的政治逻辑

改革的实施是指业已形成的改革方案付诸实践的过程，此间主要包括改革方案的初期试点与实验、推广与总结以及全面施行等具体环节。为考察方便起见，我们将其笼统称为"实施"阶段（下文关于"实施"的使用均为此意，不再说明）。改革方案的设计与形成通常是从理想条件出发的，在改革方案转化为现实的操作过程中，政治官员必须事先考虑到现实的复杂性和各种利益集团可能存在的排斥性，以制定出周密严谨的具体实施计划，从而为改革实施清除阻碍，确保政策得以有效落实而不至于走样变形，这便是改革的实施过程，那么其支配的政治逻辑又是什么呢？大致有二。

（一）人缘性与地缘性：改革无不以试验形式渐进推行

在1980年12月的中央工作会议上，陈云同志说："我们要改革，但是步子要稳……随时总结经验，也就是要'摸着石头过河'。"[①] 随着我国改革开放的深入推进，"摸着石头过河"成为家喻户晓的经典话语，这种以点带面的改革推进方式成为我国改革模式的一种哲学基础。在这种哲学基础指导下的中国教育改革随着历史的演进逐渐具有如下三个特征。

其一，试验性。试验是指新的改革政策在正式推广之前，先选择具有代表性的局部地区、范围或群体，使用较少成本和较短时间试行政策的情形。教育改革通常采取试验的方式，除政治的保守属性外，还因为试验确实可以带来三种客观效应。一是可以减少改革风险。客观而言，任何一项社会改革都将涉及政治、经济、文化等多个社会子系统，都会产生牵一发而动全身的"蝴蝶效应"，改革问题是否已经相当棘手、改革环境是否已经相对成熟、改革条件是否已经相对充裕等只有在改革真正进入实施阶段

---

① 《陈云文选》（第3卷），人民出版社，1995，第279页。

才能得到检验，而课程方案是否制定明晰、课程标准是否得到认可、课程门类是否设置妥当、教材编写是否符合需要、课时比例是否安排合理、不同学段的课程是否衔接妥当、教学方法运用是否匹配等也需要经过试验区的试验来加以确证；主观而言，人对客观事物本质和规律的认识是一个过程，特定阶段的认识常常受到各种主客观条件的限制，因而会出现不全面、不完善乃至部分偏差失误的情形，由于改革发起者无法保证改革的实际情况与预设的情形必然能够完全相同，特别是当其预判能力有限、前期信息不足、改革计划尚未完备时，所有这些都被期望能够在改革试验阶段得以及时补充、完善。正因如此，教育改革便不得不首先求助于试验区的试验结果。二是可以降低改革成本。通过试验区对改革的全面演习可以从各个方面减少不必要的损失。从风险成本估量看，试验可以及时检验改革举措的可行性与有效性，从政策试点中获得重要的经验和教训，从而修改和完善改革举措，大幅度降低改革失败的风险成本；从执行成本估量看，试点获取的成功与效益能使人们逐渐转变传统观念而接受改革政策，从而有利于提高政策执行效率，降低政策执行成本；从转嫁成本估量看，政府必须在改革试验阶段以成果通报方式将决策风险传达给群众以分散政治责任，从而在看似与公民社会分享权力并共同承担治理责任的同时增加转嫁成本，一如有学者所言，"我国分散决策成本有别于转嫁成本的关键在于它不是事后的责任分散，而是在整个决策过程中权利与责任平衡的分散"。[1] 三是可以扩大改革认同力。改革要想成功，一个基本条件是获取各方的广泛认同与支持，而成功的改革试点可以产生激励和辐射作用，所以在基础教育改革的不同时期，改革者都会通过树立典型并利用这些典型经验的激励与辐射作用去推进基础教育改革。譬如山东省烟台市作为国家级教改试验区和教育综合改革试点城市，从考试制度到招生制度、从课程结构到课堂教学进行了整体性、全面性的改革；湖南省汩罗市教育改革从督导评估机制切入，成为推进素质教育的一个重要杠杆；山东省寿光市从解

---

① 李金河、徐锋：《当代中国：公众政治参与和决策科学化》，人民出版社，2009，第119页。

决区域内城乡差距入手，整体统筹规划解决基础教育不均衡的问题；安徽省铜陵市则以调整布局、均衡配置、注重学校内涵发展等方式遏制择校偏向、保障公平；① 等等。所有这些事实都是正面典型推广的绝好榜样。

其二，人缘性。人缘性指改革通常会选择那些与改革发起者人际关系良好、观点意见较为一致的人群来进行试验的情形。国人常视天时、地利、人和为事业成功的必备条件，人缘性正是改革实施的"人和"因素。人缘关系之所以对我国的各项改革具有重大影响作用，是因为它对国人而言具有特殊意义。中国是一个基于儒家伦理的关系主义社会，个体与他人的社会关系"就像水中的波纹一般一圈圈推出去，愈推愈薄"，② 这种良好的人际关系可以帮助改革策划者更加容易获取改革实践者的支持，防止地方教育行政部门出于自身利益考虑而随意裁剪中央政府的政策文本，继而促使地方利用自身的各项资源去顺利推进改革。譬如浙江省之所以成为2001 年新基础教育课程改革的腹心之地，人缘性便是其中一个相关因素。1986 年，浙江省就开始筹划课程改革并得到了当时国家教委的大力支持。当时，出于慎重与对浙江省教委的了解和信任，国家教委于 1988 年 5 月将探索课程改革的任务交给当时的浙江省教委，经过试验，浙江省于 1991 年秋出版整套新教材，同年，绍兴、诸暨、慈溪 3 个市县的小学一年级和初中一年级各 5000 人进入最早的试验，1992 年扩大到萧山、龙游和庆元，中小学共有 16 万学生进入试验，1993 年全省进入综合课改。③ 可以说，正是中央行政官员与地方行政官员基于教育观念契合而达成的相互信任关系，才导致浙江的先行者们完成了新课改这一历史性抉择，迈出了中国新课改的第一步。

其三，地缘性。地域性是指改革通常会选择那些群众基础较好、易于接受改革新思想与新举措的地点来进行试验的情形。由于改革实施经常会

① 叶澜：《中国基础教育改革发展研究》，中国人民大学出版社，2009，第 154 页。
② 费孝通：《乡土中国》，生活·读书·新知三联书店，1985，第 25 页。
③ 王宏甲：《中国新教育风暴》，北京出版社，2010，第 134～135 页。

面临诸如教育行政部门"执行不力"、学校主体"权宜应付"、教师个体"难以转变"等执行困境，所以在改革实验时，决策者和发起者们都会考虑试验前的地域因素。为什么呢？一是因为公众的参与和支持程度对改革具有重要价值。与传统社会不同，随着民主程度的日益提升，现代社会普通民众的参政意识和参政程度明显增强。正因如此，民众对改革的认同便变得举足轻重，因为它能使决策者真切观察与证实改革政策的实施在多大程度上是受到支持还是被反对的，以及试验本身能否正常维系与进行。譬如深圳南山区之所以成为广东省 2001 年基础教育课程改革首批唯一的试验区，不仅因为其充裕的物质基础，更在于其与新基础教育课程改革匹配的国际化教育理念：当时南山区高考总分已经连续六年在深圳市排名第一位；深圳与香港仅一桥之隔，香港综合课程实施已久，深圳通过各种媒体对香港的综合课程早有耳闻且已有人将此视为教育界大势；1999 年初的一份调查表明，深圳出国留学的中学生占该市所有出国留学人员的 70% ~ 80%，珠三角地区的一些中小学几乎每天都有学生流失，而广州市每月自费出国者就有约 200 人，且低龄化趋势越来越明显……正是在此背景下，深圳的家长在接受综合课程改革时才并无多大阻力。① 二是因为地缘性对试验区的改革推进具有直接影响。当政策问题的复杂性或技术难度较高时，普通公众要么因对问题缺乏基本认识，要么因自身利益受损等而对改革产生抗拒或反对的思想和行为，一旦这种思想与行为大面积铺展开来，试验将可能半途而废，因而改革者总会想方设法去提高公众参与度以减少阻力、提高支持度，因为理解永远是建立在了解的基础上的。由此便不难发现，无论哪次教育改革，政府都会采用诸如电视、广播、网络等各种传媒渠道去宣传改革的基本理念、主要内容、相关保障措施，在使公众获取改革基本知识普及的同时降低其反对改革的阻力。尤值一提的是，改革者通常会通过利益引导的方式改变人们的关注点，以使相关主体真切感受到改革的结果是自身受益而不是受损，是使自己孩子的综合素质得到提高而

---

① 王宏甲：《中国新教育风暴》，北京出版社，2010，第 178 页。

不是下降。诸此种种，其直接出发点便是促使各界改革参与者的态度向支持改革的方向转变。

（二）自我辩护性与潜在排他性：改革无不在总结反思中实施推广

无论是源自政治逻辑的内在驱动，还是出于政策本身技术层面的外在要求，改革总是在不断总结反思中得以实施推广的，但改革最终能否调适却是内源自发而非外在推动的，所以在面对来自局外人的批评与指责时，改革者总会以维护自我的方式表现出强烈的自我辩护性与潜在排他性特征。

其一，总结反思性。总结反思性是指无论是在试验还是在实施和推广过程中，改革者都会不断总结反思存在不足并基于此做出反应的情形。改革举措的制定并非一蹴而就、一劳永逸，其推行总会碰到各种阻力，因此，任何教育改革都需要对前期试验的成功经验予以良好总结，对不足之处予以更进完善，从而使整个改革进程能在不断反思中调适前行。为什么要这样呢？因为改革中的总结反思具有三种存在合理性。一是技术合理性。由于环境在不断改变，改革规划也应随环境的变化而做出适当的调整，从而保持政策方案与政策环境之间的良好动态适应，通过给予政策纠偏的机会以提高政策绩效以更好地实现政策目标，这是改革总结反思的技术合理性，也是政策规划应有的权变属性所在。二是经济合理性。任何改革都会牵涉人、财、物、力等资源的耗费，并且试图以最小的代价获取最大的成功，只有通过总结反思改革进程中存在的不足并对其加以更进，改革才能避免一些不必要的浪费和损失，这是改革总结反思的经济考虑。三是政治合理性。改革是将政策规划付诸落实的过程，此间，政治决策者及相关部门能否真正了解民众的偏好与需求、得到公众的广泛支持，能否了解与决策系统息息相关的环境并切实把握两者之间的互动关系，这是改革能否成功的必要条件。为此，政治决策者在改革实施进程中，总会不断通过民意抽查、实地调研及听证会等各种有效途径去获悉改革进程中存在的各种呼声并总结反思改革举措存在的偏激之处，唯有如此，才能增强公共政策的回应性并真正确立自身改革的合法性与权威性，这是改革反思总结的政治合理性所在。

其二，自我辩护性。自我辩护性是指无论在反思总结还是实施推广过程中，改革者都会以论证强化自身观点的正确性为基点的情形。改革事关各种利益变动，出于对权威和利益的维护，改革者通常都会为自己的改革理念、举措等进行充分自我辩护，而这种自我辩护又不外乎三种。一是为改革实施的缘由做辩护。所谓名正则言顺，言顺而后事成，倘若连改革的重要性、必要性和紧迫性都不具备，其改革合法性便会受到质疑，紧随其后的实施也将难有保障。因此，任何改革都得首先充分论证改革的必需性。如何论证呢？通常而言，改革者会从纵向历时发展、横向共时表征、当下客观要求等三方面来证明改革是必需的。譬如为向国人展示2001年新基础教育课程改革的必需性，改革者们先是从中华民族悠久的历史长河中去寻找教育改革的历史依据，将其视为"中国有史以来第三次重大教育转型"，认为这是一场"深刻改变新世纪所有中国人的学习方式、知识构成、前途和命运"①的重大历史事件，是历史发展的必然；紧接着改革者又通过组织各种考察团到世界各国进行实地考察，在充分体验了解和比较别国课程改革经验和策略的基础上论证基础教育改革乃世界大势所趋；最后，为进一步强化国人对改革的广泛认同，改革者又利用各种渠道进行舆论造势，广泛考证并强化旧有基础教育如何使学生水深火热、如何使教师苦不堪言等说明改革确属人心所向，为此还专门组织人员将上述内容编撰成册、印刷出版。二是为改革实施的困难做澄清。任何改革都会遇到阻力、碰到困难，为确保改革的顺利实施，改革者们通常会通过广泛宣传、全面解读、深入澄清等方式来为改革所遇到的困难做出有效辩护。譬如早在浙江省综合课改之初，不少家长就找过政协委员、人大代表反映问题，两会代表也对新课程改革提出了质疑，但最终结果不了了之，在无力解决这一

① 王宏甲：《中国新教育风暴》，北京出版社，2010。

问题时，不少家长跑关系、走后门，千方百计把孩子转到本省、本市的非试验区去。[①] 在全面推广新基础教育课程改革之后，许多教师和基层教育行政官员也对此做出了客观反映，如内蒙古海勃湾教改区新任局长邢瑞英就介绍说："困难真的很大，比如讲大综合的科学课，一开始班上有 41 个人不懂，讲着讲着，有 42 个人不懂了，之后连老师也不懂了。"[②] 但最后的结果被视为课程改革执行不力所致。三是为改革实施的成就做宣传。改革之所以能顺利有序地开展，一个重要方面是人们看到了改革所带来的优于过往的成效，为使这种成效迅速可感，改革者通常会利用各种机会，从试验和前期实施推广过程中选择已成功的正面个案或例子，然后借助这些个案或例子去有意识地强化改革实施所带来的成就。譬如 2001 年新基础教育课程改革试验后，改革者们不仅开展了许多改革现场观摩活动，举办了不少成果展示、经验交流会，还总结了许多具有高度概括水平的理论、方法、模式等，并通过各种大众传媒将这些成就公之于众，有意识地通过树立榜样和典型的方式去勾勒改革的美好蓝图，激发改革实践者的美好未来，从而达到积极推进改革实施进程的目的。

其三，潜在排他性。排他性指无论是在反思总结还是在实施推广过程中，改革者都会本能地排斥与自身观点不一致的情形。之所以出现这种现象，一方面，因为任何改革在酝酿之初都是经过严格论证的，并且相关改革理念、举措都是改革者本身所坚信正确的，当然在某种程度上，改革本身也确实具有相当针对性和合理性；另一方面，在此信念驱动下，任何改革者都会对改革本身持有一种执着的精神与强烈的自我辩护潜意识，尤其当改革者的自我辩护和排他理据充分而为众人所认同时，其功效就更有利于改革成果的体现与改革本身的推进。改革者的这种潜在排他性主要通过两种方式进行。一是间接压制或有意隐匿反对观点的发表及其传播。由于

---

① 石小敏：《实验区开了锅》，杭州师范大学图书馆爱迪网，2007 年 11 月 20 日，www.hznu.edu.cn/library。

② 王宏甲：《中国新教育风暴》，北京出版社，2010，第 184 页。

改革受制于诸多因素的影响，也需要一些与之配套的条件，同时，囿于其预期性与理想性，改革最初坚守的理念举措也可能会与现实发生部分脱节，因此改革经过一段时间后难免会出现一些批判或反对言论。事实上，这是任何改革都会碰到的客观现象，也是改革实施予以更进完善的必要条件，如果改革者能够驻足静思并对反对意见做出客观分析与自我调整，那么于改革本身是利大于弊的，但问题恰恰是越是改革之初，这些反对意见就越会受到排斥、压制。二是直接攻诘或驳斥反对观点的片面性与错误性。良善的改革是能广泛听取反对意见并客观反思改革本身的，但诸多改革却很难做到这一点，面对反对言论日益突破原有封存状态而滋生蔓延的情况时，改革者为了维护自己的信念、自身的威望和自我的利益，从一开始就以改革理念为支撑与聚众成势的反对力量及其理据做斗争，这种斗争最初是实践探讨，接着是学术争鸣，继而是学理批判，最后几近人身攻击，这种驳斥和维护有的是真正为了捍卫自己坚守的信念，有的却是刚愎自用的开脱罪责，无论哪种情形，其目的只有一个，那便是维护自己的改革理念与举措。譬如2001年新基础教育课程改革，经过最初零星的反对言论播散之后，出现了以王策三等为代表的反对方和以钟启泉等为代表的改革方，双方争论前期还比较温和，主要围绕课程与教学改革的基本理念与具体举措进行辩论，属于学理之辩，之后开始针锋相对并出现强烈的价值判断性，再到后来出现了类似"发霉的奶酪"等刺眼的非学术字眼。客观讲，此时双方已不再是严格意义上的学术争鸣，而变相成为人身攻击。[①]

---

① 改革开放后，关于基础教育改革的理论争鸣大致经历了两次：一次是20世纪70年代末至80年代初，关于基础教育基本任务和功能的论争，最后形成"双基"共识；另一次是20世纪80年代末至90年代中期，关于应试教育与素质教育的论争，最终各执一端，难成一统。事实上，关于2001年新课改的论争是后者的延续，所不同的是，此次论争是以素质教育经由政策中介而被转换为实践认同为基础的。因此，此次新课改一开始，学界对此就始终存在争执或争鸣，而其表现便是大家相对熟知的"钟王之争"，其间论争大致展开如下。

此次论争并非像国内部分学者所认为那样是从2004年开始的，它可以追溯到2001年10月，其时，王策三教授撰文《保证基础教育健康发展——关于由应试教育向素质教育转轨提法的讨论》[《北京师范大学学报》（社会科学版），2001年第5期]，此后又于2004年7月再次撰文《认真对待"轻视知识的教育思潮"——再评由"应（转下页注）

诸此种种均表明改革在其实施过程中自始至终都存在这种潜在排他性特征。

三　改革力度与限度博弈的政治逻辑

力度是指促使改革不断执行推进的力量与倾向，限度是指限制改革不再执行推进的力量与倾向（下文所言力度、限度均为此意，不再赘述）。

(接上页注①)试教育"向素质教育转轨提法的讨论》（《北大教育评论》2004 年第 1 期），两文的核心观点是由应试教育向素质教育的提法不妥，并认为这一提法还有从理论向实践流行的趋势；与此相随的有北京师范大学孙喜亭教授，其先后撰文《基础教育的基础何在？》（上、下）和《再谈基础教育的基础何在》（《教育理论与实践》2001 年第 4、5 期，2003 年第 8 期）表明基础教育的基本任务是传授基础知识、形成基本技能；刘硕也先后发表《究竟要改什么？——就关于基础教育现行课程五个"过"的判断与有关人士商榷》（《学科教育》2003 年第 6 期）、《传授知识是教师的神圣职责——论知识传授的作用与价值》（《中国教育学刊》2003 年第 6 期）两文，再次强调了知识传授的根本价值；2005 年 5 月，王策三、孙喜亭、刘硕三位教授还将前期关于基础教育改革的基本观点及主张集结合著出版《基础教育改革论》（知识产权出版社，2005）。由此引了发了 2004 年 10 月，华东师范大学钟启泉、有宝华教授撰文《发霉的奶酪——〈认真对待轻视知识的教育思潮〉读后感》，张正江同志撰文《素质教育是轻视知识的教育吗？——与王策三先生商榷》（《全球教育展望》2004 年第 10 期）；之后，钟启泉教授又分别于 2005 年 1 月、2 月先后撰文《概念重建与我国课程创新——与〈认真对待轻视知识的教育思潮〉作者商榷》（《北大教育评论》2005 年第 1 期）、《重建学习的概念》（《福建论坛》2005 年第 2 期），对上述观点予以驳斥。对此，2006 年 2 月，王策三教授撰文《关于课程改革方向的争议》（《教育学报》2006 年第 2 期），并于 2008 年 7 月撰文《新课改理念概念重建运动与学习凯洛夫教育》（《课程·教材·教法》2008 年第 7 期）以做回应；此后又于 2010 年 3 月发表《台湾的课改与我们的课改》（《教育学报》2010 年第 3 期），并结合郭华教授《新课改与"穿新鞋走老路"》（《课程·教材·教法》2011 年第 5 期）一文，于 2012 年 2 月发表《对新课改理念介入课程改革的基本认识——对穿新鞋走老路议论引发的思考》（《教育科学研究》2012 年第 2 期）、《应该尽力尽责总结经验教训——评十年课改：超越成败与否的评价》（《教育科学研究》2013 年第 6 期）提出异议。与此同时，钟启泉教授于 2006 年 5 月撰文《知识隐喻与教学转型》（《教育研究》2006 年第 5 期），从知识、学习、课堂文化等概念予以反驳，展开了进一步深入辩论，并先后发表《凯洛夫教育学批判——兼评"凯洛夫教育学情结"》（《全球教育展望》2009 年第 1 期）、《课堂互动研究：意蕴与课题》（《教育研究》2010 年第 10 期）、《教学实践模式与教师的实践思维——兼评"特殊教学认识论"》（《教育研究》2012 年第 10 期）再次回应论争。

在整个基础教育改革的形成与实施过程中，政治因素在力度与限度的博弈中是如何展开的，其间又呈现哪些特征呢？在什么情况下，政治因素会确保改革强力推进而力度不减，而又在什么情况下，政治因素会限制改革执行推进甚至停止改革呢？这便是力度与限博弈的基本趋向、力度的主要依据、限度的大致条件问题。

（一）博弈的基本趋向

总体而言，政治因素对基础教育改革的影响是力度大于限度，具有外在强制性与内在自我挺进性，限度制约力度，具有外在回避性与自我消解性。此间，力度是主线，限度是暗线，力度决定限度。

其一，力度大于限度，具有外在强制性与内在自我挺进性。力度大于限度是指在整个改革的过程中，政治因素总是具有强烈执行和推进改革政策的行为和意向性，这种行为和意向性表现为两方面。一是外在强制性。外在强制性即通过外部强制力量以促使改革朝着既定目标与举措执行推进。这种强制性尤其表现在改革的试验阶段和实施初期，特别是国家层面发动的改革在这方面表现得更为雷厉风行与不容置疑。譬如2001年新基础教育课程改革，1月开始启动课程研制项目，3月开始研制课程标准，4月发布课程标准，5月审查小学第一册实验教材，7～8月进行教师培训，9月开学即按照新课程开始上课。不仅如此，从2001年全国设立38个（占全国区县总数0.5%～1%）课程改革试验区起，2002年新增课程改革试验区542个，2003年底进一步扩大到1642个，2004～2005年全国开始全

（接上页注①）围绕"钟王之争"，学界关于此次基础教育课程改革的论争几乎波及全国各大高校，其核心问题是要不要改、要怎么改。尽管此间也出现过相关调和或中庸的声音，但总体而言，中庸的调和之音并非主流，相反是越来越多地陷入两派之辩。笔者无意加入任何一方的归属，但如若硬要从学术观点来划分归类，那么笔者的基本主张应是保守主义的，这与笔者长期以来所遵循的文化守成主义一脉相承，不仅如此，笔者对此次基础教育课程改革的系统分析也是国人中相对较早的，因为笔者早在2003年12月前就完成"对现时基础教育课程改革基本理念、主要举措及其实施推广的理性审视"的系统专题深入研究（基本观点与主张详见本书下编之具体论述）。

面实施新课程，四年内便在全国范围内开始实施新课程，其速度之快、力度之大确实是不言而喻的。① 这与政治因素中的层层发动、强力推进密不可分。一个众人皆知的事实是，新课程改革的推进首先通过从中央到地方的层层会议予以统一思想，继而以行政推进为基本方式来层层督促落实，通过从中央到地方的逐级发动，采用纳入行政考核并采取行政督促检查的方式最终将相关改革举措层层推广至各级各地学校教育教学实践中去。二是内在自我挺进性。内在自我挺进性指无论是改革之初的强力推进，还是实施推广之后的迂回前行，均存在一种内在的将改革进行到底的内驱力。特别是当改革进入全面实施阶段之后，尽管存在一定的不协调声音，但改革者依然会一如既往地推进改革。因为改革者坚信改革是合理的，具有客观必然性，相关不协调声音或部分阻力都是改革执行者对改革理念措施本身的不理解所致。

其二，限度制约力度，具有外在回避性与内在自我消解性。当改革进入反思评价或变通阶段时，限度开始制约力度，并具有如下两个特征。一是外在回避性。正常的改革总会经历制定、执行、评估、变化、终结的过程，但改革政策相对有明确的终止阶段，此间改革者通常都会试图不断完善改进改革过程中的不足之处，以确保改革顺利进行。二是自我消解性。一般而言，改革者是通过改革实施后的评价来获得改革效果验证的，在对改革的去向做出判断和选择之后，如果方向正确，措施得力且得民心，那么毫无疑问，改革者将继续大力推进；如果判定改革方向有问题且措施并不奏效，改革者依然会采取如下两种形式来进行自我消解：第一种方式是政策补充，即在被认为继续可行的政策中，增加新的内容，拓展政策的规范空间，以适应内外政策因素变化的需要；第二种方式是政策修正，即改正政策中那些已被证明了的错误内容，同时依据新的政策环境，修订已经过时的内容，进一步增强与保证政策实施的可行性。

---

① 叶澜：《中国基础教育改革发展研究》，中国人民大学出版社，2009，第186页。

（二）力度的主要依据

为什么政治因素会极力促使改革强力推行到底呢？主要依据有三。

其一，政治因素力度存在具有客观必然性。这种客观必然性源于中央与地方、地方与地方、学校与学校、学段与学段之间的差异与差距。作为一项国家层面发起的改革，其原初目的便是推广，就是要使全国各地接受改革的要求并将其付诸实践，但是由上述差异或差距的客观存在，往往会出现各种不落实或落实不到位的情形，因为国家改革所体现的是整体的社会利益，而地方、学校、学段讲究的是局部和个体的利益，因而尽管"从整个过程来看，我国政府的教育政策执行能力较强，地方政府及其政策执行者对中央教育政策的执行也算雷厉风行、畅通无阻"，[①] 却并不能完全排除地方政府、不同学校和学段在贯彻中央改革措施过程中出现表面化与不作为化的行为，为减少这种客观存在的不一致性、不作为化和表面应付化等问题，需要政治因素以自己特有的刚性权能去统一其间分歧，以确保改革的顺利施行。

其二，行政推进力量明显强势。我国改革由国家层面发起，因此整个改革的推进过程便明显地表现出行政主导的特征。在这种行政主导型的改革执行推进过程中，政府掌握着改革所需要的包括经费、人力、信息、权威等在内的一切资源。众所周知，任何改革都需要一定的资源做支撑，改革的任何一个环节同样需要相应的资源做保障，若无配套资源，改革就会举步维艰。显然，政治因素在上述资源的掌握与控制方面是独具优势的，也正是这种独具优势的资源控制力才使其在改革实施过程中迅速高效。因为通过上述资源的控制，政治因素不仅控制了改革实施各个环节所需要的相关资源，还对改革成败本身的评价予以设限，从而在很长一段时间内，总体改革环境呈现一种自我实施、自我评价的机制，外在强制性与自我挺进性也由此具有强大的动力基础。

---

① 祁型雨：《利益表达与整合——教育政策的决策模式研究》，人民出版社，2006，第319页。

其三，非行政干预力量相对分散。尽管随着改革开放的纵深推进及社会主义市场经济机制的渐进发展，目前我国已基本形成社会各阶层寻求介入改革以争取自身权益的需求，但相较行政改革力量而言，非行政主体的力量是相对分散的，他们很难有自己独立、集中、强势的意见表达主体和渠道，致使其左右改革的能力相对较弱。不可否认，目前我国允许公众参政议政的渠道与程度都有大幅拓展与提升，但就民众实际参政议政的情形来看，他们更多地停留于形式而轻于实质，其效果也不尽如人意。譬如教育部明确提出在中小学实行校长负责制，逐步形成自主管理、自主发展、自我约束、社会监督的机制，积极推动社区、学生及家长对学校管理的参与、监督，但在2001年基础教育课程改革中，许多地方却一直视课程发展为政府行为，而非社会各界广泛参与的社会行为。事实上，人们仍然视课程改革为由教育部决定、各级各地政府通过行政手段予以上传下达，而由各地学校和教师层层落实的行为。此间，教师、学生、家长及社会各界人士仍然成为政策法令的相对被动接受者。此外，公众监督信息不足也是致使非行政力量干预分散的重要因素。改革的外部力量之所以对改革没有足够的发言权，关键在于外部评价往往缺乏足够的改革信息，评价活动缺乏科学性、可靠性，从而无法形成可以左右改革进程的影响力量。

（三）限度的大致条件

政治因素既然具有内在自我挺进基因，按理说不应该有限制的倾向才合理，但为什么这里要来阐述其限制性呢？此问题又可细分为三个小问题。

其一，为什么政治因素会有限制改革施行的倾向？这是因为其有存在的客观依据，这些客观依据有三。一是政策规划本身的特点使然。改革是通过政策颁布及其实施来推行的，而政策规划是一种考验、修正、再考验的不断调适过程，在此过程中，改革方向是否正确、措施是否合理、保障条件是否充足等是需要经过验明的，易言之，这些活动及其成果本身都需要经过实践检验，正因如此，才会出现上文所言的，改革自一开始就会存在相关争议。因此，尽管改革者一厢情愿地极力强劲推进改革实施，但改革方案本身的是否成熟与合乎情理客观上是影响改革进程的一个重要因素。二是客观条件的持续变更使然。此处的客观条件变更主要包括改革问题和改革资源的变化两方面，改革的目的在于解决社会问题，改革举措是针对社会问题而设计出台的，由于社会问题层出不穷且变动不居，当问题发生转移时，原有的改革内容与措施很可能就不再适宜了。同时，改革的任何一个阶段和环节都需要相应的资源做支撑，但资源并不是永恒不变的，它与国家的经济状况、对改革做出的财政预算、科技发展的程度等密切相关，如果国家出现了经费短缺或经济危机，那么被迫调整或中断某一改革也就在情理之中了。三是主观条件的变更使然。政府主体对改革做出调适、修整乃至停止出于不同意愿，除客观的顺应历史潮流外，有些改变是主动自愿的，这些主观条件包括两方面。一方面，就宏观社会意识改变而言，任何一次改革都是人们认识的产物，人们对于改革问题的定位、认识是一种不断深化的过程。现实生活中的客观事物总是复杂多变的，而人们的认识能力却是相对局限的，因而随着时代与社会的发展，被人们日益意识到的一些观念变更最终也会在政府的行动中得以体现，如我国建设中国特色社会主义的市场经济政策的确定过程，就是人们对市场与计划的认识不断深化的过程。另一方面，就微观个体意识改变而言，如前所述，改革通常由政治官员引起，而不同的政治官员对改革的观念与判断是各不相同的，因而在改朝换代并不频繁的太平盛世，改革的执行情况便会随政治官员的变更而发生相应变更，如改革开放是由于邓小平同志成为国家领导人开始的，法国20世纪60年代的改革也是因为戴高乐执政后才予以施行的。

其二，在什么情形下，政治因素必须对改革做出调适、修整、限制甚至停止？尤论政治因素的自我挺进属性如何强大，但在如下情况下必须做出调适、修整、限制甚至停止。一是民意反对之声明显可感。"民意"尽管十分"粗糙"，但并非不可测量判定，改革实施之后的一段时期内，如果"民意"不支持或反对意见占主流，改革者必须考虑政策调适或修整。

"民意"的支持与反对如何判定呢？就基础教育改革而言，一个最简单或普通的办法就是进行分域分类抽样调查统计，即通过设计最能体现对改革本身赞同与否的关键问题或核心项目，将其制作成问卷，然后对不同地域（省市县乡）、不同群体（士、农、工、商以及校长、教师、家长）进行广泛抽样调查，将其汇总分析并形成统计数据，按照汇总后的民众支持情况来决定对改革政策的调整、修正或限制、终止与否，如果统计数据表明支持率在70%以下，则改革者必须适时进行改革政策调整。当然，此间最为关键的有两点：一方面是该"民意"调查应由民间组织而非政治官员组织进行；另一方面是政治官员对"民意"调查的结果需要保持客观认可的态度而非曲误辩护。二是改革缺陷的完全暴露。诚然，改革施行初期的民意调查还不足以决定对改革本身的限制和终止与否，因为此间政府仍可以通过调整、修正改革本身的不足以更胜任的方式去进行改革（特别是当改革理念本身是先进的、方向本身是正确的），但如果在此基础上的后期改革仍然带来诸多实践问题，则必须终止改革。任何改革在其张显积极作用的同时，也会产生一定的副作用，这是客观事实，但如果改革的副作用在整个实践行动中已然接近甚至超过了其正向功用，那么改革者就必须考虑是否应当终止改革了。如果不终止，便会出现下文所分析的那种逆历史、悖民情而动的危险，对整个教育乃至社会发展产生破坏性影响。

其三，在什么情形下，政治因素才可以义无反顾地促使改革进行到底而不考虑限度？只要改革，就会涉及改革的时限或时期性问题。改革实施后，于改革发起者而言，事实上，其执行情形只有两种：要么推进（包括强力推进与在调适中渐进推进），要么停止（包括自行停止或顺其自然、不了了之）。当然，最理想的改革实施状态是将改革政策强力执行到底，那么令改革者义无反顾地将改革进行到底，需要哪些基本条件呢？必备条件有三个：一是改革问题诊断本身是适切的；二是改革实施进程是广为认同并接受的；三是作为政治因素起作用的改革者本身是具有强大执行势能的。只有在这三种条件全部满足时，改革才可以义无反顾地强力推行到底，否则便不可。然而，要同时具备上述条件是具有相当困难的，毕竟改革的过程远比想象的要复杂和曲折得多，因而在具体改革实施中，以下两种情形就会不可避免地出现。一种情况是改革问题诊断本身并不适切，实施过程亦未得到广为认同接受。在此情形下，最明智和正确的做法当然是终止改革，但囿于前文所分析指出的政治因素具有自我挺进性基因，所以仍有可能出现将哪怕是错误的改革进行到底的情形。面对此景，确保其成功执行到底的唯一条件便是政治架构的高度集权及其内在运作的高度一统，即从实施人员到思想行为都能以自己特有的权能对各种非执行因素予以外在成功地干预与控制。另一种情况是改革问题诊断本身适切，但实施过程并未得到广为认同接受。这种情况，政治因素要将改革强力施行到底所需的条件和前种情形一样。所不同的是，前者是反动式的，给整个社会带来的是灾难性或历史倒退性的负面影响，第二次世界大战中的德、日法西斯军国主义改革便是佐证；后者是启蒙式的，给整个社会带来的是积极向前、健康向上的正面影响，国外的文艺复兴亦是佐证。

第二章 基础教育改革的经济逻辑

> 比较期望是指人们期望在社会交往中实现的利润……社会关系对个体的持续吸引不仅仅取决于他们获得的报酬，还取决于他们所付出的成本，尤其是取决于这两者之间的比率，这种比率决定了该社会关系对他们究竟怎样有利可图……根据这一标准，社会关系越是有利可图，人们就会为它们承担越多的责任。
>
> ——〔美〕彼得·M.布劳：《社会生活中的交换与权力》

尽管经济学家将经济学定义为一门"研究如何配置稀缺资源使其最大限度地满足人们无限欲望的科学"，[①] 但对一个外行人来说，广义的经济无非是包括经济利益在内的各种利益诉求及其相关活动，而狭义的经济可能就是与金钱或资金直接相关的各种活动。基础教育特别是义务教育，通常会被认为是一种社会公益事业，而不应该有任何经济赢利动机或行为，否则，我们便会很容易受到众人的批判并被视为对教育的玷污。然而，就是这样一种被普遍视为与铜臭味无关的社会公益事业，事实上，经济场的游戏规则依然在此发挥着明显的支配作用。基础教育改革的经济逻辑是指基础教育改革从问题引发、方案制定到实施推广、反思评价等一系列过程中所呈现的基本经济运作机理。本章通过一个门外汉的日常观察与经验总结，尽可能地对基础教育改革中的经济支配逻辑做出细致分析，以使我们对其有一大致了解与把握。当然，囿于学养，其间分析不一定正确，有的

---

① 唐任伍：《经济学原理》，北京师范大学出版社，2010，第5页。

甚至还是错误的，所以恳请各位读者批评指正。

一　改革形成的经济逻辑

作为旨于改进和完善已有教育现状的社会系统公益工程，想必任何教育改革都难以用"金钱"二字来形容，特别是一项出自政府且源于改善社稷民生的基础教育改革事业，更不会令人产生上述念头，然而，无论我们是否承认，基础教育改革从启动那一刻起，事实上就远未逃出"金钱"或"利润"的羁绊。毕竟，主观上的非趋利动机并不等于实际活动进程中的利润无涉，笔者以为，就经济利益而言，基础教育改革在形成过程至少具有如下两个明显特征。

（一）利益调整性与多方共赢性：改革初衷无不以利益重新调整为基底

利益是指"一定的客观需要对象在满足主体需要时，在需要主体之间进行分配时所形成的一定性质的社会关系的形式"。[1] 按照不同的维度，利益可以分为多种类型，就基础教育改革而言，最重要的利益是经济利益、阶层利益、地域利益与普遍利益，由于所有这些利益是通过个体利益来最终体现的，因而改革就是基于上述利益的重新调整、分配与实现过程，而其目的则是促使相关利益人获取共赢或共同发展。

其一，利益调整性。历次基础教育改革都是以利益的重新调整为基底的，改革之所以要进行利益重新调整与分配，从理据上看，主要是因为客观存在的利益矛盾与冲突以及由此带来的相关利益人的吁请与诉求。一方面，由于基础教育资源有限，身处不同地域、阶层的教育利益人在获取这些教育资源时存在差异，这种差异不仅表现在以学生和家长为主的受教育群体，也表现在以教师为主的教育者群体当中，当这些差异逐步扩大，致

---

[1]　王伟光:《利益论》，中国社会科学出版社，2010，第82页。

使整个利益群体出现明显的强势、弱势群体划分时，此时弱势群体不仅会自发地提出改变现有利益格局的要求，还会相应地将这些吁请与诉求付诸自己的消极抵抗行为。这种消极抵抗行为日久积深，直至历史发展到某一阶段而导致矛盾冲突不断升级，继而诱发整个社会不稳定因素的增加，最终影响整个国家的稳定与健康发展。因此，无论是出自改变自身的地位以获得应有教育资源，还是为了拥有平等条件以谋求自身未来教育更好的发展，弱势群体都会具有改变利益格局的现实诉求，因为他们在家庭出身、经济条件、所处地域和阶层等自然状态下无法赢得与他人同等的权益，只能通过或依赖外部特别是国家主导的改革才能重新获得自己的正当权益。同时，上述利益重新调整与分配对以谋求社会繁荣、平衡利益格局为己任的政府来说，同样需要借助改革或重新平衡利益格局以维护人心和社会的安定，因为从根本上说，"国家和政府的产生就是要维护更大群体的安全、秩序和正义"，① 否则，人类就不必在已经建立普遍社会联系的部落或城邦的基础上建立更具凝聚力的国家，也不会产生代表国家的政府。另一方面，从历次基础教育改革的实际情况来看，任何改革都会出台一些利益调整措施，在剥夺或削弱一些人利益的同时赋予另一些人以相应的利益。譬如美国，1958 年颁布《国防教育法》，通过实施发放学生贷款计划以扩大学生接受高等教育的机会，通过资助冷门语种的语言教育计划并授权 K - 12 年级的学校从事外语教学以提高中小学外语教学数量和质量；1965 年颁布《中等和初等教育法》，为满足低收入家庭儿童的教育需求，推动和帮助那些急需得到教育服务却难以保证质量的地区提供财政援助，为重视残疾青少年的教育而建立聋哑儿童和盲童示范中心，为预防农村地区辍学而出台双语教育方案；2010 年奥巴马政府之所以实施"角逐卓越"这一旨在缩小各州中小学生的成绩差距、提高高中生毕业率、促进教育质量全面提升的学校改革投资计划，也是因为"在被调查的 120 万学生中，有近 30%

---

① 〔美〕莱斯利·里普森：《政治学中的重大问题：政治学导论》，刘晓译，华夏出版社，2001，第 50 页。

的学生辍学或不能按时完成高中，而黑人和拉丁美洲裔学生中达 60% 不能按时毕业，此外，在许多城市，低收入青少年辍学人数达一半或一半以上"。① 而在我国，为解决弱势群体的经济利益问题，普及九年义务教育时出台的措施是"三免一补"政策，为解决地域利益问题而出台的措施是"禁止择校、就近入学"政策，而为解决农村教师工资偏低、缩小城乡中小学教师收入差距等问题，又出台了"教师绩效工资"政策等。联合国教科文组织出版的《学会生存——教育的今天和明天》一书曾提出："为了平等地对待所有人，提供真正同等的机会，社会必须更多地注意那些天赋较低和出生于较不利的社会地位的人们。"② 可见，进行利益重新调整与分配不仅是客观需要，还是世界各国基础教育改革的普遍做法。

其二，多方共赢性。进行利益重新调整的目的是什么？显然是促使整个基础教育和谐均衡发展，使原本存在的相对不合理利益格局有所变更，继而促使各利益相关人获得共赢。就基础教育而言，这种共赢通常体现在四个方面。一是社教共赢，即社会（国家）和教育系统两者都能获得各自利益。改革者发起改革，在他们看来，是因为有利于减轻学生群体的经济负担（义务教育免费等）、促使受教育者获得更好的教育资源（各种学校教育设施设备均由国家出资建设等）、提高受教育者的素质能力（课程教材的编制等）等，显然，诸如此类的措施对教育系统本身是有利的，无论是学校教师还是学生都会从中部分获益。正因如此，2001 年发起的旨在强调"为了每一位学生发展"的基础教育课程改革，改革者也毫不掩饰地提出"为了中华民族复兴"这一国家和社会利益诉求，显然，通过改革，作为奠基性工程的基础教育在满足公众教育需要和实现公众受教育权利需求的同时，也在为国家储备知识、为实现国家利益打基础。的确，从国家层面而言，将大量财政支出投入教育，绝不仅是无私奉献，也是一种买卖，

---

① Duncan Ame, "A Call to Teaching Given at the University of Virginia," http：//www. Ed. gov / news /speeches /2009 /10 / 10092009. html. 2009 年 10 月 9 日。

② 联合国教科文组织：《学会生存——教育世界的今天和明天》，教育科学出版社，1996，第 46 页。

通过教育改革，国家可以更好地在基础教育阶段获得丰厚的人力资源产出，其收益是全局性、先导性而一本万利的，其目的仍是培养高素质的劳动者，以使教育更好地服务于经济建设并成为社会经济增长的驱动力。二是家校共赢，即通过改革，家庭和学校都能从中获得各自的利益。基础教育改革在解决受教育者利益问题的同时是在解决家庭问题，因为通过解决广大家长对基础教育所获利益和现状的不满，能够促使相关家庭从改革中获取原本得不到的各种利益，如义务教育免费制可以减轻家庭经济负担，严禁择校可以保证家庭教育权益相对公平，重新改革编撰教材内容与形式可以迎合部分家长的教育理念，等等。但在使家庭获利的同时，学校自身一样能够获得额外的改革收益，学校由此也能赢得良好的社会声誉并获得社会的进一步认可。更为重要的是，改革促使基础教育学校成为影响国民整体发展的重要场所，继而强化了家庭对国家支配基础教育的认同度。三是师生共赢，即改革可以使教师和学生从中获得各自的利益。改革不单纯是为了国家、学校、家长，也促使教师和学生群体各自获利。改革中的一些措施如提高工资待遇与政治地位、改进教学方法、改善教学条件等能使广大教师从中受益，但在教师受益的同时，学生也一样是受益者，特别是在教育教学物质条件、课程与教材、教师教学观念等的完善与改进方面，学生获取的利益更是显而易见的。因为无论改革本身的正确性程度如何，总是有所侧重的，而不管它侧重的是哪一方面，其出发点都是针对现实中的某一偏颇现象，所以会具有一定的现实针对性，即使是"文化大革命"期间的"上山下乡"，学校教育的普遍社会生活化，它也在一定程度上增强了学生个体生存能力和动手操作能力，"毕竟，这种低重心、实用型的教育在更大程度上满足了农村学生基本的学习需求，如同当时农村实行的合作医疗制度一样它无疑是低水平，但切合实用，首先解决了有无问题"。① 四是生生共赢，即改革可以使不同学生能从中获得各自利益。学生

---

① 黄书光：《文化差异与价值整合：百年中国基础教育改革进程中的思想激荡》，教育科学出版社，2011，第329页。

是来自不同家庭的，不同家庭是分属不同阶层，具有不同社会政治、经济、文化背景的，正因如此，同一学校的不同学生由于上述差异自入小学一年级始便存在相对不公平的现象，这种现象固然是客观存在的，但由于改革的公益性诉求，所以任何基础教育改革在理论上讲都是为追求学生之间的更加公平与正义而进行的，因而相关改革措施势必会促使学生客观存在的各种差异造成的利益受损得到相应补偿，如义务教育免费可以帮助部分因家庭经济条件不济而无法入学的学生成功就读，平等交流对话的师生观与生生交往观可以在一定程度上实现更为共享、共识、共进的师生关系等。的确，改革就是要使"每个孩子所受到的教育能够让他们在社会参与和经济参与中拥有广泛的机会"，[①] 而这无疑会使不同学生个体朝着利益更均衡的方向发展。

（二）经费国家承载性与消费持续供给性：改革无不以经费为支撑并由国家承载

基础教育改革具有利益调整性和多方共赢性特征，这是从改革的目的或立足点来分析的，如果从改革形成和实施之后所需要的条件来看，它还有如下两个明显特征。

其一，经费国家承载性。经费国家承载性是指基础教育改革须以巨大资金投入为基础并以国家财政为基本承载供给的情形。任何教育改革都需要资金作为支撑，没有充盈厚实的资金保障，改革的形成与实施是难以想象的。通俗地讲，就是改革需要"钱"，而这些"钱"是由国家来担负提供的。一方面，改革是对已有基础教育现状的改变，而要改变已有现状，必然会涉及方方面面的内容与措施，而这些方方面面的改革措施、内容与过程需要丰厚的资金做支撑。从过程来看，无论是酝酿与准备阶段对教育现状的专题调查研究、对教育教学大纲和教材的初步修改编撰、对改革试验区相关设施的配套建设、对改革实施人员的前期培训，还是正式实施过

---

① 转引自袁振国《中国教育政策评论》，教育科学出版社，2001，第244页。

程中对设施设备和课程教材的不断更新、对课堂教学模式与方法的探究、对广大中小学改革实施者的继续培训等，都需要耗费大量资金，只有这些资金源源不断地投入才能保证改革过程中所需要的各项硬软件建设和条件逐步得到满足，继而促使整个改革的顺利施行。另一方面，教育总体上是一种社会公益事业，无论是高等教育还是基础教育，如果是公立的，其资金来源主体都是国家，由于基础教育特别是处于义务教育阶段的初中和小学教育，具有比其他教育阶段更为明显的社会公共产品属性和社会公益性特征，所以国家和政府就更加重视其发展。正因如此，基础教育改革所需要的巨额资金通常由政府承担而非由个体或民间其他组织提供。再一方面，从各国基础教育改革的实际情况来看，世界各国的政府财政投入也确实是基础教育改革资金的主要来源。教育领导体制属于中央集权制的国家如此，像美国那样典型的地方分权国家，中央政府也投入了巨额资金。譬如美国 1958 年的教育改革，《国防教育法》通过后，从 1959 年到 1962 年联邦政府每年拨款 8 亿多美元援助各级学校教育，国会拨款 10 亿美元用于各类教育的发展；1965 年《初等和中等教育法》授权拨款 13 亿美元的联邦资金用于中小学校发展，针对残疾儿童群体，1967～1968 年的财政年度拨款金额分别为 5000 万美元和 1.5 亿美元，而针对"双语教育"的拨款，1968～1970 年的财政年度拨款总额分别为 1500 万美元、3000 万美元、4000 万美元；[1] 2010 年奥巴马政府的"角逐卓越"教育改革，联邦教育部根据各州预算拨款约为 43.5 亿美元的专项经费用于提高教师质量、提高基础学科标准、建立全程追踪数据库系统、对不佳学校实施强力改革支持四个方面；[2] 而我国 2001 年的基础教育课程改革，据官方统计数据，东、中、西部地区的国家财政性教育经费投入分别为 12847502 万元、6179279 万元、3844975.1 万元；2012 年东、中、西部地区的国家财政性教育经费

---

[1] 王文倩：《20 世纪 60 年代美国〈初等和中等教育法〉研究》，上海师范大学硕士学位论文，2012，第 23～27 页。

[2] 祝怀新、Elaine Wu：《"角逐卓越"：美国奥巴马政府中小学教育改革新动向》，《外国中小学教育》2011 年第 2 期。

投入分别为 69268654 万元、35931686 万元、26579382 万元。① 可见，"巧妇难为无米之炊"，"米"的主要来源仍是"家里的顶梁柱"——国家财政。

其二，消费持续供给性。消费持续供给性是指基础教育改革这一非生产性单纯消费活动在改革尚未终止之前，其经费使用将由国家持续供给的情形。一方面，由于基础教育是社会公益事业而非生产部门，并且国家法律规定不能以营利为目的，所以基础教育改革中所有需要经费支出的消费行为都是一种单纯的消费行为，教育本身无法提供这一巨额消费资金，它也不可能像其他生产或赢利部门那样，通过创造利润以弥补或创造被消费的资金，易言之，基础教育改革的资金使用具有不可再生性。另一方面，源于基础教育改革经费提供的国家承载性，改革施行中的所有这些消费行为又与其他消费行为有所不同，它不需要考虑或担心消费后的不可再生性问题，因为其他消费行为是私人行为，消费行为是与消费者的消费实力融为一体的，私人消费行为是一种必须顾及自身消费实力的此消彼长行为，即消费多了，存有量便少了。然而，基础教育改革的经费是国家行为，其消费资金来源于国家的财政拨款，其消费却是非国家的具体私人行为（或单位），只要基础教育改革未被明确终止，国家就会向改革源源不断地注入大量资金。不仅如此，部分改革资金额度还是经由相关改革法律法规予以确保的，改革施行者不必担心一次或多次消费之后，没有消费资金来源，换言之，基础教育改革的消费资金具有可持续供给性，只要改革没有正式终止或结束，国家政府财政就会源源不断地向改革提供必需资金。譬如 1993 年出台的《中国教育改革与发展纲要》中，对教育经费投入明确规定"财政性教育经费要达到国内生产总值的 4%，每年教育经费支出要达到财政支出的 15%"；2001 年《基础教育课程改革纲要（试行）》明确规定"各级教育行政部门应设立基础教育课程改革的专项经费"；2010 年

---

① 《中国统计年鉴（1998～2012）》，转引自高晚欣、王聪《国家财政性教育经费地区分配问题研究》，《桂海论丛》2013 年第 5 期。

的《国家中长期教育改革和发展规划纲要（2010—2020年）》重申"提高国家财政性教育经费支出占国内生产总值比例，2012年达到4%"。更为重要的是，基础教育改革的消费行为与资金提供行为并非同一消费者，由于消费资金不是由消费者个体或群体自身供给的，所以其消费行为便不会考虑是否具有消费实力，基础教育改革的这一消费特性成为改革实施过程中存在潜在趋利现象的重要诱因之一。除非某一民族国家像公司一样宣布破产倒闭，否则这就是一种并非中国独有而为全球性的普遍现象（详见下文关于潜在趋利性的阐述）。

二 改革实施的经济逻辑

基础教育改革的初衷是通过政策的制定和利益的重新调整而使相关利益主体获得利益共赢，因此，在施行过程中，改革者总会秉持社会公益事业所追求的公正、平等和正义来进行改革，但由于改革的方方面面无不需要经费做支撑并由国家承载与保障，所以在改革施行过程中又暗含一种趋利的可能。那么，基础教育改革施行过程中的这种外在公益性和潜在趋利性又体现在哪里呢？

（一）外在公益性与潜在趋利性：改革实施无不以公益为主旨却具有潜在赢利可能

就改革的本意而言，基础教育改革的目的肯定不是赚钱，而是社会公益，但在施行过程中却充满了各种趋利动机与行为。事实上的基础教育改革表现为外在公益性与内在趋利性的矛盾统一。如果说基础教育改革的公益性特征是外在、显性的，那么改革的趋利性特征则是暗含、隐性的。

其一，外在公益性。外在公益性是指基础教育改革在实施过程中具有以调整利益格局、维护社会公共利益为主旨的情形。公益性是基础教育改革所秉承的基本理念，相较于其他纯商业运作，其价值取向显然不能是经济收益最大化，也正是这一指导性原则保证了改革的正义性和必然性的毋庸置疑。那么，基础教育改革的公益性体现在哪些方面呢？大致有三。一是供给的无附加条件性。自近代以降，随着教育事业的日益国家化与制度化，教育不仅日益被世界各国高度重视，而且被普遍认为是一种既具私人性又有公共性的"准公共产品"，特别是义务教育，更被视为一种近乎纯公共产品的公益产品。作为公共产品的义务教育，其基本特点是"为全社会消费、利益为社会共同享有，不具有排他性"，[①] 正是由于义务教育具有的这一纯公益产品特点，所以尽管目前我国现阶段着实出现了教育投资主体多样化的趋势，但义务教育投资的主要承担者还是政府，基础教育改革在资金供给方面也就呈现了前文所言的国家承载性和消费的可持续性特征。改革成本不是国家考虑的主要因素，因为"义务教育外部不经济给教育部门带来的损失，不能通过市场来对受损者进行赔偿，对义务教育外部不经济所造成的损失只能由非市场部分来补偿，由于政府是这种外部不经济的最大受益者，所以政府便成为这种外部不经济的最主要补偿者"。[②] 二是消费的无显著优先性。由于公共产品不能为任何个人单独享有而为社会共同享有，所以基础教育中的义务教育又具有明显的非排他性，即某一个体在接受义务教育时是不应该妨碍其他人对基础教育的消费的。正因如此，改革的相关措施是以法律条文形式得以明确规定的，如义务教育免除学费是对所有该阶段学生统一执行的，而禁止择校也是对所有适龄入学儿童而言的，其间应该不允许有任何形式的特权或优先性个案存在。三是产出的非直接经济性。不仅如此，基础教育的这种公益性使基础教育改革不像其他企业改革那般注重成果的量化经济效益，取而代之是对人才培养规格的目标预设。即使具有经济效益诉求，其表述也是类似"更好地促进社会经济发展"等间接、宏观的文字，更多的还是对改革后人才培养在智识、技能、德行等各个方面的总体规定。譬如 2001 年基础教育改革对改革的目标就明确设定为"要使学生具有爱国主义、集体主义精神，热爱社会

---

① 范先佐：《教育经济学》，人民教育出版社，1999，第 211 页。

② 范先佐：《教育经济学》，人民教育出版社，1999，第 212 ~ 213 页。

主义，继承和发扬中华民族的优秀传统和革命传统；具有社会主义民主法制意识，遵守国家法律和社会公德；逐步形成正确的世界观、人生观、价值观；具有社会责任感，努力为人民服务；具有初步的创新精神、实践能力、科学和人文素养以及环境意识；具有适应终身学习的基础知识、基本技能和方法；具有健壮的体魄和良好的心理素质，养成健康的审美情趣和生活方式，成为有理想、有道德、有文化、有纪律的一代新人"。① 显然，此处社会效益是第一位的。由于基础教育改革体现的是社会公益性，所以在整个基础教育的改革施行进程中，改革者会围绕公平性、正义性和均衡性来调控，以确保基础教育公益性的实现。譬如2010年发布的《国家中长期教育改革与发展规划纲要（2010—2020年）》，在"优先发展、育人为本、改革创新、促进公平、提高质量"20字工作方针中，促进公平被确立为国家的基本教育政策，提出要重视提高义务教育的质量，推进义务教育的均衡发展，缩小校际差距、城乡差距以及区域差距，尤其重视农村教育的发展；其重点是促进义务教育均衡发展和扶持困难群体，根本措施是合理配置教育资源。② 而这一系列措施背后的支撑理念就是正义的体现。不仅如此，国家在具体改革过程中，还会通过追踪、督察、评估等一系列手段来推动这些措施真正落实到位。

其二，潜在趋利性。潜在趋利性是指基础教育改革施过程中具有的可能被商家利用为赢利工具的情形。我们知道，就整个政策的基本运作过程而言，第一步是形成和确定政策问题，并将其提上政治议事议程。唯有如此，一项新的改革活动才得以开启。此间由政治官员、高校学者、一线教师等广泛参与的研讨会议，其场所提供、人员食宿、相关资料印制等均需经费做支撑，否则便会举步维艰，难以为继，这便从客观上促使了赢利动机与行为的产生，这是一种世界性的通识。正因如此，作为社会公益事业，教育改革之初便不像企业产品改革那样具有内在的生产性特征，而只

① 教育部：《基础教育课程改革纲要（试行）》（教基〔2001〕17号），2001年6月8日。
② 《中国教育改革与发展纲要》（中发〔1993〕3号），1993年2月13日。

是单纯的消费者。既然是单纯的消费者，那么其各项活动开展所需要的各种花销便需要外在提供的资金做支撑。特别是当这一外来资金提供者为政府时，其潜在的营利动机便自发地形成了。因为这是一种被赋予代表民意的无可置疑的合法消费，不仅经费使用额度是事先划拨自由使用的，而且不问资金使用后的再生性与可持续性，在此情形下，原本看似毫无经济赢利的公益行为便会被经济场域那些以营利为直接目的的机构或人员利用，继而变相成为一种与赢利切实发生关系的行为。譬如为了论证整体改革的必然性与可能性，需要召开的一些研讨会，所有会议的召开都需要场所，但场所是人为选择的，因而在 A 宾馆还是 B 宾馆举办便成为一种商业行为，尽管内容并无半点赢利性质和动机；同时，改革前期所进行的各项实验或试验均需以经费做保障，这在客观上也促使了获利条件的产生，改革是通过试验总结之后予以实施推广的，此间，试验区的选择及其试验活动的开展均需要与改革相匹配的空间场所、设施设备、师资力量等硬软条件，所有这些都由改革发起方的政府予以单方面提供，因而其经费性与消费性特征与改革酝酿时的情形一样，但此时更为严重的一个问题是，资金预算和开支的额度比此前更大，因为除物质基础条件提供所需经费之外，这种试验通常由专人负责、以课题资助形式进行。而这种专项课题制又是与个体的申请联系在一起的，对试验课题的获得者来说，在获取自身改革理念付诸实践机会的同时，也是一个获得经费合法使用的机会，一旦出现这种情形，教育改革这种公益行为便被异化为一种与经济利益密不可分的行为。事实上，我们从诸多改革推广前期的各种典型试验区的新闻传媒报道情形看，也确实如此。譬如某改革试验学校从改革试验开始拥有明显优于其他同类学校的设备、器具、场所及教育资讯平台；某课题负责人在获批改革试验项目后所拥有的丰足于他人的资金支配使用权。一种十分有意思的现象是所有这些资金都是法定的，它能为所在试验学校与资金在将来获得更高利润奠定基础或创造可持续赢利的空间。正是在这种利益链条的连接中，基础教育改革的形成再度被染上经济场的盈亏游戏规则，改革前期的利益格局变更预设事实上是一种更广泛的经济赢利活动。改革绝非简单的政治官员的个体日常生活游戏活动，而是一种整体社会利益格局的变更活动。从根本上讲，其目的就是促使达成相关群体的利益平衡或失衡状态，就是促使某一群体获利而使另一方或多方失利的过程。这种失利或获利是未来性的，是包括经济利益在内的更广泛的社会各种利益。

（二）利润广泛性与获利他者性：改革实施无不存利润源并为非学校系统所获得

经费不问出处，由国家承载；消费不问实力，具有可持续性。在此情形下，那些善于捕捉赢利商机的机构和群体，便极易盯住基础教育改革这艘"哥伦布"宝船。对广大各揣私利企图的商家而言，这种商机有吗？如果有，那又存在于何处呢？笔者以为，基础教育改革中的商机不仅广泛存在、利润源比比皆是，而且利润额十分丰厚、巨大无比。

其一，利润广泛性。经济讲赢利，赢利要有利润源，基础教育改革的利润来源在哪里呢？大致而言，主要有三种渠道。一是物质性利润来源。这一利润来源主要指改革需求带来的各种物质性配套建设所提供的赢利可能。这里又可以分为两大类：一类是校内基础设施，主要包括教学楼、宿舍楼、办公楼，图书馆、科技馆、运动场，计算机室、展览室、阅览室、专业活动室等基本场所建设；另一类是校内基本设备，主要包括在上述场所开展相关活动所需要的各种办公、学习和生活用具和设备设施的购买与配备。尽管这些设施设备因改革要求强度、学校需要程度而有所不同，但都包括大量难以计数的类别和细目，由于这些物质性配套设施设备通常是科技发展结果和水平的体现，有"时髦""过时"之分，更有"先进""落后"之别，所以基础教育改革在这方面的方向是完全恒定的，即朝着更为"先进""优异""时髦"的方向变革，而非反其道而行之（关于这一点，历史上还没出现哪次基础教育改革在物质建设上是越改越落后的情况）。改革的这种物质性建设超前、超高性给从事相关产品生产和销售的商家带来了无限的利润来源可能性。譬如 2001 年《基础教育课程改革

纲要（试行）》要求"学校应充分发挥图书馆、实验室、专用教室及各类
教学设施和实践基地的作用；广泛利用校外的图书馆、博物馆、展览馆、
科技馆、工厂、农村、部队和科研院所等各种社会资源以及丰富的自然资
源"，[①] 一个不言自明的道理是，要发挥这些功能与作用，其前提是要有这
些场所和设备，否则，活动便无法开展，活动无法开展，功能与作用也就
无从发挥。不仅如此，改革在物质建设方面的总体要求一旦具体到各省、
市、县时，还会自动衍生出不同级别的达标文件，有时达标的规定和要求
还相当繁杂。[②] 二是资源性利润来源。这一利润来源主要指改革需求带来
的各种资源性配套建设项目所提供的赢利可能。这里又以分为三个层级。
第一个层级是课程标准的修订。课程标准是统揽中小学教学科目的纲领性

[①] 《基础教育课程改革纲要（试行）》（教基〔2001〕17 号），2001 年 6 月 8 日。

[②] 如图书馆的建设包括硬件设施建设和软件设施建设两部分。（1）硬件设施包括书架、阅
览桌椅、出纳台、报刊架、书柜、目录柜、文件柜、陈列柜、办公桌椅、装订设备、安
全设备等；复印机、打印机、扫描仪、刻录机、声像、计算机与网络设备等；藏书室、
学生阅览室、教师阅览室，要配备电子阅览室、电子资料室、多功能学术报告室等。（2）
图书馆的软件设施包括根据学校教育、教学和教研工作的需要广泛采集国内外相关图书
资料，适合中小学生阅读的各类图书、报刊，供师生使用的工具书、教学参考书、教育
教学理论书籍和应用的专业书籍，藏书种类须囊括五大部类 22 个基本部类。
学校用房包括教学及教学辅助用房、办公用房、生活服务用房三部分。（1）教学教辅用
房。小学设置普通教室，自然教室、音乐教室、美术教室、书法教室、语言教室、计算
机教室、劳动教室等专用教室和辅助用房；多功能教室、图书室、科技活动室、心理咨
询室、体育活动等公共教学用房及其辅助用房。普通初中和九年一贯制学校、普通高中
设置普通教室，实验室、音乐教室、美术教室、书法教室、地理教室、语言教室、计算
机教室、劳动技术教室等专用教室和辅助用房，多功能教室、图书馆、科技活动室、心
理咨询室、体育活动室等公共教学用房及其辅助用房。（2）办公用房。中小学校设置教
学办公室、行政办公室、社团办公室及广播室、会议接待室、校史德育展览室、卫生保
健室等。（3）生活服务用房。中小学校要设置教工单身宿舍、教工与学生食堂、开水房、
汽车库、配电室、教工与学生厕所等用房；学生宿舍、锅炉房、浴室、自行车库；运动
场、活动馆等日常生活娱乐用房等。不仅如此，相关场所还要安装相应的设备，如实验
室和多媒体教室要设置实验设备和教学设备等；运动场的修建包括运动场的沥青、塑胶
面层、人工草皮敷设，跳高区、跳远区、铅球区，主席台、看台、球门、国旗杆、看台
土建、水电、不锈钢围栏等［详见教育部《关于印发〈中小学图书馆（室）规程（修
订）〉的通知》,《中小学图书情报世界》2003 年第 5 期］。

文本。就目前中小学开设的科目来讲，至少包括语、数、外、史、地、政、理、化、生、计算机、综合实践活动等，所有科目都需要有各自独立明确的课程标准。因综合程度不同，这些科目在小、初、高中阶段在科目称谓上有所差异，如历史，在高中称"中国历史"和"世界历史"，在初中却称"历史与社会"，于是课程标准又会按照不同阶段的科目称谓来加以修订，而一旦修订，课程标准便成为中小学教师教育教学的基本操作指南，各任科教师人手一册便成为必需而不容置疑。课程标准的商机也就随之产生。第二个层级是教材或课本的编纂。改革必然会对教材或课本做出修订，无论其内容变更程度大小如何，但总会有些变动，而只要有变动，就要重新编印出版新教材。由于这种新修订的教材需要在使用过程中得以进一步完善，因而历次基础教育改革的教材通常会经过至少两道被冠以"试行"和"正式"字样的版本。如果改革未对教材使用做出统一规定而允许"一纲多本"，不同科目的教材还可能同时出现多种"试用""正式"版本。可见，教材前期修订编纂本身就蕴藏着商机，及至最后将教材变成中小学生书包里和教师讲台上的日常教学必备材料时，其赢利空间会更大。此外，教材只是国家法定的构成部分，为使每一位学生能够得到更为广阔的发展空间，各地还要开发一些相应的地方课程、校本课程及其他课程，譬如 2001 年《基础教育课程改革纲要》就明确要求"实行国家基本要求指导下的教材多样化政策，鼓励有关机构、出版部门等依据国家课程标准组织编写中小学教材"。[1] 显然，这又是一个比国家课程更具挖掘潜力的赢利市场。第三个层级是教辅资料的印制。由于课程标准和教材内容发生改变，以往的教学重点、难点发生偏移，为"帮助"学生及时有效掌握这些变化内容，与新教材配套的一系列教辅资料随之而来。为什么我国图书市场的消费目标人群大都是中小学生？学生能否真正从中获得智识能力提升，我们姑且不论，但它们让许多书商从学生和家长的口袋里获得不菲利润倒是显而易见的事实。三是人员性利润来源。这一利润来源主要指改

---

① 《基础教育课程改革纲要（试行）》（教基〔2001〕17 号），2001 年 6 月 8 日。

革施行带来的各级各类师资培训所提供的赢利可能。按照受训人员的基本构成，又可以将其分成教育行政人员和学校一线教师两类。任何培训都需要耗费大量的人力、物力和财力，特别是当这些培训并非一次性终结而需要经过多次全员轮训时，其耗资性就更强。譬如2001年基础教育课程改革，按照教育部对教师培训的要求，到2001年底全部中小学要轮训一遍，此后每五年再轮训一遍。如此庞大的数量和工程，单凭基础教育系统内部人员是难以完成的，因而当始于2010年的"国培计划"开始实施时，全国各地便纷纷出现在国内公开招标的情形。上述培训无论是活动组织形式与内容安排，还是相关配套丛书的编印发放，都包含了巨大的赢利空间。四是地域性利润来源。这一利润来源主要指改革施行带来的试验和推广所提供的赢利可能。改革最终要实施推广，而实施推广便涉及改革空间的自然延伸，这一空间拓展是集前三种赢利来源于一体的更大利润来源，因为无论是试验阶段典型榜样的塑造，还是试验点的硬件、软件建设，抑或是试验点形象的塑造传播都需要资金。试验一旦形成模式，又会随着改革的空间拓展而被模型化地在更大空间逐次播散开来，而所有这些对商家而言，无疑是更大的利润来源。

其二，获利他者性。如此看来，基础教育改革确实是存在巨大商机和广阔赢利空间与可能的，但是所有这些利润都被什么人赚去了呢？一个相对明显的事实是，这些利润都被那些从事上述产品生产和销售的非教育系统商家获取了。为什么这些利润会让外部"商家"获取了呢？一方面是因为改革要求学校教育系统必须做出上述变革，不做出上述行为表现就可能会被视为不改革的表现而受到某种规训与惩罚；另一方面是因为基础教育是一项社会公益和纯消费性事业，非营利性是其主旨，其本身不具备从事上述经济活动或产品生产与销售的职责与能力，所以在自身无法完成改革要求的任务而又不得不完成这些任务和目标时，学校教育系统就只有求助于非教育系统的其他外部组织了，而一旦求助于外部组织，举凡涉及产品生产与销售的经济活动便自然具有了"商家"的特性。其间，商家自然会按照物质生产和经济活动的基本规律来运作，会考虑成本与收益、投入与产出，继而以"盈亏"为基本评判标准的经济场游戏规则便会自发地对基础教育改革产生支配作用。形形色色的商家很少去考虑改革的终极目的和意义，也很少顾及其行为最终是否会给整个基础教育改革带来什么负面影响，而只对能否给自己带来利润或能否"赚到钱"感兴趣。正如张荣伟教授分析指出的那样："尽管商业炒作型主体可以分为权力、资金、媒体、学术、教学依附型等多种类型，但行为动机大致相同，都是为了谋求既有条件下的最大利益驱动指数，最大限度提升获取改革利益的合法性、合理性与主动性。"[①] 那么整个基础教育改革中，又有哪些"商家"从中获利呢？按照基础教育改革涉及的主要内容及上述赢利来源途径，我们可以将其大致划分为如下四类典型赢利组织：一是建筑商，这些商家主要负责改革过程中学校楼房等基本场所建设利润的获取；二是出版商，这些商家主要负责改革过程中以课程、教材和教辅资料及其他形形色色的课程资源开发的利润获取；三是制造商，这些商家主要负责改革过程中的场所及其活动开展所需的基本设施设备的利润获取；四是培训商，这些商家主要负责改革过程中各级各类人员培训的利润获取。上述各种商家在每次基础教育改革当中，谋求与分割了整个基础教育改革不同领域的利润。其间一种比较明显的现象是：获利可能性和垄断性与商家产品物质性的强弱呈高度相关，即物质性越强则获利可能性与垄断性就越强，反之则越弱。对于上述四种赢利组织的具体分析与列举佐证，由于资料所限，笔者此处没有做进一步的深入考察与论证，但我们有一种近乎经验的常识，即历次基础教育改革都会涉及上述四种商家的项目内容，而只要涉及这些教育本身解决不了问题，相关改革便会将资金或财力毫无疑问地分别投向上述各商家，所不同的只是获利商家所处地域、获利多少以及具体为哪一个商家而已。譬如新中国成立后曾经出现的"学校下放到公社、大队"，乡村小学的建筑可能由村里的某位或某几位砌工、木工承揽；而 20 世纪 90 年代末的义务

---

① 张荣伟：《我们需要什么样的教育改革：中国基础教育改革概论》，教育科学出版社，2012，第 107 页。

教育"普九"攻坚达标验收，乡村学校的建筑则可能变成某某建筑公司；20 世纪 90 年代进行的基础教育教材改革，中小学教材的编制与分发可能由人民教育出版社垄断，到了 2001 年的基础教育课程改革，则可能变成了多家不同出版部门共同经营；20 世纪 80 年代基础教育改革可能购买的是海鸥牌照相机、燕舞牌录音机，而到了现在可能是戴尔台式或手提电脑、卡西欧摄影机、惠普打印复印机……不管是什么品牌的产品，本质是一样的，都从教育中赢利了，至于是哪类厂家或具体哪个厂商赢利并不重要。

三 改革力度与限度博弈的经济逻辑

经济因素总体上对基础教育改革呈现一种怎样的态势？是支持推进之势还是限制阻碍之势？如果呈积极推进之势，其基本依据是什么？如果呈限制阻碍之势，其条件又有哪些？这便是接下来要探讨的经济因素的力度与限度及其博弈问题。

（一）博弈的基本趋向

总体而言，经济因素对基础教育改革的基本趋向是力度大于限度，具有原生性与被忽视性，即经济因素不仅不排斥基础教育改革，而且从骨子里就期盼改革的发起并极力推进改革的施行。限度以力度为前提，具有饱和性与被垄断性，即到一定程度后经济因素可能会对基础教育改革呈顺其自然的中立状态，但这是相对的，并且相关条件也较难控制与满足。

其一，力度大于限度，具有原生性与被忽视性。作为制约基础教育改革的一个重要因素，经济因素是强烈期盼基础教育改革领域发生改革的，因为只有改革，各揣赢利动机的商家才有赢利的空间与可能性，如果基础教育十年如一日不变，那么各类商家所从事的物质生产与销售便会相对失去教育这一巨大的赢利市场。于商家而言，在生产技术及产品数量和质量正常的前提下，有无市场或市场大小便成为决定其获利程度的主要因素。正因如此，自基础教育改革酝酿起，各种商家考虑更多的不是改革的目的，而是改革内容和措施与自己所从事产品生产的关涉度。尽管每次改革自形成始，改革者都会就改革目的与内容做出预设与规定，但各类商家仍会运用自己所掌握的各种资源和路径去影响改革者在改革内容侧重点上的决定，以使改革内容能与自己的商品生产与销售高度相关、密切相连，从而从中获取利润。商家的这种赢利动机是普遍而客观存在的，不仅如此，各类商家还会以实际行动去支持改革的发起与施行，哪怕具体改革项目与其产品生产和销售并不高度相关，但他们依然会在态度上向改革者明确表示赞同倾向，并在实际行为上支持改革，因为改革的施行过程至少可以使他们具有从中获利的机会，而只要有机会或可能，商家就会为之倾力一搏。这便是经济因素支持基础教育改革发起的原生性特征。由于人们并未意识到经济因素推进基础教育改革的这一原生性特征，加之当前我国教育经济学的研究也很少去关注教育与各类商家的关系问题，所以在基础教育改革施行过程中，人们经常会忽视经济因素对改革可能产生的负面影响，无论是政府还是民众都会想当然地认为各类商家与他们一样，是抱着公益心来促进基础教育改革的，殊不知这是一种人为的不意识。可以说，正是经济因素的这种本能趋利性与人们对经济因素趋利特征分析的缺失共同导致了经济因素在一定程度上对基础教育改革产生了破坏作用。

其二，限度以力度为前提，具有饱和性与被垄断性。或许人们对笔者做出的上述分析及结论感到失之偏颇或危言耸听，诚然，我们不否认经济因素在赢利的同时，也会给整个基础教育改革带来部分正面的影响，如建筑商揽建的学校工程质量可能会日益提高、出版商发行的教材纸张及其装帧质量可能会日益提高、培训商的服务品质较学校更为人性化与弹性化、制造商出售的各种设备仪器也可能会更为耐用等，但这与其赢利目的与动机并不矛盾，因为这些都是外表或手段，其内里或目的最终仍是通过这些产品及服务的质量提高以最大限度地赢利。就像农民养猪时也会尽可能地为幼猪提供好的饲料一样，其目的自然内在地包括让这些小猪苗壮成长，但其最终目的在于让这些苗壮成长的小猪变成猪肉，继而能够为其带来一个更好的市场出售价格。这便是美国社会交换理论的代表人物彼得·布劳

（Peter M. Blau）所指出的：“比较期望是指人们期望在社会交往中实现的利润，社会关系对人们持续的吸引不仅取决于他们获得的报酬，还取决于他们所付出的成本，尤其是这两者之间的比率，这种比率决定了该社会关系对他们究竟怎样有利可图……根据这一标准，社会关系越是有利可图，人们就会为它们承担越多的责任。”[①] 的确，商业信用是经营之本，我们之所以偿还我们的债务，并不是因为还债是应当之事，而是为了再借款时更容易些。因此，这里我们在讲经济因素对基础教育改革的限度时，事实上是一种相对情形，因为就本质而言，经济因素是不会终止赢利行为的。既如此，那么我们又怎么来理解经济因素对改革施行的限度问题呢？这便是赢利的饱和性与被垄断性。饱和性即基础教育改革过程中的某一项目与产品，于各类商家的赢利额已达到相对较高程度；被垄断性即基础教育改革过程中的相关内容与项目，其赢利渠道已被相关商家整体行业性垄断。只有在这两种情形下，经济因素才可能不再像改革之初那样绞尽脑汁地去设法赢利，而一旦其赢利动机减弱势必会致使其为赢利而进行的各种促使改革的支持行为变相减弱。也正是在这一意义上，我们说经济因素此时开始进入了无所谓状态，即通过前期的运作，是否竭力去推进改革已不再重要，因为赢利已成事实，极力推进改革与否也不再影响其获利可能，而只是赢利多寡不同而已。

（二）力度的主要依据

为什么经济因素在基础教育改革的形成与实施过程中，会呈现如此巨大的支持和推进力呢？从经济学研究的要素分析中，我们可以得知，主要有如下三个重要因素。

其一，赢利的本能驱使。经济学是研究如何利用稀缺资源来最大化地满足无限欲望和需要的学问，其解决的三个基本问题是“生产什么、生产

---

① 〔美〕彼得·布劳：《社会生活中的交换与权力》，李国武译，商务印书馆，2011，第147页。

多少；如何生产；为谁生产"，① 而其核心是需求、供给及围绕价格而产生的利润问题。商家行动的最高准则是获得尽可能多的利润，实现利润最大化是经济场中各类商家的原始本能，具有不可根除性特征。不仅如此，其间无论是教育系统内部还是教育系统外部都存在广泛的赢利动机，这就使其原本具有的趋利本能进一步充盈与膨胀。一是就教育系统内部而言，改革者之所以投入大量的人力、物力、财力进行教育生产，其市场需求是以广大学生和家长为主体的消费群体具有接受教育的客观必然性；其市场供给是国家能够提供这一教育生产，而其赢利动机则表现为给国家未来补给各种合格与优秀的劳动力，进而增强国家整体实力。二是就教育系统外部的商家而言，其市场需求是教育系统的改革需要为之提供相应商品与服务，其市场供给是各类商家有生产教育系统改革所需各类商品的能力，而其赢利动机则表现为提供商品与服务以从教育市场获利。三是就教育系统与各类商家的关系而言，教育系统购买各类商家的产品是为了更好地从事教育再生产、优化教育生产的过程和提高教育生产的质量，促使自己获得更丰富的人力资源；各类商家为教育生产提供产品和服务是为了扩大自己的再生产能力、提高自己的生产质量，从而使自己在教育市场获利的同时提升自己的市场竞争力。除此之外，趋利本能导致的另一个明显的现象是各类商家的质量提升性与市场拓展性，即各类商家会无限地进行产品改造、提高，不断提高产品的质量以进行扩大再生产，并在此基础上积极努力、想方设法地寻找和开拓各种商品销售市场以从中及时获利。关于各类厂商是如何通过"资本"由简单再生产到扩大再生产的缘由、形式、过程、所需条件等，想必我们从马克思主义基本原理关于"资本"的论述已经获得大致了解。此处我们不再赘述。

其二，供求关系的客观存在。有了赢利本能及基于此的赢利动机，并不必然促使真实赢利行为的产生，它还得需要相关条件促成。因此，基础教育改革之所以具有营利性或最终成为赢利的一个具大市场，还得需要另

---

① 唐任伍：《经济学原理》，北京师范大学出版社，2010，第5页。

一个条件，这便是供求关系的客观存在。"供"与"求"是经济学中两个最基本的概念，它们是促使市场经济运行的两个基本力量，决定每种商品和服务的产量与价格。需求是指消费者在某一特定时间内，在不同的价格水平上愿意而且能够购买商品的数量；供给是指生产者在某一特定时间内，在不同的价格水平上所愿意而且能够供应的商品的数量。简单地讲，供求关系就是一方卖、另一方买并最终完成这一买卖交易。但无论是买还是卖，要想促使这一交易最终完成必须具备相关条件才行，通俗地讲，就是买方必须具有想买和买得起两个条件；卖方必须具有想卖和有的卖两个条件。舍此任何条件，买卖双方的交易都将无法成功进行和最终完成。如果将基础教育改革与各种商家视为买卖双方，那么这种求关系的客观存在是十分明显的。如前所述，基础教育改革一旦启动，它涉及的基础教育领域包括场所建设、物质配备、资料印刷、人员培训等方方面面的具体事务，其间能为教育和学校本身所能解决的部分是有限的，所以其施行是一项配套工程，需要获得各方外部支撑条件，在此情形下，作为买方，基础教育改革对各种商品的需求是客观存在的。同时，由于基础教育改革的发起通常是政府行为，其购买力又是具有高度保障性的，所以这两点便保证了基础教育改革作为买方应当具备的想买与买得起两个具体条件。而作为卖方的各类商家，由于其基本特质是通过产品获利，所以肯定也是想卖的，想卖是否有产品呢？由于商家就是从事商品生产的，其是否具有产品取决于能否有市场，如果有市场又能赢利，它肯定会不遗余力地从事该项商品生产，因而剩下的条件就只是具体的价格与能否赢利的问题了。经济学的基本原理告诉我们，"消费者和生产者之间的交换行为之所以能发生都是基于市场、围绕价格而进行的供求判定与实际购售执行行为"，[1] 由于作为消费方的基础教育改革一旦启动，它必定付诸实践运行，所以购买行为是必定的，于是基础教育改革与各类商家最终的实际购售行为便取决于基础教育改革涉及的不同领域及该领域的具体市场结构。按市场的竞争强

① 唐任伍：《经济学原理》，北京师范大学出版社，2010，第122页。

弱，可以划分为"完全竞争市场、垄断竞争市场、寡头垄断市场、完全垄断市场"① 四种类型，因此，基础教育改革与各类商家之间的实际交易进程就是由商家的垄断程度与基础教育改革对商品的依赖程度决定的。在此情形下，最后的交易终将发生，唯一的问题就是因价格而产生的赢利多少了。

（三）限度的大致条件

上文阐述了经济因素支持基础教育改革的力度依据，表明根底而言，经济因素是极力主张并强力推进改革进程的，而这种支持的根由在于趋利。因而此处经济因素的限度条件主要是针对趋利这一动力机制而展开阐述的。大致而言，经济因素的限度条件有三个。

其一，自然状态无法获利。商贾言利，只要有利，商贾们便会趋之若鹜，这是全球通识。因此，要想使经济因素不支持基础教育改革，其首要条件是无法获利。经济讲投入与产出，讲成本与收益，而"利"正是商家在对投入与产出、成本与收益精心算计之后形成的差额或差距，就像银行通过存贷款来维系基本运行，如果产出低于投入、收益小于成本，那么各种具有赢利性质和潜在赢利动机的商家便不会支持基础教育改革活动。当然，能否获利及其获利多少不仅取决于商家自身的主观判断及自我分析决断能力，也取决于诸多外部控制条件，特别是基础教育改革发起者与施行者对相关可供赢利的资源、场所的控制程度。一种普遍的情形是控制的程度越强，则商家赢利的机会就越少；产出或收益的周期越长，则商家支持或参与改革的可能就越小；赢利的空间越小，则投入的动机或支持动力就越小。譬如我国1998年的"普九"攻坚战，当时湖南省的许多乡镇为了验收检查达标，诸如教学楼、实验室、图书馆等基础设施建设是以银行贷款或向承建方欠款的方式来完成的。初期，不少建筑开发商为了政府那一纸达标验收的红头文件而竞相揽络各乡镇中小学的基建任务，由于湘境财

---

① 唐任伍：《经济学原理》，北京师范大学出版社，2010，第187页。

力不济，许多承建商在大楼修建竣工交付使用后却并未得到财政的应有工程款项支付，于是部分开发商便不再那么积极投入这一活动。随着类似"某承建商因建筑款未得而将教学楼封锁关闭"等事件被报道后，教育类的大小建筑工程便很少有承建商问津了。同样的情形在教科书的问题上也一样，2001年新课程改革施行后，笔者认识的几个专事经营教材出版发行的朋友曾为"一纲多本"的教材推广奔走呼号，但几经推销后，发现"人教版"教材的强势地位岿然不动，而自己手中的教材根本无利可图，于是不再从事此项经销活动。教辅材料也是如此，2001年新课程改革后的教材习题有限，按理说，对商家而言是有巨大赢利空间的，但随着课程改革的深入推行，自2010年左右"以校为本"的导学案"发明"并被重新广泛付诸课堂教学实践之后，许多学校不再像此前那样集体订购各种相关配套练习册，致使不少商家不再从事配套练习而转向其他课程资源开发。

其二，业已形成垄断性获利。赢利是决定经济因素支持基础教育改革的源头性条件，但在当代经济活动日益广泛化和渗透化的社会背景下，无法获利是相对的，一如前节所分析指出的，基础教育领域存在广大的赢利空间和赢利可能性，如果物质性建设不赢利，还可以考虑资源性赢利和人员性乃至其他赢利途径。同时，即使改革的某一时期，物质性建设不赢利，并不代表其他利益源也不赢利，更为重要的是作为专事赢利机构的商家，它们还极具积极能动性甚至高度专业性，可以通过组织或个体的人为努力而达到开源赢利的目的。因此，经济因素不支持基础教育改革的条件更多不是体现为无法获利，而是集体垄断性的获利，即通过前期的各项运作之后，相关赢利机构通过市场的淘汰机制已完全确保其相应的利润能够稳定地滚滚而来。此时，他们不再关注基础教育改革的实际进程是快还是慢，也不问赢利额是多还是少，而是关注改革会不会终止、何时终止，以及其利润源能否保证长期而稳定。一旦到了这个阶段，经济因素才是开始相对限制改革实施进程的关键。易言之，相关商家已经垄断性地获得利润来源，只是获利额度大小不同而已，此时，由于前期努力已使其相关产品在基础教育领域打开市场，或者相关赢利行为已经完成，所以他们便不再像改革之初那样绞尽脑汁地设计研发与改革相匹配的各种产品，而只是将已形成的产品批量生产贩卖至基础教育学校系统即可。如果涉及产品本身的改良改进，那可能也不是因为改革，而是该产品本身的技术更新换代所致。譬如 1998 年"普九"攻坚达标改革之初，许多承建商承担的学校各种楼房建设，其质量通常是过硬而有保障的，一旦其整体工程揽下之后，"豆腐渣工程"也随之逐渐增多；2001 年新基础教育课程改革之初，许多教辅导资料编写的出版商不惜重金雇佣相关专家、学者和一线特级教师，在仔细研读新课程标准和教材的基础上，编写配套练习册、模拟题等，甚至在第一轮发行之后，还会再次修改、增删、完善，一旦市场形成、订购源稳定，这些出版商也不再去精进完善。由此可见，各种商家只要赢利目的达成，其支持改革的力度便不再像此前市场扩张时那么大，也正是在这一意义上，我们才说此时出现了"限度"。

其三，唯赢利主义恶果完全暴露致使人为阻碍其获利。这是经济因素限制或不支持基础教育改革实施进程的另一个重要条件。国人常云"君子爱财，取之有道"，赢利既为商贾本性，人们自然不会去过多斥责商家这一行为，然而，当其赢利行为出现以下两种情形时，情况便不太一样了：一种情形是其唯赢利主义的倾向已肆无忌惮地暴露于众人特别是基础教育改革直接利益相关人面前，致使相关利益人明显而直接地感知到了其单纯赢利的行为倾向，此时，这些利益相关者的拒斥致使各类商家的赢利机会与可能性大大减少甚至丧失，继而致使趋利机构和趋利者有所顾忌地削弱赢利动机，从而间接影响基础教育改革的实施进程；另一种情形是其唯赢利倾向直接干扰或破坏基础教育改革导致各项目标达成、措施无法施行，致使改革发起者和相关利益人（特别是家长、教师）等对其大加批判、斥责与规限时，经济因素会有所收敛，继而导致其表现出限制改革实施的具体进程。譬如 2001 年新课程改革原本是要解决应试教育问题、减轻学生学习负担的，未曾想铺天盖地的学习辅导资料反而加重了学生的学习负担，于是改革发起者采取相关应急措施，制止学校和教师订购学习辅导资料；各种校外培训辅导机构日益渗透受教育者的家庭，致使原本以教师为主的学校教育，日益蜕变成教师不恪尽职守的遁词，于是改革发起者通过政府行文制止补课等赢利行为、规范培训机构的赢利行为等。毕竟，无论改革涉及哪一方面的更新与变革，其相关内容与措施绝对不是商家"赢利"的工具，而是为了达成"育人"的教育目的。当经济因素极端表现出唯赢利倾向而为政治、文化、教育所不容时，政治会主动控制，文化会自动抵制，教育也会能动地限制其趋利行为的蔓延。正是从这一角度讲，此时的经济因素由于其赢利受到制止而不再表现出强劲的支持或推进基础教育改革的力度。

该章纯属一个外行基于日常生活的感知与经验分析，离真正意义上的经济学分析可能相去甚远，但笔者坚持认为，我们确实有必要对基础教育改革中的各种赢利行为做出全面系统的分析与解决，否则我们对基础教育改革的研究将是缺失的，此处仅作为抛砖引玉吧。

第三章　基础教育改革的文化逻辑

　　要想抛弃整个发挥着作用的文化范型综合体，是社会中的大多数人所不希望的。即便是某些人希望这样做，而且这种想法在社会中形成了势力，他们也不能重新再造社会，那是不可能成功的，理由之一是，无以计数的人会感到这样做是不可忍受的可恶之事；过去既定的东西之所以会如此广泛地被接受，其主要原因之一，它使生活得以沿着既定的方式进行，并根据过去的经验作出预测，从而巧妙地将预测到的事物转变成不可避免的，而将不可避免的事物转变成可以接受的。

——〔美〕爱德华·希尔斯：《论传统》

　　教育原本就是一种文化活动，用钱穆先生的话来说，文化"只是人生，只是人类的生活"。① 改革作为一种新的生活样式的确立，它涉及生活其间的个体与集群从思想观念到行为实践的各种文化变更，因而基础教育改革受制于文化因素自是情理之中。基础教育改革的文化逻辑是指基础教育改革在从问题引发、方案制定到实施推广、反思评价等一系列过程中所呈现的基本文化运作机理。本章将集中对基础教育改革形成和实施过程中的文化支配机理做出深刻剖析，以使我们对影响基础教育改革的文化因素有一通透了解。

---

① 钱穆：《文化学大义》，九州出版社，2011，第4页。

一 改革形成的文化逻辑

顾明远先生曾就文化与教育的关系比喻说："教育有如一条大河，文化就是河的源头和不断注入河中的活水，研究教育而不研究文化，就只知道这条河的表面形态而摸不着它的本质特征，只有彻底把握它的源头和流淌了 5000 年的活水，才能彻底地认识中国教育的精髓和本质。"① 作为一项负载着特定文化价值的社会活动，基础教育改革在形成过程中又有哪些基本特征呢？笔者以为，大致有二。

（一）变迁变革性与主流主导性：改革无不在文化转型时期出现

尽管教育有自己的相对独立性并反作用于社会其他诸子系统，但总体而言，教育的发展具有受制性特征，即使教育与文化相互交织在一起并对文化有强大的影响力，教育受制于文化的特点也是十分明显的，通常而言，基础教育的改革是在文化变迁特别是文化转型时期发生的，此间具有如下两个明显特征。

其一，变迁变革性。变迁变革性是指基础教育改革无不由文化变迁引发的情形。教育学的基本原理告诉我们，教育的基本属性之一是社会制约性，作为社会的一个子系统，其发展受制于社会政治、经济、文化等诸社会子系统的发展。易言之，教育改革的根本动因可能不是教育系统本身，而是社会经济、政治、科技文化发展的客观需要，如果从广义的文化来理解，也可以说教育改革是文化变迁与发展的客观需要使然。此处的变迁变革性包括两层含义。一是教育改革随文化变迁而变革。文化变迁是指"文化内容和形式、功能和结构乃至文化特质，因内部发展或外部刺激所发生的一切改变"。② 在历史发展的任何阶段，文化都发生着或彼或此的变化，

---

① 顾明远：《中国教育的文化基础》，山西教育出版社，2004，第 1 页。
② 〔美〕克莱德·M. 伍兹：《文化变迁》，何瑞福译，河北人民出版社，1989，第 4 页。

这是人类文明向前发展的永恒主题，作为一项从属于文化又有自身特质的社会活动，教育本身就内在地具有保存、整理、传授、创造文化的功能，它源于文化而又对文化产生相关影响。因此，当作为母体的文化发生了变化时，教育也会或迟或早、或隐或显地随之发生变化，这一现象在文化转型时期尤其为明显（当然，并非所有变化都能被称为文化转型，只有当文化发生整体质变并引起全面变化时，才能称得上是文化转型）。可以说，文化变迁特别是文化转型所带来的巨大冲击力是基础教育改革的重要诱因之一。我国历次基础教育改革几乎都是随着文化的变迁而演变的，它与整个中国社会文化的大变革、大转型如影随形、休戚与共。职是之故，才有学者直截了当地指出"课程改革就是文化的改革，课程追随着文化变迁的理路而嬗变"。① 当然，教育改革与文化变迁、文化转型的关系有适应性与反叛性两种情况，但无论哪种情况，其基本前提是二者必须在度的范围内相互适应。这一适应包括绝对适应和相对适应两种类型。前者是指在整个新旧文化发生冲突甚至对抗背景下，教育系统的文化也会发生或巨或微、或柔或烈、或自觉或被动的改革，进而引发教育目的与内容、方式与方法等逐渐发生变化；后者是指在自然发展状态下，各具特质的文化变迁与教育变革相互支撑、互为表里，其变化通常在能被相互容纳的范围之内，二者的关系不会被完全破坏或彻底颠覆，只有当其中一方所导致的变化无法为对方所容纳时，适应和平衡状态才会被破坏，继而被另一种新的文化与教育的平衡状态取代。二是教育改革是文化变迁的重要依赖手段。文化变迁和文化转型时期，已有文化系统正在被破坏甚至被完全摒弃，但新的文化系统又没有完全形成和确立，此间文化发展的最大特征是混乱多元化，即在同一地域环境下同时存在多种不同的文化样式，正是由于这种多元文化样式的存在，教育变革才得以产生。因为教育是解决文化冲突的一种有力工具，其工具性不仅体现在其对既有文化的传承上，也体现在其对新生文化的传播与弥散上。教育改革与文化变迁的关系不是一种单向线性关

---

① 肖正德：《课程改革中的文化冲突与整合》，《教育研究》2008 年第 4 期，第 69 页。

系，而是一种双向交互作用关系，教育之所以发生变革是为了维系某一文化的社会主导性，也只有通过教育，一种旧的或新的文化系统才得以长期持存。这一点在文化转型时期表现得尤为明显，因为在文化转型的不同阶段，教育均可充当文化转型的重要有力工具而发挥其独有的社会教化功能：在文化变迁或转型之初，教育改革可以充当文化转型的先声，构成文化成功转型的必要条件，继而影响其他领域社会改革的预期成效；而在文化变迁或转型的过程之中，教育改革本身就是一个引入、体现和传达某一群体文化要素并力使其所代表的文化得以成功顺应和建构的过程，因而又有助于转型过程中的文化整合；通过教育改革，主流文化主体可以不断地将新的文化要素添加甚至是强加到学校文化结构中，然后根据自身的文化现实，调整和改变相应的文化价值体系以实现文化整合，继而达到新的平衡状态。尤为重要的是，通过教育这种潜移默化的方式来完成的文化变迁或转型，其过程会变得相对平稳，新旧文化之间的冲突也可以降至较低程度而不至于引发剧烈的社会动荡或动乱，从这一角度讲，教育改革通常是为巩固或建立某一文化系统而服务的。

其二，主流主导性。主流主导性是指基础教育改革无不在主流文化主体主导支配下运行的情形。变迁变革性只表明了基础教育改革形成的背景性文化前提，预示着一种改革的可能性，但真正将教育改革切实发起并付诸落实，还是要依靠主流文化主体的主导支配。何以出现此种情形呢？这需要进一步回答如下两个问题。一是主流文化主体何以主导基础教育改革？在某一社会文化体系中，尽管不同群体有自己的文化，但如果按照文化内容所从属的阶级来划分，有的相对从属于统治阶级，有的则相对从属于被统治阶级，由于统治阶级在特定时期总是占据主导地位，因而其所属的文化便是主流文化，其他则属于支流文化。作为国家制度的教育体现的是主流文化主体的生活方式和价值取向，通常是社会主流文化的代言人，对此，马克思和恩格斯在论述统治阶级的思想所具有的特殊作用时，曾非常直白地指出："统治阶级的思想在每一时代都是占统治地位的思想。这就是说，一个阶段是社会上占统治地位的物质力量，同时也是社会上占统治地位的精神力量……占统治地位的思想不过是占统治地位的物质关系在观念上的表现。"① 正基于此，加之前文所言文化变迁与转型时期整个社会文化的多元性特征，所以主流文化主体必然成为基础教育改革的主导者，因为教育是文化意识形态再生产的重要工具，如果对教育改革不加控制，那么支配阶级就很可能丧失对整个国家的控制，一如阿普尔（Machael W. Apple）所言，"课程政策的制定过程实际上是政治权力和利益的分配过程，主要受到文化和意识形态的影响，课程的决定——选择什么知识、如何组织知识和如何传递知识的过程——实际上是文化的再生产过程，是文化资本的分配过程"。② 基础教育改革事实上也是主流文化主体为保持自我统治地位的一种权利争夺，是主流文化再生产的一种手段。特别是在当前我国主流文化主体面临精英文化、西方文化等冲击且其权威地位遭受质疑的文化环境下，主流文化主体不仅不会放松对教育改革的控制，还将其视为一种权力和资源的分配行为而进行严加控制。譬如2001年的基础教育改革，其指导思想明确表述为"基础教育课程改革以邓小平同志'三个面向'和江泽民同志'三个代表'的重要思想为指导，全面贯彻党的教育方针，全面推进素质教育"，③ 事实上，这是当代中国主流文化——马克思主义理论、中国特色社会主义理想及以爱国主义为核心的民族精神和以改革创新为核心的时代精神——在教育改革上的反映。二是主流文化主体如何主导基础教育改革？基础教育改革是主流文化主体意志的政策表达，其间，主流文化主体的主导性是命定的，但它又是通过什么途径来具体主导的呢？大致路径有两种。一种是主流文化法定化。代表社会统治阶级的主流文化主体为使教育切实体现本阶级的价值取向，运用所掌握的政治权力将自认为值得传递的知识合法化，并施以科学化的包装，使之名正言顺地进入学校课程体系，除了对各种学科知识进行价值选择，将合其价值取向

---

① 《马克思恩格斯选集》第 1 卷，人民出版社，2009，第 550 页。
② 〔美〕迈克尔·W. 阿普尔：《意识形态与课程》，黄忠敬译，华东师范大学出版社，2001，第 14 页。
③ 《基础教育课程改革纲要（试行）》（教基〔2001〕17 号），2001 年 6 月 8 日。

的学科知识纳入学校课程体系外，还会向教育内容注入特定的文化价值信息，使整个教育内容具有明显的统治阶级观念倾向，如此，主流文化阶级便相对创造出一种与真实社会有所区别的学校社会文化，以供教育系统中的师生全面接受其主导的文化价值观念。另一种是主流文化公共化。除了文化法定化外，主流文化主体还会以公共性为名，将自身的文化公共价值化，因为公共价值的首要特征是该价值不属于任何特殊个人或团体，而属于全社会和全体公众，这种公共性使主流文化主体更易将体现自身价值取向的文化转化为学校情境中师生易于接受的方式，使其在课堂学习及日常生活交往中，有意无意、或多或少地去习得这些文化，并由此扩展及至风化于民。一如西方学者所言，"公共性对于生活在同一世界上的人来说，如同一张桌子放置在围着它坐在一起的人们之中一样，都是因为世界的相互联系而彼此分离地存在着"。① 毫不夸张地说，主流文化越是能去除其反映某一特定阶级利益的倾向，越是能在形式上体现代表不同集群文化利益的公共性，那么其教育改革主导性就会越强。

（二）批判解构性与标榜自居性：改革无不自打破旧有文化开启

基础教育改革的起点是对旧有文化的批判，终点是对旧有文化的改造并营创新的文化。纵览我国的历次基础教育改革，无不以对旧有文化内容的改造甚至推翻重建为基础，而始于 2001 年的第八次基础教育课程改革事实上也是对统御我国几十年的"凯洛夫教育"以及由此形成的教育文化的彻底颠覆，正如有学者所言："凯洛夫教育学的幽灵终究阻挡不了改革者前行的步伐。"② 在此过程中，批判解构性与标榜自居性是其两大特征。

其一，批判解构性。批判解构性是指基础教育改革无不以批判已有教育存在问题并打破解构旧有文化为起点的情形。在社会转型和文化转型的总体背景下，基础教育改革首先是从对旧有文化系统各要素的批判解构开

---

① 〔美〕汉娜·阿伦特：《人的条件》，竺乾威等译，上海人民出版社，1999，第 38~41 页。

② 钟启泉：《课程的逻辑》，华东师范大学出版社，2008，第 326 页。

始的，因为一旦人们对支配自己生活样式的文化信念发生动摇，那么改革也就顺乎当然了。通常而言，这一批判解构又主要通过如下两种方式进行。一是对旧有文化弱征的梳理与批判。文化对教育的影响是全方位的，改革本身就意味着破旧立新，而要破旧，批判理所当然一马当先，在基础教育改革的破旧过程中，批判首先是从日常教育教学管理实践中的弱征或问题梳理开始的，因为只有看到了表象的不合理之处，才能进一步揭示支撑表象存在背后深层文化意义的不合理性所在。譬如清末"新政"的教育改革，就是在中西文化论争中对科举制度的批判与解构；而辛亥革命后颁布的"壬子癸丑学制"也是以冲破赫尔巴特教育学的影响，转向杜威的实用主义教育学为条件的；① "文革"中的教育革命之所以会出台缩短学制、减少课时、上山下乡接受贫下中农再教育等变革，也是以学生负担太重、影响健康和理论脱离实际的批判为前提的；② 而 2001 年的基础教育改革，为论证改革的正当性，也对原有教育进行了全方位的批判，认为原有教育严重存在"理论陈旧、制度陈旧、价值陈旧、行动陈旧"的现象，指出"新中国成立后以苏联凯洛夫教学理论为指导的整个教育实践是行为主义的，制度是中央集权一统的，价值取向是教师权威、知识本位、精英主义的，行动是单纯记忆灌输的，这种教育在日复一日的复习旧课、导入新课、讲解新知、练习巩固、布置作业的凯洛夫教学五步骤实施过程中，否定了教学在于沟通与合作的本质，剥夺了学生作为学习主体的地位和权利，从而也最终否定了教师在教学中所具有的真正的指导作用"。③ 二是对旧有文化意义的否定与解构。基础教育改革之所以要对教育存在的问题进行梳理并批判，目的是对支撑上述教育问题背后的文化意义进行深入解读，继而在此基础上完成对整个旧有文化意义的否定与解构。譬如民国时期历次教育改革中对教育问题的揭露，最终都集中到了对传统文化的批判上，

① 黄书光：《文化差异与价值整合：百年中国基础教育改革进程中的思想激荡》，教育科学出版社，2011，第 34～37 页。

② 方晓东：《中华人民共和国教育史纲》，海南出版社，2002，第 175～176 页。

③ 钟启泉：《课程的逻辑》，华东师范大学出版社，2008，第 214～216 页。

1919 年的新文化运动对传统文化劣根性的批判便是佐证；而 2001 年基础教育改革，在对教育存在问题的表征进行系统梳理批判之后，其改革倡导者又进一步指出，导致这些教育问题更为深层次的原因是"国人文化中的群体本位、价值一统、主客两分以及教育功能意识形态化"。① 易言之，教育之所以存在问题是因为文化出现了问题，因此，教育改革在改革教育本身的同时，也应当改革旧有的文化，创立一种新的文化。

其二，标榜自居性。标榜自居性是指基础教育改革无不在代表文化创新的旗帜下进行的情形。批判与解构是为了论证改革的必要性和必需性，但单纯的"破"而不"立"并不能为改革提供方向性的支持与指导，因此，在文化批判与解构之后，接下来的任务便是文化创生或创造，因为文化创新不仅为教育改革构建新的观念体系，推动教育文化的变革与更新，还为现实的改革活动提供发展策略、改革思路和相应方法，完成对教育改革可能性与现实性的证成。正因如此，历次基础教育改革的倡导者们都会在文化批判与解构的同时，首先去确立一种能够全面或部分取代旧有文化的观念系统、智识系统、制度系统和行为系统，将改革确立的这套文化系统视为文化创新的产物。不仅如此，改革者们还会沿着此前批判解构的路子，通过如前所述的两条路径来完成这一任务。一是对创新的文化要素予以罗列标示。改革者会从理念到举措等各个方面对改革的理据逐一阐述，并按照教育的构成要素，将这些新的文化要素逐一镶嵌至教育系统的结构当中去，使改革实施者与广大民众一目了然地获知改革前后教育目的、内容、方法、效果的新旧差异所在。二是对创新的文化予以确立与自居。在罗列标示新文化纲目的基础上，改革者会对改革所代表的新文化内涵予以系统解读阐释，从物质、制度、行为、价值等各个要素对改革的基本理念与举措予以重新赋值。改革者不仅从话语表述方式对基本概念、命题、价值内容做出新的解释与规定，还会通过或学理分析，或实践论证，或国别比较等多种不同方式去肯定改革所代表的新文化内涵的正确性与先进性，

① 钟启泉：《课程的逻辑》，华东师范大学出版社，2008，第 214～216 页。

进而向改革施行者与民众宣扬类似"我们改革的方向无疑是正确的,唯有经由我们这样的改革,教育的发展才有前途,舍此,必将如何如何"的真理所在,以此达成一统改革思想的目的。譬如清末"新政"时期明确提出新教育之基本主旨是"尚公、尚武、尚实",维新运动及民国时期基础教育改革的基本目标是培养"新国民";新中国成立后,教育逐步从"跃进"到"革命";改革开放后对素质教育的提倡等。2001年的基础教育改革更是系统地将其改革创新性表述为教育价值的创新表现为实现二元化超越(除了实现政治化与经济化功能,更注重教育的文化功能、社会功能与伦理功能),强调对人的生命存在及其发展的整体关怀,使学生发展成为一个整体的人,更好地适应民主社会的生活;教育制度的创新表现在促使整个教育决策权力的分担与共享,注重国家、地方、学校以及社会各种利益团体对相关教育决策的权力与责任(国家三级课程管理制度);教育理论的创新表现为在促使个体情境认知基础上生成和获取各种知识、技能、能力及相关资源的社会建构主义;教育行为的创新表现在以交流、对话、合作为基础的师生之间的特殊文化交往实践活动。[①] 所有这些行为本身是无可厚非的,此处笔者也并非要批判这一行为本身,只是向读者展示这一行为客观存在的基本特质而已。

二 改革实施的文化逻辑

基础教育改革基本方案或蓝图形成后,其实施并不必然沿着既定的路径顺利推进,甚至在施行过程中还会碰到类似西方学者所言的各类"日常反抗"。[②] 因此,为了避免行动者在具体改革实践活动中产生各种抵制和不合作行为及由此诱发的不必要内耗,改革者还会从物质、制度、精神及行

---

① 钟启泉:《课程的逻辑》,华东师范大学出版社,2008,第187页。

② "日常反抗"是美国社会学家斯科特(J. C. Scott)提出的一个概念。在他看来,"日常反抗"是一种弱者自我保护和抗争的武器,指日常生活中对外在控制所做出的(转下页注)

为等各个文化要素系统构建改革所代表的新文化，以推进基础教育改革的顺利实施。其大致特点有三个。

（一）思想启蒙性和观念更新性：改革无不以价值文化的输入为先导

教育改革最终目的是促使教育者日常教育行为朝着新文化预期的结果发生变化，但行为变化是以思想观念的变更为前提的，只有广大施行者对改革者所倡导和推行的价值观念形成了一致性态度，或曰达成教育价值共识，整个改革才能顺利开展，否则便会难以推进。然而，改革所伴随的对旧文化的解构与对新文化的重构过程不可能一帆风顺，原有文化结构仍会在相当长的时间内保持强劲的固守态势，并且"基础教育改革所倡导的教育理念和价值取向要转换成每一个教师个体所熟悉、理解、认同并打算身体力行的观念，也同样需要一个非常困难的磨合和内化过程"，[①] 因此，改革必须以思想启蒙和舆论宣传为先导，从破坏旧有文化结构平衡、更新行动者的思想观念开始，逐步达成价值共识以为基础教育改革的顺利实施铺平道路。

其一，思想启蒙性。教育改革作为文化资源的配置活动，它要解决的是谁有权做出教育改革决定、依据什么做出决定、就哪些教育要素做出决定、在做出决定的过程中应当优先考虑谁的文化等问题，根本而言，它是一个价值判断和选择的问题，也是教育改革者所倡导的教育价值观念的践行和实现过程。此间，各种价值冲突会以或显或隐的方式渗透日常教育改革实践过程中的各个领域和环节，特别是当基础教育改革处于文化转型、

（接上页注②）持续的、隐蔽性的抵制与不合作。关于"日常反抗"的力量和后果，他指出，"反抗的日常形式不需要事先协调与计划，但它们就像成千上万的珊瑚虫形成的珊瑚礁一样……反抗与不合作造就了特有的政治和经济暗礁，最终可能导致国家航船的搁浅与颠覆"（详见斯科特《弱者的武器》，郑广怀等译，译林出版社，2007，第3页）。

① 路书红：《基础教育课程改革阻力的文化思考》，《教育发展研究》2007年第3期，第40页。

面临前所未有的复杂价值文化背景时，外部环境的各种价值观念更易对基础教育改革造成各种干扰与破坏。不仅如此，改革涉及的各类执行主体如行政决策者、理论研究者、实践操作者等之间原本存在的价值差异也常使改革价值难以达成共识，因此，教育改革所牵涉的各种价值与利益主体能否就改革者所倡导和推行的价值观达成广泛共识，就决定着教育改革能否顺利实施和推进，而舆论宣传与思想启蒙的目的就是达成改革实施的这一社会基础。如何来构筑并实现代表改革的新文化在教育领域中的思想启蒙呢？基本的启蒙方式有两种。一是行政主体对实施主体和社会民众的思想启蒙。在我国，基础教育改革通常采用"外推式"的改革实施推广模式，改革被认为是政府主导的行为，因而行政主体与理论主体、实践主体之间的地位是相对不平等的，经常表现出一种前者支配、控制和教化后两者的情形，源于自上而下的行政操作惯性，行政主体会自然而然地选择"改革未动，宣传先行"的策略，他们往往借助于官方渠道与大众传媒，以一种自上而下的单向形式，通过意识形态的灌输、教化与渗透等方式来启蒙实践主体和社会民众，使其觉悟提升至改革所需的价值共识与思想观念上来。这种自上而下的舆论宣传通常以"口号式"与"标签化"的言语方式进行，并时常具有政治裹胁的意味，因此，这一思想启蒙事实上不是真正的思想启蒙，而是一种舆论宣传，其功效常常不尽如人意。二是理论主体对实践主体的思想启蒙。改革是一种文化革新和创新活动，新的文化思想往往不易被大众接受，但理论主体由于自身内在的文化责任感、专业的生活方式和完整的知识结构，总能相对以新的方式不断积极应对环境出现的变化，理性地看待现实并实现价值观念的转变，因而理论主体极易成为思想启蒙的公众代言人，特别是当理论主体出现第一章所分析的与主导改革的行政主体意见一致或达成合谋时，他们便理所当然甚至被有意地强化为一线改革实践主体的合法思想启蒙者，通常通过著书立说、发表公开言论、步入学校指导改革等方式来发挥这一启蒙作用。然而，相较民众启蒙而言，对改革实践主体——广大教师——的改革启蒙却更具艰难性，因为教师原本就是广义的知识分子，他们原本就被视为是与理论主体一样的智识群体，不仅有自身的专业背景与批判精神，更有自己丰富的教育教学管理经验，在此情形下，由于其先验存在的思维和观念定势，更由于其生活的重复性、经验性和单一性等特征，他们不可能一蹴而就地接受改革观念，而需要长时间的文化与理论启蒙，在持续不断的宣传刺激中实现改革观念的群体认同。

其二，观念更新性。思想启蒙也好、舆论宣传也罢，其最终目的是消除改革实施者的旧有文化观念体系，奠定或确立改革所代表的文化价值体系。为什么要实现观念更新？因为改革是新观念的产物，它是统领整个改革施行的指导思想，旧观念会形成文化阻力，制约和延缓改革的顺利推进，因此，要达成基础教育改革的预期成效，必须首先打破"旧"观念的束缚，完成"新"理念的更新，继而实现新旧文化的更替、达成价值重构的目标。然而，教育观念并非只是静态观点在形式上的集合，更是一个动态感知的生成过程，由于旧有观念是历史文化的自然延续，具有强劲的稳定性特征，而新观念的形成也是一种新旧文化融合的结果，此间能否达成观念更新有赖于教师个体与新文化观念的主动建构程度及其最终建构结果，所以观念更新就显得相对困难，这便是孙中山先生长期以来都坚持认为"知难行易"[①] 的原因。的确，我们的改革不是理念、措施本身不够先进，而是其先进性压根不为我们的实践者们所认知与认同，如果在观念认知上都出现困难，那么行动自然也会出现问题。如何来解决改革实施过程中的"知难行易"问题呢？易言之，怎样才能达成观念的有效更新呢？教育观念一般可以分成理论形态、制度形态、社会心理形态三种类型：理论形态的教育观念一般为教育理论者或学者所持有，通常体现在学说和著作当中；制度形态的教育观念一般是某一历史时期国家与政府关于基础教育改革的要求与规定，通常体现在教育方针、政策、法规等文件当中；社会心理形态的教育观念，一般由风俗习惯、礼节仪式、思维方式、价值取向、行为方式等构成，通常体现在社会大众的日常生活与教育实践当中。

---

① 转引自钱穆《中国思想史》，九州出版社，2011，第265页。

因此，改革的观念更新通常会依循上述几个层面，先是促使改革施行者自在的心态变化，继而是知识层面的变化，再是自觉的文化观念层面的更新。具体而言，除了前文所言的思想启蒙外，改革者还会通过如下两种基本途径来完成这一观念更新过程。一是进行全面的静态文本呈现。为了使施行者迅速了解、理解和掌握改革的理念、目标、措施、步骤及相关要求等，改革者通常会印制与改革相关的各种文本，这些文本包括关于改革的政策文本及与之相关的解读、教学计划及课程标准等，将其分发至广大实施者手中，让其能够随时随地通过自行阅读对改革的基本精神与具体做法有所把握。二是实行定期的动态全员培训。单纯的文本呈现并不必然确保施行者能够自行自主阅读，并且自行自主阅读也不必然能够保证其理解成效。因此，在全面的静态文本呈现基础上，改革者还会专门组织改革施行者进行各级各类、不同层次的改革专题培训，以促使改革施行者对改革政策及方案形成最广泛和最大限度的理解。此外，改革者还会通过物质和制度两方面的限定和规约来转变改革施行者的观念。

（二）协同一致性与建基规约性：改革无不以物质文化和制度文化的建立为匹配

前文已述，观念的更新不可能一蹴而就，是一个相对困难而漫长的过程，因此，在思想启蒙与舆论宣传的基础上，改革者还会通过建立一系列相关配套措施来强化施行者的观念更新这一环节，其间最重要的是物质建设和制度订立以及由此形成的物质文化和制度文化，因为它们是改革施行者在校内从事各种教育教学管理活动赖以存在的主客观条件，并能从客观上促使改革施行者生活样式在耳濡目染中渐进发生变化。

其一，协同一致性。新的文化建构需要各种文化要素相互一致，而不同的文化要素，其功能体现是各有侧重的，单纯的智识启蒙还需要相应的物质文化与制度文化协同保障方可达到快速持久的效果，因而改革者通常会同时从物质建设与制度订立两方面来配合改革的智识启蒙。一是物质建设。物质建设是一个学校的所有物质建筑及各种物质设施的物体形式，其对改革施行最主要的功能体现在其构成一种实然的生活环境，通过物体固化的形式而将广大师生置于其中并接受其潜移默化的影响。就目前国内学界而言，关于这种物质性的影响分别是以教育教学环境和潜在课程的形式予以集中研究的，如田慧生教授的《教学环境论》[①] 和靳玉乐教授的《潜在课程论》，[②] 笔者对此不再做详究，而只想就物质文化与价值取向的关系做一简要说明，因为许多人认为物质与观念是不相干的。事实上，从文化学角度看，当某一个体或群体置身某种物质环境之中，占有或享用某一物质设施设备时，其暗在地就会受制于该物质所代表的价值观念的影响。譬如教室里的桌椅座位摆设，秧田形、马蹄形、圆周形的座位排列，其代表的文化观念是不一样的；学校餐厅的布置，流水线、自助餐式与合围型、济济一堂式的就餐形式，其文化寓意也是不同的；长期的牛奶面包式早餐饮食方式最终会改变人们的早餐文化观念，日久的增白霜和丰胸乳也同样会更改人们的审美价值取向；等等。[③] 所以学校的物质及凝于其间的文化会以其特有的形式对广大改革施行者发挥多重教育功能，小到一花一草、一亭一楼，都对新的文化营构产生极大的作用。二是制度订立。制度是在价值观念支配下所建立的指导教育改革行动的规则系统，其由不同规则及价值观构成，其对改革实践的影响主要通过带有强制性的规则由外至内、以约定俗成的规范去干预改革实践者的自主价值选择来实现，其目的是改变深层次的价值取向，也是一种文化构建的重要手段。通常而言，改革制度包括正式和非正式两类，正式制度是指基础教育改革中颁定的法律、规章和条例等，非正式制度是指由正式制度施行带来的意识形态、价值观念和心理倾向等。为了使基础教育改革能够有条不紊地推行，建立一种代表改革的新的文化秩序，订立制度及由此形成相应的改革制度文化便成为改革者的一种重要辅助方

---

① 田慧生：《教学环境论》，四川教育出版社，1993。

② 靳玉乐：《潜在课程论》，四川教育出版社，1992。

③ 容中逵：《传统文化传承论：全球化时代中国教育的文化责任》，广西师范大学出版社，2011，第212页。

式。基础教育改革所进行的新文化要素的构建，只有同时通过物质的不断补充和制度的不断跟进才能逐渐巩固。但凡偏废一端的改革行为都将在改革施行进程中受到重创。

其二，建基规约性。基础教育改革之所以要进行学校物质建设和制度订立，不仅是时代变迁、经济发展、学校完善及改革要求的结果，其更为重要的作用还在于"建基"和"规约"改革施行者的行为实践进程，通过这些物质和制度性的设定，将改革实施限在特定的时空条件和行为规则之下，从外部约束改革施行者朝着改革要求的方向前进。具体而言，一是物质性的场所建基。物质性场所的建立是为了促使广大改革施行者能在预设的改革场所施行改革，花那么大的代价来从事改革所需的各种物质建设，不是为了形式的好看，而是为了建"基"，这一"基"是指为改革代表的新的生活样式提供一种匹配的"物"的基础。在此，"物"本身是价值观念的产物。按照改革要求建立起来的一系列的物质设施设备事实上蕴藏的是改革文化代表的价值观念，而其功能则是促使广大改革施行者在这一客观物质环境中耳濡目染，朝着改革所需要的思想观念和行为转变。此间，物质所发挥的潜移默化功能主要是通过文化学中的濡化和涵化进行的。二是制度化的规章设限。制度对教育改革的成效是通过为行动者提供行动指南、预先让行动者知晓改革的导向来实现的，它主要通过以下两种方式来发挥作用。一种是正式制度的外在强制。正式制度的强制性是借助改革者所掌握的对资源配置的权力，通过为教育改革行动者提供正式的信息，告知教育改革的行动者能做什么、不能做什么，继而通过奖惩制度去约束改革所不允许的和鼓励改革所提倡的各种行为，以增进教育施行者的后果意识和责任意识；另一种是非正式制度的内化牵引。非正式制度的约束激励作用主要通过对集体目标和利益的认同来实现，其主要通过说服、劝导、斥责和社会舆论等方式进行。通常而言，改革者比较注重正式制度的规约作用而对非正式制度相对缺乏考虑，因而致使改革施行的效果不尽如人意，所以有学者指出，"课程改革的文化研究不仅需要揭示价值对课程改革行动的影响和制约，还必须揭示价值对课程改革的影响是如何通过制度来起作用的"。① 事实上，这是在提醒改革者应当对非正式制度所要传达的改革价值理念给予高度重视。作为一种为大多数人制定的"共同契约"，制度常常成为人们共同遵循的行为规则，它作为一定文化价值观念的载体，一经确认便生成行为标准，并逐渐内化为人们的自觉意识，开始引导人们的行为规范。只要文化没有发生明显转型，这种重复行为将一直持续，并为群体所普遍接受、认同、效仿。于是，依靠制度所推行的那种改革文化新质，就会慢慢演变为一种新的文化传统，从而达到维护和播散新文化要素的功效与目的。

（三）行为变更性与渐进生成性：改革无不以行为文化的建立与践行为鹄的

思想启蒙、观念更新是前提，但这不是改革的根本所在。基础教育改革的最终目的是使改革的基本理念和各项内容举措真正地见诸教育者的日常教育教学管理实践，因而朝着日益符合改革预期要求的行为生成才是基础教育改革的最后落脚点，改革也只有到了这一阶段才算相对告一段落，否则，之前所做出的一切改革努力都将落空。

其一，行为变更性。在整个文化系统的构成中，智识系统是基础，制度系统是辅助，价值系统是核心，行为系统是关键，因此，作为一项具有文化系统重建特点的基础教育改革，其核心任务是使教育系统所有人员的行为发生文化性变更。行为变化之所以是整个改革的落脚点，缘由有两个。一是思想启蒙与物质、制度的匹配建立健全并不必然导致改革行为的产生。思想启蒙、物质建基和制度规约只是促使实践者行为变化的条件或工具，即使改革过程中的物质条件业已具备、制度规章业已健全，甚至改革施行者在思想观念上也对改革予以高度理解认同，都并不必然促使其在行为上付诸施行，正如国内知名学者赵汀阳先生质问哈贝马斯（Jürgen Habermas）对话理论时所言"主体间即使能够相互理解并能相互尊重，但

① 胡定荣：《课程改革的文化研究》，教育科学出版社，2005，第163页。

理解并不代表接受，各主体依然可能会我行我素"。① 正因如此，改革成效最终便不能依据非行为的其他文化要素来做出评价。二是因为只有行为才是检验改革是否获得成效的唯一形式。改革是一种文化变革，由于改革前教育者已有一种相对稳定的文化生活样式，所以当改革所期盼的行为变化一经提出时，其不仅与教育者原有行为之间存在一定的文化差异甚至文化差距，而且意味着对成长和成熟于现实教育实践中的原有教育者及其生活样式的挑战和解构，因而在此情形下，改革将不可避免地给广大改革施行者带来文化焦虑，为了继续维系原有的文化认同，广大改革施行者不可能一开始就主动接受并积极践行，而是表现出诸如规避、抵制乃至阻抗等冲突行为。本质而言，教育改革就是教育系统内各行为主体行为方式由思想观念落实为实际行动，并由实际行动转变为自觉习惯的过程。作为改革举措实践者的一线教师，其行为变化将直接决定改革成效能否达成及其达成的具体程度。同时，行为是一种集内隐思想与外显行动于一体的实践活动，只有外显的行为才具有可视性和可测量性，改革是否成功或有成效看的是改革实施者的行为是否与改革要求相一致，这一要求也是马克思所言"实践是检验真理的唯一标准"在教育改革中的具体体现。综上表明，只有改革实施者的行为发生了改革所需要的变化才是检验历次基础教育改革成效的最终评判标准。三是行为变更是通过活动表现出来的。行为的变更需要以活动为依据，就基础教育改革而言，这些活动行为表现主要包括课堂师生教学行为、课外师生交往行为、课堂内外教师管理行为、校内师生日常生活行为四方面，只有广大教育者从日常生活到教育教学管理行为发生了改革所期待的行为转变，基础教育改革才能算是真正获得了功效。

其二，渐进生成性。大致而言，改革施行者的行为变化主要有两种情形：一种是外在强迫性的行为变化；另一种是发自内心的自主行为变更。前者是改革施行者在思想观念并不认同和接受改革要求情形下而发生的一种不情愿的行为变化；后者是改革施行者经由观念认同和接受后自愿自觉

---

① 赵汀阳：《没有世界观的世界》，中国人民大学出版社，2005，第104页。

产生的符合改革要求的一种行为变化。无论哪种情形,行为变化的产生都要经过思想观念转变这一中介环节。如前所述,思想观念的转变不是一蹴而就的,具有渐进生成性,所以基础教育改革中施行者行为的转变也具有渐进生成性特征,它是一个改革施行者个体不断经由思想启蒙,经过自身观念冲突辩证,继而发生观念转变和行为变更的结果。特别是后一种行为的转变,其过程更是相对漫长的,只有在广大改革施行者真切认同和接受了改革的相关理念,将改革部分措施付诸实施并获得了为其所认同的效果或结果之后,这一行为转变才会变得可能,否则,类似第一种的外在胁迫不情愿行为便在所难免。因此,总体而言,改革施行者的行为改变是渐进的,这是行为变更的第一个特征。渐进性这一特征带来行为转变的第二个特征,即生成性。改革中,广大施行者的行为变更是渐进自主生成的,只有在其将改革的理念、措施付诸自己的教育教学管理实践,并获得自认为良好或有效的结果时,其行为才会发生转变,继而才会在第二次、第三次等一系列相同情境下重复改革所要求的行为方式并逐步形成习惯,至此,其行为才算是真正得以生成与改变。改革者期盼改革能使教育者的行为发生相应变化,但如何使教育者的行为发生变化呢?诚然,如前所述,智识系统的启蒙与更新、制度系统的建立与匹配固然都很重要,但针对行为改变本身的相关措施也十分有必要,为了促使广大教育者朝着改革所要求的行为发生变更,改革者通常会采取以下两种路径来进行。一种是外烁性的学习模仿。基础教育课程改革实施,最终需要改变教师自在的、惯常的、模式化了的生活样式,构建起一种与改革相应的新的生活方式,改革者要想改变施行者的行为文化必须依靠重复性的新文化植入,其中以“观摩学习”为主要形式的外在实地观摩体验成为基础教育改革实施过程中必不可少的一种方式。另一种是内烁性的自主实践。相对于实地观摩学习这种外在行为转变的方式,这种内烁性的行为改变起着更为重要的作用,因为教师在接受教育改革的实地观摩体验学习之后,尽管目睹了改革的相关理念,感知到了改革所需行为方式的变更要求并从中目睹了他者行为的实际变更,但所有理念与行为都需要施行者在自己真切的教育教学管理实施过程中才能逐渐了解与判断、把握与习得，因而在外烁性的学习模仿基础上，内烁性的自主践行就变得不可或缺，即给予广大施行者自由自主地践行改革的理念与举措，让其在自我实践后去动态把握和领会改革的行为变更要求，反思并与同辈群体分享其经验成果，继而在此基础上促使施行者对改革所需的行为文化获得群体文化认同感。一旦这种群体文化认同感扩展至整个施行群体并上升为施行者专业发展所必须的条件这一认识高度时，整个施行者的行为变化才会真正变成现实并持久不衰。

三　改革力度与限度博弈的文化逻辑

教育是一种特殊的文化现象，教育改革的实质是文化因素的变更。尽管长期而言，文化变迁是无法改变的必然趋势，但文化所固有的保守性，致使其对某一特定历史时期的教育改革特别是基础教育改革有与生俱来的排斥力或限制力。那么引发基础教育改革的文化动力与制约基础教育改革的文化阻力到底哪一个力量更强大？其相互博弈又是如何展开的呢？

（一）博弈的基本趋向

总体而言，文化因素对基础教育改革的影响是限度大于力度，具有明显的执拗性与顽固抵制性；力度从属于限度，具有明显的超前性与不易散播性。只要进行基础教育改革，文化就会通过自身已有的系统从各个方面去阻碍或制约改革的实施与推进，而不是积极地去促使改革的顺利施行与逐步拓展；支持的倾向可能会存在，但以文化意识超前为前提，且很难在施行者与社会民众中迅速播散开来而成为公共支持舆论氛围。

其一，限度大于力度，具有执拗性与顽固抵制性特征。根据改革的强度及其带来的影响，改革可以大致区分为"渐变"与"突变"两类。"渐变"方式通常采取温和、渐进和自我完善的方法来变革现实，更多把改革理解为一个不断调整、修正、充实、完善、提高并促使整个文化波浪式前进的由量的扩张而达到质变的过程。由于渐变是文化本身对环境、社会等所做出的自我调适过程，一般在自然自发状态下产生且有较长的适应时间，因而遇到的阻力要小一些。"突变"方式往往采用颠覆性手段来变革现实，把改革理解为新旧对抗、范式转型、彼此替换、脱胎换骨等激烈斗争和革命的由质变到量的扩张过程，认为通过改革可以在短期内告别过去、破旧立新。由于突变在一定程度上会引起文化深层结构上的变化，会对人们的思想、情感等产生巨大而深刻的影响，并且人们要完全适应这种新的变化还需要付出情感、意志、精神等诸多方面的代价，因此遇到的阻力就会较大。然而，无论哪种类型的文化改革，也不管其遇到的阻力大小如何，文化因素对改革本身终归是呈抵制态势的，所不同的是，文化的这一限制力可能在改革初期表现得更为强大和严重一些，而在改革后期可能会变得微弱而缓和一些。但根柢而言，文化因素总体上对基础教育改革的抵制性都是发自本能的，都会具有执拗性与顽固性（详见下文"限度的主要依据"一节）。

其二，力度从属于限度，具有超前性与不易播散性特征。文化由人创造，人既是文化创造的主体，也是文化变迁的受体，一切文化变迁都必须经由人的传播才能得以实现。在很大程度上，人可以决定文化最终能否产生变迁及其变迁的速度和方向，而这一切又取决于人们对自己文化的认同程度。根据文化变迁产生的效果，文化认同可以分为文化超前和文化滞后两类：文化超前是指因客观实践出现了变化，尽管文化的整个体系还没有发生变迁，但部分人已经产生了与之相应的新的文化认同构建，继而在文化观念和实践行为上要求变革的情形；文化滞后则是指客观实践出现了新的文化，但人们的认同仍未发生变化，继续停留在对原有文化的眷恋与维系上，继而压抑和阻碍文化进一步变革的情形。基础教育改革的力度正是文化超前功能的体现（尽管这种"超前"有时并非具有绝对正向指引的超前），因为在改革者看来，基础教育之所以要进行改革，是因为客观实践出现了必须改革的征状，由于广大民众并未意识到这些变革的征状，所以需要改革者从外部启蒙来予以实施。然而文化因素中的这种促使改革施行的"力度"却不易播散，因为在文化变迁中，不同的文化构成要素，其变

更速度与程度是不相同的。总体而言，物质性的文化要素如空间地域、活动场所、设施设备、工作条件等和制度性的文化要素如课堂教学规则、班级管理规章、考试考核评价等较易在外在改革影响下发生变化，但精神层面的文化要素如思想观念、价值取向、思维方式等要想发生变化，遇到的阻力则大得多。正因如此，在基础教育改革实施过程中，尽管改革者可以通过行政手段对物质性和制度性的文化因素予以有效控制，但真正关涉精神层面的文化因素却不易被播散，易言之，外在的改革力度对于内里的文化认同，其功能很可能是微弱不堪的。只有当施行者真正从价值取向层面认同并接受了改革者的那些"超前"文化观念，基础教育改革才会变得相对容易而被施行扩展开来。

（二）限度的主要依据

为什么文化因素在相当长的时间内，会对基础教育改革表现出整体抵制的情形呢？因为教育改革不仅是教育制度的转换、课程资源的分配调整，更是教育方案背后所涉及的文化模式的更新。其间，文化的固有保守性、中国文化的超强稳定性以及改革本身对稳定的破坏性将会从各个不同方面制约基础教育改革的施行，成为阻碍改革前进的一种羁绊。

其一，文化的固有传承性。为什么文化会限制教育改革的施行？从文化发展本身看，是因为文化固有的传承性。尽管文化作为"人类历史地凝结而成的一种稳定的生存方式"，[①] 同时具有继承性和创新性两个属性，但继承是创新的基础，没有继承就没有文化的产生，亦谈不上文化的发展与创新。文化传承性的这一固有属性致使某一文化一旦形成并趋于稳定，便容易对负载新文化要素的教育改革产生文化阻力，这些阻力主要表现在三方面。一是客观存在的文化惯性难以扭转。文化系统的传承机制，分为社会无意识的传统文化传承与社会有意识的传统文化维系两种方式，其中，社会无意识的文化传承，其根据就在于文化传承本身所具有的"克里斯

---

① 衣俊卿：《文化哲学十五讲》，北京大学出版社，2004，第 1 ~ 19 页。

玛"（chrisma）特质。通常而言，任何一个民族都有久远的历史和丰厚的文化积淀，在经过漫长独立的发展历程之后，形成自成规模而有效运作的器物、制度、行为、观念系统。不管与其他文化相比，它们有哪些"落后"与"不合理"之处，他们在一代又一代的本民族大众生活中，确实已树立起了毋庸置疑的权威，而且在遇到毁灭性的外力干扰或为更有力的新权威慑服之前，它都会保持历史的惯性，代复一代地沿袭下去。这便是希尔斯（Hills）所谓的"文化范型综合体"①或威斯勒（Clark Wissler）所言的"文化特质"，②它一旦形成和趋于稳定，便自然会对负载新文化要素的教育改革形成文化阻力。就基础教育改革而言，事实上它所面对的是具有千百年智识沉淀的文化和教育传统，这种"旧有"传统将会表现出强大的社会裹挟力，基础教育改革所遵循的所谓"理性"前进呼吁在它面前可能只起到很小的作用。二是主观存在的文化惰性难以克服。任何一种文化传统都经历过一段漫长的发展历史，在开始时，它可能只是一种偶然的文化现象，后来逐渐被多数人接受，并世代相传下来，变成一种在一定范围内对人们具有内在约束力的普遍文化现象。由于文化传统具有久远的发展渊源和宽厚的社会存在基础，因此，绝大多数人总是用比较信赖的眼光看待文化传统，并在不知不觉的过程中，形成对传统文化的肯定心理倾向。从心理学的角度看，人的心理倾向或定势一旦形成，就能保持较高的稳定性。因为对一个人来说，改变一种业已形成的心理倾向或定势，不仅要耗费大量的精力，还要承受焦躁不安的情绪及由此带来的痛苦煎熬，除非万不得已，任何人都不会轻易抛弃已有的文化观念。这种心理特征决定了文化传统具有强大的惯性，即使有时社会发展已经表现出对某种文化传统的否定，它也会继续存在相当长一段时间，直到大多数人的认识和心理倾向发生根本转变，这便是文化的惰性。一种新的文化特质的产生意味着对传统、习惯特质的改变，其间充满了新与旧的斗争，而通常来说，"文化结

---

① 〔美〕希尔斯：《论传统》，傅铿、吕乐译，上海人民出版社，1991，第354页。
② 〔英〕克拉克·威斯勒：《人与文化》，钱岗强译，商务印书馆，2004，第47页。

构和系统存在时间愈长，各层面和各要素之间联系愈紧密，则文化惰性愈大，反之，文化惰性就愈小"。①三是主客观存在的教育工具性无法更改。教育的文化功能有很多，不仅包括文化生成及其传承，还包括文化交流、融合、创造等功能，但一种文化在其生成之后，其欲发展，当务之要者便是传承，之后才是交流、传播、融合、创新，这已为爱尔乌德（Charles A. Ellwood）的"文化进化论"②所证明。同时，就教育的文化功能而言，尽管教育的文化创生功能是显明的，但教育的首要功能还是传承既有文化，因为文化和教育具有高度重合性，教育的产生及其存在首先是以传承既有文化为前提的。教育的的本质功能是"主体间的文化传承"，③我们不能撇开"传承"这一关键词而奢谈教育的文化创新功能，否则，便是对教育特别是学校教育产生根源的悖视。

其二，中国文化的超强稳定性。为什么在中国的基础教育改革过程中，文化更具限制力与阻滞性？是因为中国文化的特质较其他文化更具超强稳定性。中国文化的特质是什么？按照文化作为一种生活样法所要处理的关系，笔者曾将中国文化的基本精神归纳为"人与自然的天一合一、人与他人的为人由二、人与自身的省己求三"，④但这是就中国文化的内容向度而言的，如果就中国文化与其他文化的关系向度而言，事实上，它还具有如下两个能够促使中国文化超强稳定发展的特点。一是不走极端的中庸性。中国文化在为人处世和行为处事时十分强调中庸之道，认为只有掌握并践行中庸之法，才能使万物各安其位、发育成长并生生不息，所以《中庸》开篇便道"中也者，天下之大本也，和也者，天下之达道也，致中和，天地位焉，万物育焉"。⑤中庸之道在中国文化中的方法论地位是极其

---

① 陈建宪：《文化学教程》，华中师范大学出版社，2005，第190页。
② 〔美〕爱尔乌德：《文化进化论》，钟兆麟译，上海文化出版社，1989，第1~87页。
③ 雷鸣强：《教育功效观——一个教育原理的新视角》，湖南师范大学出版社，1999，第89页。
④ 容中逵：《传统文化传承论：全球化时代中国教育的文化责任》，广西师范大学出版社，2011，第159~167页。
⑤ 《论语·大学·中庸》，李浴华、马银华译注，山西古籍出版社，2003，第206页。

重要的，究其意蕴，就是要求人们在为人处世时始终保持不偏不倚、持节有度，行为处事时，既不能不顾现实条件的制约与局限而急速冒进，也不能囿于传统而消极保守，而要做到执两用中，即《中庸》所言"喜怒哀乐皆未发谓中，发而皆中节谓和"，维系"不偏不易"之正道与定理。二是重和去同的包容性。中国文化的另一个方法论特点是重和去同，远在西周时，人们就已经认识到五味相和，才能产生得知可口的食物；六律相和，才能形成悦耳动听的音乐；善于倾听正反之言的君王，才能造成和乐如一的局面。所以《国语·郑语》说"和实生物，同则不继，以他平他谓之和，故能丰长而物归之。若以同裨同，尽乃弃矣"，孟子说"天时不如地利，地利不如人和"，[1] 这种对人对事的重和去同思想，究其要义，就是强调无论是"事"还是"人"都要肯定其多样性的统一，做到兼容并包，"万物并育而不相害，道并行而不相悖"。[2] 正是由于上述两种方法论上的文化特征，中国文化才具有一种超稳定的良知系统而在整个历史发展过程中永葆不衰，在与其同时闻名的其他几大文明均已衰落之时，中国文化依然能够挺立于世。因为尚中使它能够永远保持中立状态而不走极端，贵和又使它能够永远保持胸襟广阔而不失偏狭，在此精神主导下，于内即使同族易主元朝、清朝，中国一样能够屹立；于外即使交锋印佛、碰撞基督，中国一样能够融会贯通。在此情形下，中庸与和合的基本精神便构成了任何一次中国基础教育改革施行的一种潜在语境，任何相对激进的教育改革都会在这两种精神下产生一种自我免疫的功能，从这种因文化系统而产生的自我免疫功能对改革的实际影响来说，都是限制性大于推进性的。

其三，改革方式的稳定破坏性。通常而言，改革意味着要在某一集中时限内完成对某一群体从观念到行为的整体改变，其最大特征是变、动而不是稳、静，由于时间有限、任务繁重，所以基础教育改革从一开始就呈

---

① 《孟子·公孙丑下》，王常则译注，山西古籍出版社，2003，第53页。

② 《论语·大学·中庸》，李浴华、马银华译注，山西古籍出版社，2003，第244页。

现力度上的激进性和速度上的迅疾性两大特征，而改革的这两个特征，从根本上讲又是与文化的稳定性与传承性高度矛盾而不可调和的，或者说改革本身就是破坏稳定的。正因如此，文化对基础教育改革的普遍抵制便成为改革实施进程中的常态，特别是当改革本身出现以下三种情形时，文化对基础教育改革的抵制就表现得更为明显。一是速度过快。自然渐进、人为自主式的变革是改革的最佳方式，但缘于时间的有限与任务的繁重，改革实际上会采取颠覆性、革命性、破坏性的手段或方式来实现对旧有教育的彻底摧毁与改造，虽然这种突变式的大破大立、新旧替换、推倒重建改革可能会一时使旧有教育体制迅速解构、废除与置换，在较短时期内取得显著改革成效而增强改革者的信心，但是其由于力度过猛、速度过快等，也就不可避免地会遭遇强烈的社会阻碍与抵制，引起社会冲突与震荡，继而致使实践不适。二是展度过大。文化总是由某一民族或种族所创造，而一个民族或种族的特性集中地体现在其生活样式之中，任何基础教育改革都是在一定的文化境遇中进行的，如果改革的文化要素过多地超出本地域而来自异域文化，改革便会脱离其赖以生存的文化基础，就会导致改革失去已有的文化支撑，而当改革超越其文化界域而显得张力过大时，教育改革与文化环境之间便无法保持适当张力，就会造成文化阻隔。三是适度过低。相对成功的基础教育改革设计应当贴合绝大多数地方的实际，改革力度过快、展度过大，容易导致许多原本看似合情合理的改革措施，在真切的实践当中变得适应性较差，特别是基础教育改革过于脱离不同地域的已有文化境遇实况而过分强调情境一统时，其适应性就会更低，因为即使在同一国家，不同地域也会存在类似格尔兹（C. Geertz）讲的"地方性知识"，[①] 如果改革与这种"地方性知识"不相融，特别是背离了那些尽管存在地域差异却有共同要素的文化基质时，那么这种适应性偏低的情形就会随着实施进程的一步步展开，最终变得愈改愈艰、越革越难。

---

① 〔美〕克里福德·格尔茨：《地方性知识》，韩莉译，译林出版社，1999，第241页。

（三）力度的大致条件

从上面的分析，我们大致得知，总体而言，文化因素对基础教育改革是呈抑制倾向的，那么要想文化因素积极地支持改革，又需要哪些条件呢？即在什么情况下，文化因素可能会支持基础教育改革的施行与推进？这里又可以分为三种具体情形。

其一，基础性条件是遵循文化自然发展的路向。这一条件是对基础教育改革的总体思路和运行方式而言的，即基础教育改革要在总体上采取一种什么样的路子，才能相对确保其能得到文化因素的支持并推进施行。文化的保守性是文化的固有属性，但文化的稳定也是相对的，其发展是绝对的，无论是出于人为因素还是出于非人为契机，文化总会伴随时代的进步、社会的发展而发生变迁，做出主动选择或被动改变。历史唯物主义的基本原理告诉我们，任何文化都是社会实践的产物，随着人类社会实践的不断发展，人类的文化也会不断地突破原有文化界限而产生变化和发展，这是社会新陈代谢的必然选择和必然趋势，在某种意义上，正是这种突破式的文化转型才促使人类社会得以向前更迭，人类文明的生命力才得以体现。不仅如此，尽管人类的文化认同决定了人们对诱发变迁新事物的态度与选择，但它也有与文化变迁或转型同步发展的可能，即在文化发生变迁时，人们的文化认同也可能出现与文化变迁一致而并不发生冲突的情形。正是从这一角度来理解，我们说，要使文化因素真正促进基础教育改革，基础性的条件便只有一个，即确保基础教育改革是在遵循文化自然演进路子的基础上进行的。具体而言，这一基础性条件又包括两项内容：一是遵循文化新质形成的路子，即由物质实践到思想构建，再由思想构建到观念形成，再将观念形成上升为价值确立；二是遵循文化结构确立的路子，即由单个体的物质实践、思想构建、观念形成、价值确立到多个体的物质实践、思想构建、观念形成、价值确立，再由多个体的量的逐次扩张拓展至更大群体和空间的物质实践、思想构建、观念形成、价值确立，最后确立以此价值体系为核心的新的文化生活样式。

其二，支撑性条件是避免对传统文化做简单处理与对文化创新作简单套用。这一条件是对改革本身的施行路径而言的，即基础教育改革要如何处理好传统与革新、自我与他者的关系，才能促使文化因素支持改革的施行。具体有两个方面。一是避免对旧有文化的简单肢解。传统是一种无言的文化背景，潜移默化地影响改革的每一个进程，但在教育改革中，我们经常会发现如下两种不利于文化因素支持改革施行的现象：一种是混淆"旧有"与"传统"；另一种是强调"打破"而非"调适"。就前者而言，传统文化可以分为精华与糟粕两大类，在基础教育改革过程中，改革者为了标示自己的新，经常会对传统文化做囫囵吞枣式的处理，不经意地将"传统"简单等同于"旧有"而弃之如敝屣，似乎传统就是旧的，旧的就应当是被清除的。黄书光教授在分析20世纪80年代中期"文化热"对中国基础教育改革的影响时曾指出："由于当时人们感到中国的现代化首先应该是人的现代化，而人的现代化的实质便是思想观念的现代化。现代化在某种程度上还有革故鼎新的意蕴，传统文化被当作批判的靶子，就不足为奇了。"[1] 这不能不引起我们的重视。就后者而言，文化变迁或文化创造是在已有文化传统基础上进行的，它不可能脱离传统而凭空创造出一种新的文化来，"就像一个生物体的新生命一样，虽然脱离了母体，与母体完全不同，但是总带着母体的基因"。[2] 基础教育改革也是这样，它与传统教育并非泾渭分明、毫无瓜葛，而是有千丝万缕的联系。因此，在基础教育改革进程中，如果为了推进改革进程、达成良好改革成效，而单纯将旧有文化作为批判的靶子，将传统教育模式的合理内核也一并否定，那么我们的改革就会存在把澡盆子里的孩子连同洗澡水一起倒掉的危险。二是避免对文化创新的简单套用。文化创新是文化变迁中的一种突变形式，也是一种文化新特质的结构化形成与播散过程。真正的文化创新是源于自身传统、经由创造产生的，但在基础教育改革过程中却经常会出现两种简单套

---

① 黄书光：《中国基础教育改革的文化使命》，教育科学出版社，2001，第48页。
② 顾明远：《中国教育的文化基础》，山西教育出版社，2008，第16页。

用的所谓"创新"现象。一种是常将外来的教育理念与措施视为先进的、创新的而直接将其移植至本国基础教育改革实践中。事实上，此时的文化创新已不再是时间问题，而是转换成了一个空间问题，这种经由空间化处理的"创新"致使基础教育改革时常出现文化不适。另一种比较极端的"创新"现象是单纯以某一群体甚至个体自认为"创新"的做法来进行改革，这种所谓的"创新"不仅没有良好承继自身已有的文化传统，也没有很好地汲取他者的文化精髓，而只是一种一味按照自己的理解来进行自封的创新改革。无论上述哪种做法，这些远离传统而所谓的创新都将不利于文化因素对基础教育改革的支持。对此已有学者指出，"尽管很长一段历史时期内，我国的教育理论研究与课程文化建设都处于与西方相离的状态，但改革开放后却步入与西方近乎重合的危险境地，这种远离课程文化公共区域及主动放弃课程文化自我区域的倾向导致了我国教育理论研究与课程文化建设实践中的种种不适应"。[①] 的确，历史的经验告诉我们，但凡缺乏本民族文化参照系的基础教育改革，最终都会因遭到自我文化的排斥、否定而难以实施。

其三，特殊性条件是改革文化与个人英雄主义文化相媾和。这一条件是针对基础教育改革从指导思想至目标措施本身存在错误，而又想使文化因素支持改革的情形而言的。在此情形下，改革发起者通常是少数历史英雄人物，其个体不仅有一番关于文化转型的独特内涵、一套相对完整的改革文化体系，还具有极强的社会权势、威望和强大的改革操控力，并能通过本人和集团的力量将自身关于改革的个体式文化埋解成功转变为社会公众的改革要求而将其付诸施行。事实上，这种情形也是本篇第一章"基础教育改革的政治逻辑"中那种特殊情形下政治因素支持改革力度的条件。譬如德国在 20 世纪 30 年代希特勒上台后发起的具有高度民族主义意蕴的教育改革就是将自己个体式英雄主义的文化成功转变为整个社会文化而在

---

① 李广、马云鹏：《课程改革中的文化冲突域文化适应》，《教育发展研究》2008 年第 22 期，第 26 页。

全国范围内付诸施行的。按照叶澜教授关于个体与社会的依存关系模型分析，上述独特情形只有两种情况，即社会、个体同为正向发展时的荷马史诗时代和社会、个体同为负向发展的希特勒式纳粹德国时代。[①] 当然，此处笔者是抛开其带来的实际后果，而只就其所需要条件来做出的学理分析。

---

① 叶澜：《教育概论》，人民教育出版社，1991，第 279～298 页。

第四章　基础教育改革的教育逻辑

我们一直没有把学校和教育过程当作复杂的社会系统的一部分，没有认识和考虑到这个系统各个不同部分之间复杂的相互作用。我们还没有把教育作为一种社会系统而建立起教育的系统观。这个系统的组成部分和重要过程是如此之多以至于我们一直倾向于在一种自欺欺人的线性关系基础上争论不休。如果我们要建立、健全有效的改革策略，我们就需要逐步把握教育系统的动力。

——〔挪〕波尔·达林：《教育改革的限度》

教育是一种以有意识地影响受教育者身心发展为直接目的的社会活动，其核心构成要素是教育者、受教育者、教育影响。作为一种制度化的教育，它是由各级各类教育活动构成的复杂而开放的系统，因而基础教育改革势必受到教育系统本身诸因素的牵制与影响。基础教育改革的教育逻辑是指基础教育改革在从问题引发、方案制定到实施推广、反思评价等一系列过程中所呈现的基本教育运作机理。本章将集中对基础教育改革的教育支配机理做出深刻剖析，以使我们对其有一通透了解与把握。

一　改革形成的教育逻辑

如本篇第一章所述，自然状态下的教育改革是教育系统本身的自我演进与革新过程，外在的教育改革通常是在政府主导下发起的，那么由政府发起的基础教育改革，其形成过程中的教育支配逻辑又具有哪些特征呢？

笔者以为，大致有三。

（一）客观现实性与系统反映性：改革无不因基础教育系统本身确实存在问题而引发

任何改革的前提都是现状出现了问题，如果现状发展良好、并无大碍，那么改革就失去了应有的价值与意义，基础教育改革也不例外，其发起是以现有基础教育实践确实存在需要改进的问题为前提的。不仅如此，其间还具有如下两个明显特征。

其一，客观现实性。客观现实性是指基础教育改革所要解决的针对性问题本身确实存在而非虚假和人为杜撰的情形。这里又包括两个问题：一是现有基础教育实践是否存在问题？如果说改革是"施药"，那么问题是否真实客观存在便是"辨症"，尽管改革并不一定能确保可以获得正向的效果或结局，但从改革初衷来看，古今中外还没有哪次教育改革，其出发点不是为了使教育朝着正确方向前进的。正因如此，改革所针对的问题是否真实存在便成为改革形成之初的重要条件，存不存在问题以及问题诊断的正误将直接影响改革方案制定的正误。而问题真实性的判定又主要看如下两条。一方面，看肉体上是否对受教育者（学生）产生了伤害。学生首先是一种生命存在，从生物学角度讲，人的肉体存活及其健康存在是第一位的，作为一种法定的外在控制力量，尽管教育对学生的身心发展具有相对强制的影响，但都须以不伤害学生的身体健康为前提，否则教育的意义和作用便有悖于人类本体性存在这一基本诉求。因此，是否对学生的肉体产生伤害便成为基础教育是否存在问题和要否进行改革的首要判定向度。这一判定向度又主要看学生体质和生理器官的发展是否受到阻碍或阻滞，如原本直立的躯干变弯；原本应当维系在 1.0 以上的视力变为 1.0 以下；原本正常的体重比例和四肢生长发育变得失常或生长发育不良等。另一方面，看精神上是否对学生产生了威胁。作为生命存在，学生在肉体存活、身体正常生长发育得以保障后，精神特别是心理的健康发展便成为必需，因为精神是人类区别于动物的本质所在，一个人如果身体健康而精神失常，生理正常却心理变态，这是教育的悲哀，也不是学校教育的旨归。因此，是否对学生的精神产生威胁便成为判定基础教育是否存在问题和要否进行改革的第二个评判向度。这一评判向度主要看学生的神情和心理是否发生了不良变化，如原本双目炯炯有神变得呆滞不灵；原本活泼跳跃、精力充沛变得情绪萎靡、低落不举；原本性格外向且健谈变得郁郁寡欢而无语；原本胆小怯懦却已提刀杀人等。如果说学生在上述身体与心理着实存在相对普遍或广泛的恶化或受到威胁，那么基础教育肯定是存在问题的。二是这些问题存在是不是真实的？尽管通过直接感知、间接把握等多种不同方式，我们可以迅速察觉基础教育是否存在问题，但问题是不是就真实客观存在呢？因此，为了确保问题诊断的真实客观性，还得避免如下三种制约问题判定的误识。一方面是单独个案式的家长埋怨。不少家长出于对子女的关爱、保护甚至是溺爱、迁就，很可能会对一些原本不是出自学校教育或不严重的问题产生一种夸张式的抱怨，并在与教师、同事或其他家长交往时不经意地流露出来，但这种抱怨是个案式的、单凭亲子感知而无根据的，如某家长常对人说"我们家孩子某某，自上三年级后，这视力下降可太快了，现在只有0.4了，都怪这学校每天布置的作业太多!"。另一方面是个别极端式的传媒炒作。不少大众传媒为了吸引受众眼球，有时会刻意捕捉学校教育的一些极少数极端负面个案来进行报道炒作，这些报道经由发行和阅读量的自行扩张，会使受众产生一些关于基础教育的负面判断并形成问题，但这种传媒炒作是以点概面而不具有代表性的，如某报纸或网络报道"某某学校一名初三学生跳楼了，据说是因为该校学习压力过大、常被教师体罚和冷嘲热讽所致"。再一方面是个体情绪式的教师宣泄。不少教师由于自身教学方法失当、教学责任失职、教学作用失效，当其因所任学科考试成绩低于同科其他任课教师而被责备甚至处罚时，他会本能地寻求客观理由为己辩护，或责怪教材太难，或批评考试本身不当等，如某教师在所任学科期末考试班级成绩及格率只有65%，在与同事聊天时发牢骚说"这都是什么教材?! 内容太难了，学生哪里学得会?! ……这应试教育也太害人了，动不动就排名评估，这不是戕害学生人性吗!?"所有上述抱怨、炒作、宣泄事实上都是影响基础教育问题诊断的迷惑物，都需要进行逐一辨别与确诊，由此也引发了下文要讲的另一个特征——"系统反映性"。

其二，系统反映性。系统反映性是指基础教育改革所要解决的针对性问题不仅客观存在，而且是经由系统呈现和完全确证的情形。若问题的出现只存在于观念中就只是观念，只有当问题被广泛反映认可且被系统条理呈现时，它才会激化成矛盾与冲突，继而形成要求改革的呼声。具体而言：一是问题暴露的系列化。基础教育的问题包括方方面面，如果只是其间某一方面出现问题，通常是不会作为普遍现象受到关注的，只有整个基础教育系统在诸如教育目的、教育内容（课程设计和教材编撰）、教育过程（教育方式方法）、教育评价与考试考核、师生交往及其地位关系等各个方面都确实出现问题时，才会引发改革的需要。不仅如此，这些问题的存在还必须升级到一定程度，致使人们认为，如果不解决这些问题便可能导致整个基础教育的恶化，此时这些问题才会引起普遍关注。二是问题反映的多方化。前面问题暴露的系列化是从改革必要性来讲的，如果一系列问题的暴露只被个别人或少数群体认识到，那么仍不足以引发改革，这些问题还需被不同群体共同反映出来，就基础教育改革而言，主要包括教师、家长的直间接感知反映与经由大众传媒传达的其他各界人士的广泛反映。此间，尽管没有进行改革，但部分地区和学校、部分教师和家长不管基于何种动机，他们也会通过自身的实践能动性去对上述问题加以人为的解决与处理，只是这些基于问题解决的改革或变化仅存在于局部性、个案式的教师和民众日常教育实践当中而已。三是问题诊断的条理化。在上述两个前提下，如果个别家长或教师将一些实践中存在的问题条理化地行诸成文并经由大众传媒广为流播，此时实践中的问题才会被理性化的考虑，然而这仍然是现象，并不能上升到促使改革发起的地步，这些问题只有经由教育理论研究主体予以实践化的考察和学理性的分析，将其逐一罗列并进行理论批判时，这些问题才会汇成一股强劲巨流，真正影响并促使决策者开始考虑改革的启动问题。因为通过这些教育理论研究主体的问题判定及相关传媒播布之后，它便具有了一种问题的合法性确证（第一章已分析过专家学者这方面的功用，此处不再重复）。通过上述分析，我们可以看出，基础教育改革的基本引发形式或流程与公共政策的形成是一样的，其问题都要经过"问题→社会问题→公共问题→政策问题"① 这一过程，其最终都要使社会大多数人或统治集团感觉到现实中出现的某种情况与他们的利益、期望、价值和规范有相当严重的矛盾和冲突，进而通过团体或组织活动要求政府和有关社会公共组织采取行动加以解决，并被列入政府议事日程，才会引发改革行动。

（二）社会进步性与个体完善性：改革形成无不以促进社会和个体发展为理据

任何改革都要为自己的合法性进行有效辩护，否则，改革在形成之初可能就会夭折，即使不夭折也会严重影响其后改革的实施进程。从这一角度讲，改革合法性的确证也是一种民意所在，而这一系列又取决于改革的目的或者说改革的理据。因而，古今中外的历次基础教育改革，没有一次不是首先为自己的改革"正名"的，而作为一种工具，教育的功能最主要地体现在"社会"和"个体"两方面，因此，宣称本次改革将会促使社会进步和个体完善便成为所有基础教育改革合法性最核心的两大理据。

其一，社会进步性。社会进步性是指基础教育改革发起着总是宣称以促进本民族国家与社会发展为旨归的情形。为什么每次基础教育改革及其发起者都会宣称本次改革将有力有效促进本民族国家和社会的进一步繁荣健康发展，而不是相反呢？这是因为在人们看来，教育应当是一种具有正向功能的社会活动，尽管客观上的确存在负向功能，但人们不愿意接受这一事实，甚至是掩耳盗铃式地将教育的负向功能视为"非教育"以自欺，因此，任何教育改革都会先入为主地强调自身改革的社会促进功能，而这一促进功能又无不以如下三个方面的承诺为基底：一是改革将有助于所属社会的政治稳定；

① 冯静：《公共政策学》，北京大学出版社，2007，第 136~137 页。

二是改革将有助于所属社会的经济发展；三是改革将有助于所属社会的文化繁荣。无论其间具体表述如何，均以持存国体政体、增强国家实力为基点。譬如清末的洋务教育改革运动与维新教育改革运动，就将其提高到保种保国的高度；民国时期的"壬子癸丑学制"（1912 年）和"壬戌学制"（1924年）改革无不以改进社稷民生、力跻世界民族之林为己任；即便是解放战争时期国民党的"党化"教育改革、新中国成立后的"教育革命"也都无不以"戡乱建国"和"割资本主义尾巴"为前提。事实上，这并非中国教育改革的特例，而是世界各国的通则，不然，我们便难以解释为什么苏联要搞"修正主义"教育改革运动，奥巴马政府要实施"卓越计划"以应对日益激烈的全球竞争格局。因此，无论改革最终是否真的实现了社会政治的稳定、经济的发展、文化的繁荣、民众的安康和谐等正向目标，只要发动改革，明确标示改革将会促进社会整体进步便成为任何基础教育改革首要的合法性诉求。

其二，个体完善性。个体完善性是指基础教育改革的发起者总是宣称以促进教育者特别是受教育者（学生）个体身心日益完备为要义的情形。教育作为一种工具性存在，其功能指向除了宏观的社会之外，另一个十分重要的功能指向便是个体身心发展。毕竟社会是个体的集合，教育社会功能的实现要经由个体才能实现，所以没有一次基础教育改革不是在改革方案形成之初就对改革前后的师生个体差异做出明确的优劣标示，并宣称改革必然使教育系统师生特别是学生在各个方面得到比此前更为完善和充足的发展的，而这又主要表现在如下四方面：一是身体更为健康、体质更为健壮；二是智识更为丰富、质素更为全面；三是品质更为优秀、德行更为完满；四是个性更为丰富、人格更为健全。一句话，便是我们教育目的所包含的德、智、体、美和谐发展。这一点与社会进步性一样，依然是世界各国而非国人所特有的通则。翻开国史，清末以来的历次基础教育改革都对受教育的个体身心发展做出过明确的表述；[①] 新中国成立后的历次教育改

---

① 详见黄书光《文化差异与价值整合——百年中国基础教育改革进程中的思想激荡》，教育科学出版社，2011，第 24～222 页。

革，其教育目的也都无一不是围绕着培养社会主义接班人以及接班人的具体内涵构成而阐述的；① 再看夷史，就是法西斯德国和日本在二战时期的教育改革也都会强调其促进学生体脑两健、身心发达之初衷。所不同的是，不同历史时期的基础教育改革对学生个体身心发展和完善在侧重点上各有分殊而已，时而强调身体或心理，时而关注智识或技能，时而又重视个性或德行，而此间所有侧重点都是以改革者对受教育者个体性与社会性的关系认知与判断、抉择与处理为前提的，具体要求和表述又都是以改革者对个体身心发展完善的构成要素及其相互关系的判断与侧重为基础的。

（三）人员分离性和功能分殊性：改革形成无不以教育系统人员功能分殊为依据

一般而言，改革是由公共政策主体在分工合作基础上，基于各自的权力和责任，进行充分互动与合作的集体行为，其本质是相关利益的重新分配。因此基础教育改革方案的形成绝非一人之力所能，其关涉的参与人员很多，包括各式各样的个体与群体，曾有学者将参与现实教育改革的主体划分为"政策规划型、理论建构型、实践突破型、商业炒作型、社会公益型"五类，并将其分别称为"有权之士、有学之士、有力之士、有钱之士、有志之士"。② 笔者以为，就其人员基本构成而言，最主要的还是教育者与受教育者。尽管我们的历次基础基础教育改革都是针对受教育者而发起的，但缘于学校教育的根本任务是通过系统而有组织的教育影响以促使

① 详见容中逵《论教育目的的国民性表述问题——战后中日韩新四国教育目的之国民性比较分析》，《外国教育研究》2006 年第 12 期。

② 详见张荣伟《我们需要怎样的教育——中国基础教育改革概论》，教育科学出版社，2012，第 99～111 页。该书是笔者目力所及的关于基础教育改革新近出版的一本专著，作者以其 12 年丰富的中学从教经历为基础，结合自身扎实的教育学、哲学和社会学等学术背景，对当前我国基础教育改革的主要问题予以了专题阐述，其精湛的文字表述功夫与超强的概括能力令读者耳目一新。然而笔者认为，其对改革主体的分析仍然是问题式和现象化的，如果能够对上述改革主体做出一种更为深入的原理性分析，则更有助于我们认清基础教育改革从形成至实施的整个过程，笔者将在此基础上完成这一学理分析。

受教育者朝着教育者预期的方向发生身心变化，因此，无论我们怎么强调改革过程中受教育者的地位及其能动性，依然改变不了其在整个学校教育系统中的"客体"地位，特别是对于基础教育改革，受教育者并不参与或影响改革，或曰其影响可以忽略不计，由此，此处笔者主要探讨的是教育者而非受教育者的人员分离与功能分殊性。

其一，人员分离性。就教育者而言，如果单就改革这一事件本身而言，其最重要的参与群体有三类。一类是行政决策者。这类改革参与者主要是各级党政部门的国家公务人员，大致包括中央和地方两级，中央主要是国务院和教育部（尽管国家发改委、财政部、科技部、人力资源和社会保障部等部门与改革息息相关，但相对而言，他们并非改革直接发起者和主导者，因此，不能将其归为基础教育改革的行政决策者），在地方则是省、市、县教育厅（局）。另一类是理论研究者。这类改革参与者主要是高校和中央及省级教育科学研究部门的教育理论研究人员，不包括省级以下市县教师进修学院及教育局教研室的人员。再一类是实践行动者。这一类改革参与者主要是中小学校长、教师，不包括学生及其家长。上述三类改革参与主体生活构造不同，因而其智识构成、价值取向、言语方式各不相同，尽管都处于改革的风口浪尖，却是相互分离的，用周浩波先生的话来说就是"相互间都是存在差异与隔阂，甚至是相对对立的"，行政决策者生活在政府文官系统，其面对的是当前的现实事务，他们不仅要对当下的事务给予密切的关注与关心，还负有安排现实秩序、解决现实问题的责任，因而更加关注现实中整体教育事业的具体运作条件与状态；理论研究者身处各大高校与科研机构，从事的是专业研究，他们对一时一地的具体问题并不感谢兴趣，而是更加专注于那些带有普遍价值的抽象问题；实践行动者身安各地中小学校，从事的是日复一日的具体学生培养活动，他们不去关注宏大的教育理念，也不问教育的公正公平与否，只专注于如何有效地提高教与学的实际效率，因而关注的是教育实践活动中的具体问题解决。由于三者在生活构造上的差异，其在智识构成、思维方式、价值取向、言语风格等各个方面存在较大的差异：在价值取向上，行政决策者更强调功利性、实用性、问题解决性；理论研究者更看重学术性、专业性、学理分析性；实践行动者更关注行动的结果及具体功效。在言语方式上，行政决策者更注重简洁性、指令性、规范性、祈使性，理论研究者更注重论证严密性、完备性、逻辑性、商榷性；实践行动者更注重可理解性、可接受性、可影响性。①

其二，功能分殊性。由于上述改革者生活构造的分离性，三者在基础教育改革形成与实施过程中所担负的职责与所具备的功能也各不相同。一是行政决策者的主要功能在于设计与规划。一方面，其负责基础教育改革的酝酿和启动，在改革前期对改革必要性、重要性、紧迫性及可能性进行论证，在此基础上对改革的目标、内容、措施、进程、保障等一系列问题做出明确规定，并制定出相应的总体改革方案；另一方面，其负责整个改革前期试验及此后实施推广中所需要的人力、物力、财力基础，通过独有的权能去督促改革实施者的具体施行进程并收集相关意见，以确保改革能够顺利达成预期效果。二是理论研究者的主要功能在于启蒙与批判。一方面，在基础教育改革前期，其凭借自身的研究优势，让忙于公务的决策者真切认识到改革的内因外缘及其重大历史意义与作用，进而促使决策者启动改革，而当改革正式提上日程后，理论研究者则又通过强化相关理念、

---

① 周浩波教授曾对此做过鞭辟入里的分析，他写道："理论主体重概念的严密性与完备性，重逻辑的周延性与表达的规范性，往往为一个基本词的含义而花费很多笔墨，理论主体在表达过程中，更注意的是论证过程，而不是结论，为了一个在外行人看来十分明了的结论，会花上大量篇幅从历史的、现实的、中国的、外国的、哲学的、心理学的等方面面来加以引证，这种引证往往因其篇幅上的超重而掩盖了结论的明晰性，理论主体可能对自己的结论也许并不特别看重。然而，这些话语规则在决策者看来是难以忍受的，一方面，他们没有时间去阅读大量的理论著述，即使有时间也未必能够熟悉那种语境，明了其中的意义；另一方面，结论的多样性、矛盾性会使他们在决策中无所适从，不知道哪种结论是正确的，而一般情况下理论主体也不会指明自己的结论是绝对正确的，他们还会为结论加上很多限定词，这更使决策者束手无策。决策者的话语规则往往呈现出指令规范的形式，具有简洁明了的特点，在用词上强调明白易懂，防止出现理解上的歧义，他们对自己所制定的政策往往保留解释权，以防止出现实施者对指令文本作超意义的理解，在逻辑上追求的是祈使句型，即应该如何，至于为什么，则一般不加论证与说明"（详见周浩波《教育哲学》，人民教育出版社，2000，第271~292页）。

建议相关措施对决策者施加影响；与此同时，不仅要对决策者，还要对普遍民众和教师进行启蒙（详见第一章政治逻辑）。另一方面，在改革实施过程中，理论研究者还发挥独特的批判纠错功能，尽管作为具有高度自主性的知识分子，理论研究者的批评并不等于决策，其批判本身也并不必然意味着全然正确，但当其批判形成社会舆论并代表民意时，势必会对整个改革实施进程产生影响，他们对改革中的不合理、不道德甚至部分错误行为进行批判并提出新的改进建议与方略，帮助决策者从长远和深层意义上把握基础教育改革的实质与方向、任务与策略、步骤和方法等。"近年来，教育理论主体在参与决策过程中的咨询作用越来越明显"① 就是理论研究者这一功能的体现。三是实践行动者的主要功能在于操作与反馈。改革最终要通过教师的教育教学实践活动使改革从设想变为现实，如果说理论研究者是中介者，那么教师便是改革的直接施行者，因而其基本职责是按相关要求去实施改革，然而这种实施并非毫无能动性的消极施行，他们要担负将实施过程中存在的问题及时、真实地向改革发起者反馈的职责。综上所述，如果上述三种改革参与者不能做到相互尊重、平等相待，并及时有效沟通，那么也会造成相互之间的隔阂与疏离，继而影响甚至破坏整个基础教育改革的施行进程。

二 改革实施的教育逻辑

作为教育系统本身的变革行动，在改革方案形成之后，基础教育改革的具体实施是在教育系统核心构成要素教育者、受教育者、教育影响的互动过程中完成的。由于教育是一个具有自身运行特质的相对独立系统，且上述要素在改革过程中所处地位、功能及所起到的具体作用并不相同，所以整个基础教育改革在总体实施过程中便会呈现如下三个基本特征。

---

① 叶澜：《中国基础教育改革发展研究》，中国人民大学出版社，2009，第 103 页。

（一）校长主导性与教师主体性：改革实施无不以学校为基本单位推进

任何改革的实施都有特定的时空场所和针对性的目标群体，就基础教育改革而言，其特定时空场所与针对群体便是身处各地中小学校的广大教育工作者。尽管基础教育改革可能会涉及诸如行政、商业、事业等不同时空场所，但其改革基本单位是学校，而不是其他。由于在整个国民教育体系中，基础教育是国家正式教育形式的初级阶段，并且这一阶段在目前世界各国都基本属于义务教育的年限范畴，因而学校便成为任何国家基础教育改革的主阵地，舍此，我们便不能称之为"教育"改革。那么在这个主阵地，支配改革的基本教育逻辑又有哪些呢？大致有二。

其一，校长主导性。学校是基础教育系统构成的基本单位，也是国家从事教育活动的法定机构，无论公立私立，其管理运行均需获得国家的支持与认可。公立学校自不必说，就是私立学校也必须在国家允许的范围之内并按国家总体的教育方针政策指导运行，如果违背了这一基本限定，那么这所学校被撤除的命运将是必然的。每一所学校都设有校长，它是一所学校的领头人，代表国家来履行对整个学校教育活动的日常管理，正基于此，所以校长才是真正将改革精神、措施从改革发起到具体实践的主要落实人，可以说，校长是决定基础教育改革能否实施及其实施程度的主导因素。首先，为什么要强调校长在改革实施中的关键作用呢？其现实依据有三。一是改革的不确定性与风险性。任何改革无论其前期设计得多么完善和完备，事实上都是一种不断的试误过程，这一过程并不比行为主义派实验中那巴甫洛夫的狗、桑代克的猫、斯金纳的鼠高明多少，因而都是一种此消彼长、变动不居的过程。正因如此，其改革进程与结果便存在某种程度的风险性，即改革可能有助于改革初衷或目标的达成，也可能压根就适得其反。这种不确定性或动荡性表现在各个不同领域的改革之中，这种风险性在我国现行状态下更具潜在性，因为我国的改革政策在某种程度上可能会受到领导人更迭的影响（这一问题详见下篇第三章论述），正是因为

这种不确定性和风险性，所以掌控一域的校长及其对改革的自我决断能力便显得尤为重要。二是校长的权力性与强操控性。校长往往具有某种体制赋予的权力，具有相应的制度权威并具有支配他者行为的力量，这是权力的基本属性与功能。当这种权力与校长个体自身的人格魅力得以良好结合时，这种权力便会带来行动的强操控性，即能够将某种思想观念转变为实际行动，并能对这一行动进程加以有效把控。三是决断的价值性与高效能性。任何决断都是基于分析判断做出的一种价值判断和价值选择，都会导致具体取舍行为的产生，一旦这种价值判断和行为取舍得以确立，随之而来的便是方案制定与行动实施。由此，校长的决断便会自动产生高效能性，即会给实践及其结果带来全方位的实质性影响，这种影响不仅包括校长本人，也会波及整个学校，就像公交司机或船长一样，一旦汽车或船只驾驶出现问题，便会殃及全车或全船人员的身家性命，更何况这车载的还是我们祖国未来的花朵呢?! 其次，校长的主导性又是如何运行的呢? 其主要是通过自我决断及其对整个学校改革的具体运行来影响改革实际进程的。校长的自我决断包括分析判断与决策执行，分析判断是对基础教育改革的理念、举措到实施进行全面系统的分析，在此基础上，就改革目标、要求与自身所处地域是否匹配，改革落实在这个学校到底阻力在多大及其性质如何等一系列问题做出自己的判断。决策执行则是在分析判断的基础上，就本校到底改还是不改，如果不改该怎么应对上级主管部门和领导的质问与批评，如果改又怎么改，该通过哪些路径、采用哪些方法、寻找什么为突破口等诸多问题形成方案，并付诸实施执行。此间，无论校长做出的决断是上令下行还是上有政策、下有对策，抑或是走自己的判断之路，都将对所在学校基础教育改革产生十分关键的现实影响。

其二，教师主体性。如果说校长是改革实施的地域影响主导或统摄力量，那么作为教育实践主体的一线教师，就是改革实施的行动主体或决定力量，其践行力度的强弱将直接决定整个基础教育改革的实施进展与程度。首先，为什么教师是改革施行的主体依赖力量呢? 这也是一个常识性的问题，因为无论是从学校教育系统的总体结构及其过程功能看，还是从具体教育活动开展的结构及其过程功能看，教师都是最终将改革要求从静态可能转变为动态现实的唯一力量。就前者而言，众所周知，教育作为一项有意识的以影响受教育者身心发展为直接目的的社会活动，当具体至一个民族国家时，事实上是一个由上至下的逐级内化过程，在这一将社会对教育要求逐级内化的过程中，其起点是社会对教育的要求，终点是学生个体身心的发展，而其具体展示过程表现为四个层级，即由国家承担的将社会对教育的要求内化为学校教育系统的总要求，确定学校教育系统的质、量与结构，形成学校教育系统总方案→由学校领导机构及成员将学校教育系统的总方案内化为各自学校的具体办学方案→由教师将每所学校的办学方案内化为自己工作中的行动方案→由师生共同完成教师对学生提出的要求，内化为学生个体身心的具体发展，最终促使学生身心发生发展的实然情形。[1] 可见，在这一从宏观到微观的教育过程中，尽管教师明显要受制于前两个层级的影响，但其本身却具有很强的独立性和独特性，因为只有这个层面的教师，其工作才会真正触及学生身心发展的内里世界，才是教育目的从理想变为现实的第一步。就后者而言，教育活动的构成要素是教育者、受教育者和教育影响，如果我们承认学校设立的特殊功能，如果我们承认学校教育与日常生活世界中教育的差异是其专职人员、专门内容、专门机构等基本特征，那么学校主导学生最终发展的主体力量显然是教师，而非具备可塑性的学生本人，更非物质性的教育影响。因为学生之所以要到学校接受教育是为了获取掌握其身心发展不具备或尚缺失的东西，如果他已然具备了这些东西，毫不夸张地说，他完全可以不用专门来学校接受教育，这在逻辑推理上是完全成立的。可见，受教育者（学生）不可能成为教育改革实施的主体。抛开学生要素，就剩下教育影响和教育者（教师）了。教育影响通常由教育内容、教育方法、教育场所等构成，在社会发展到今天这种程度的时代背景下，教育场所属于物质性事物，是命定的或者说对学生身心发展而言，其影响功能具有相对一致性，

---

[1] 详见叶澜《教育概论》，人民教育出版社，1991，第 24~32 页。

除非特例，否则其影响功能的变数不大，因而对学生身心发展影响较大的便只有教育方法和教育内容了。教育方法是教师的教书育人之法，它取决于教师、因师而异，因而可以归为教师这一主体之内。不仅如此，教育内容也要经由教师加工之后才得以传播给学生，尽管学生可以直接感知学习教育内容并形成自己的想法，但只要他们在学校，终归会受到教师的影响。由此，抛开受教育者、教育影响，基础教育改革的主体确立，又回到了教师主体性这一结论之上。其次，作为教育改革实施主体的教师又是通过哪些方式来影响改革施行进程的呢？大致路径有如下三条：一是对改革方案从理念到措施做出理解并转换为自己的思想观念，继而影响其教育教学管理实践行为是否与改革要求一致及其一致性的程度；二是在此基础上，对课本或教材做出合乎自认为良好或正确的理解、诠释并选用相应的教育教学管理方式方法，继而影响其是否与改革要求相互一致及其一致性的程度；三是在此基础上，付诸日常课堂内外的教育教学管理具体行为，最终影响学生的身心发展，完成改革的最终落实，继而看其结果是否符合改革要求及其符合的程度。通过上述层层施行，教师成为基础教育改革最终能否实现的关键力量。

（二）课程驱动性与教学承载性：改革无不从静态和动态两个层面同时展开

基础教育改革是以学校为基本实施单位、由校长主导并以教师为主体实施的，那么其实施又是通过什么路径具体展开的呢？这便是静态的课程驱动性与动态的教学承载性。[①]

[①] 笔者曾在《课程论的"大"字情结与教学论的职责坚守》一文中分析指出，教学论作为一门学科，其研究应当至少包括如下三类：第一类是"教导论"，其任务专事教师"教"之研究，具体包括教师的传授之教、引导之教、为教之学三个亚层次；第二类是"承袭论"，其任务专事学生"学"之研究，具体包括学生的受教承袭之学、个体自主之学两个亚层次；第三类是"课程论"，其任务专事师教生学"材料"之研究，具体包括师教生学之材的类别与体系、内容与标准、活动与进程、结果与预期等不同亚层次。（转下页注）

其一，课程驱动性。课程是关于整个教育教学活动实施的进程及其安排总和，其核心构成是教育内容及对此做出的总体安排设计，因而基础教育的改革总是以课程驱动为滥觞的。这又可以分为两个具体问题。首先，为什么会以课程为切入点来进行基础教育的改革呢？其缘由除了教育内容是教育最为核心的构件、课程是教育内容最主要的载体之外，还因为课程是唯一能够让改革成为有文可依、有章可循的物质性因素，它是改革得以体现的唯一可供迅速普及的物质载体，能够在短时间内迅速让改革实践者了解和掌握改革的理念、措施及相关要求。不仅如此，课程还是唯一能够与改革目的直接发生对接并能相对保证改革目的不发生异变的要素，通过课程计划、课程标准、课本等课程系统的静态文本表述，改革目的能够得到最忠实的体现，它既不像教学活动那样需要情境感知，亦不像教师那般众口难调。因此，在改革过程的切入点上，改革者首先会选择教育影响，而在教育影响中，又会首先选择课程作为改革切入点。其次，在选择完课程这一切入点之后，改革者又是如何通过课程来驱动整个改革的呢？大致的路径有三条。一是制定并形成课程计划，即按照改革的既定目标，就整个课程设置的门类、学科、活动等课时、进程及相关要求做出明文规定。二是在此基础上，就相关课程的内容范畴与实施做出"标准"化的限定，即制定各科课程标准，因为标准是教育内容的原则性规定，这种原则性规定一旦颁布便具有自然的统一与强制效力，也正是这一点才使课程标准的制定通常经过长时间的反复讨论。三是在此基础上编写课本，即按照课程标准选择编撰可供师生日常教学活动使用的课本或教材。如果说前两者还只是宏观层面，并不能对学生产生实际改革效果，那么到了课本这一层面，改革的真正作用便开始产生了，因为只要学校教育形式存在，那么课

(接上页注①)为了避免上述三方的无谓争辩与无端僭越，有必要对其职责坚守达成如下三点共识：一是将课程锁定在静态层面；二是将教师锁定在动态层面；三是将学生锁定在动静交互的双向互动层面。在强调"教论""材论"为"学论"的服务地位和功用时，并不意味前两者要对"学论"屈服臣躬，更不能由此导致新一轮以"学论"涵盖"教论"与"材论""大"字情结的产生（详见《当代教育与文化》2013 年第 5 期）。

本或教材就必然是师生最基本的教育教学实践载体，它是横亘于改革者与实践者中间的最终依据与中介。可以肯定地说，改革中的一切教育活动和非教育活动都是围绕课程展开的，如师生课堂教学的进行、习题作业的布置批改、考试考核的选择进行、课外教辅资料的编写出版、校外各种教育培训辅导机构的建立与谋利等。

其二，教学承载性。静态的课程驱动只为改革提供了前提条件，促使改革成为可能，但并未在实践层面发生作用，因此，在课程驱动的基础上，教学方式方法及相应教学活动组织形式的变革便成为改革实践的主要领域。这个问题同样可以一分为二。首先，为什么教学是改革实施的主要承载要素呢？一方面，这是教学的动态性特点使然。如前所述，改革要使整个基础教育系统发生变化，最终落脚点是教师思想观念与教学行为的变更，是学生学习结果和身心发展状况等与此前的不同，而这一切都取决于教师的教和学生的学这一相互交织的活动，只有在教学实践活动中，通过教师对课程的理解并将改革要求付诸课堂教学及课外教育实践，使静态的、具有蓝图色彩的改革方案得以实施，才能作用于学生并完成静态文本向动态实践的转换。另一方面，正是基于上述教学活动实践动态性这一特征，教学才被视为学校教育的中心工作。举凡学习过教育学或在中小学有过工作经历的人都知道，教学工作是任何一所学校的核心工作，如果脱离教学二字而以其他工作为中心，那么学校要么实质不存，要么已被异化为其他性质的机构或场所。其次，改革者又是如何通过教学来承载落实各项改革内容与措施的呢？大致通过如下三种层层递进的形式进行：一是通过选取相应的学校进行教学改革实验，以不同于此前的教学实验来促进改革的实施；二是通过安排相应的实践和理论指导人员，在各中小学开展课堂教学改革实践指导来实施改革方案；三是着重从课堂教学模式、教师教学方式方法、学生学习行为等方面来促使改革要求在实践中落实。总之，教学实践才是改革实施的主要承载者，也只有动态的教学实践活动与体现改革精神与目的的课程设计蓝图相一致时，改革实施才算是真正意义上的落实了。

（三）意见分歧性与执行变异性：改革无不在质构同异分合中付诸推广

任何改革，无论理论设计多么完美，实践认同多么强大，都不可能被百分之百地原样贯彻执行，在执行中都会存在不同意见并客观存在施行异化的可能，此处，"质"是相对目标与内容而言的，"构"是相对过程与形式而言，基础教育改革的实施过程也是在这种质构同异的分合中进行的。

其一，意见分歧性。意见分歧性是指施行者在基础教育改革施行过程中对改革本身存在看法不一致的情形。尽管广义的改革施行者包括直间接参与改革的所有人员，既有教育行政决策人员、学校教育人员，也有家长和社会其他各界人士，但前文已言，学校的校长与教师是基础教育改革施行的主导和主体力量，同时，对学校层面教育施行者特别是教师的意见分歧性分析同样适用于其他改革施行者，所以此处笔者主要分析教师的意见分歧性，而不再去关注其他改革施行者。教师作为"理性而成熟"的特殊个体，不仅对改革有自己的认知与判断，有自身的利益偏好与追求，而且会据此在改革实践中自主地践行自己的判断与偏好，如果按照其对改革认同及其在实施中的不同态度，大致可以分为三种类型。一是赞成者。这种教师通常是改革前期的个体实践探索者，他们很可能在改革尚未开启时就已经在自己的教育教学管理实践中进行着与改革相似或一致的试验或实验，因而当大规模的与其教育理念或实践相一致的改革来临时，他们便成为改革的积极践行者与坚定捍卫者。特别是当这一群休被作为基础教育改革的先进"典型"或因其积极践行而从中获得丰厚的物质利益时，无论出自心理或功利考虑，其强力推进改革施行的信念与行动力度都会得到无比的强化。显然，在此状态下施行的基础教育改革也是最理想的样态。二是反对者。这种教师通常具有多年工作经验，在教育教学管理实践中业已形成自己的一套几近缄默知识或潜意识，当他们在理论认知或实践运行中发现改革存在问题或错误时，他们会对改革方案本身及其施行做出类似专家学者一样的学理或实践批判，并做出自己相应的"正确"判断，其反对有

时候可能不只是出于学理，还可能出于对自身和学生利益的关注成分。譬如 2001 年基础教育课程改革强调"重过程、轻结果"的教学观，不少教师认为这样可能会导致学生对基础知识掌握不牢固、与当前以考试定胜负的评教标准不一致，甚至会对教师本身的评价产生威胁，于是排斥甚至阻止改革的施行。三是观望者。由于改革形成主要是由政治精英与教育理论研究者完成的，一线教师少有参与其间的机会，这种情形不仅导致不少教师对改革的最终利益导向不甚清楚和难以做出明确判断，也会制约其充分参与改革的相应热情，因而一旦到了改革实施阶段，一些教师特别是那些工作经验尚浅、并未真正领会改革精神实质、尚未形成自己独立见解的教师，在改革实施中就很可能只是依照改革行政指令机械地施行改革方案，随波逐流而徒具改革的形式。当然，上述意见分歧程度及其实践力度大小的受制因素是多方面的，除了教师自身因素外，还会受到来自教育行政管理人员、家长以及社会其他传媒力量的干扰与影响。譬如地方政府因素，由于其片面追求业绩而相对忽视地方特色的推进方式，因考虑推行改革后自己利益受损而表现出的消极应付等，很可能会引起当地教师的反感和不满，继而间接影响教师对待改革的态度与践行力度；又如家长因素，由于分属不同阶级和阶层的家长因利益不同，"代表总趋势和全局利益的改革往往会与某个阶层和某个区域的家长利益不一致"，[1] 同时，源于自身固有的师生观和学习观，其对改革本身也会存在不同看法，所有这些都会对教师关于改革的意见产生间接影响；再如其他教育培训机构和传媒组织，无论是培训机构的获利动机还是大众传媒的"眼球效应"，都会干预一线教师对改革的观念与态度，继而影响具体的改革实施进程。

其三，施行异变性。施行异变性是指基础教育改革在施行过程中存在的与改革预期结果不完全一致或被更改走样的情形。如前所述，由于改革施行当中客观地存在赞同、反对、观望等不同态度，且这些不同态度还会

---

① 马健生：《论教育改革方案的可接受性与可行性：公共选择的观点》，《北大教育评论》2004 年第 10 期。

因地方政府、学生家长、大众传媒等因素的制约而随时发生变化，所以整个基础教育改革的施行必然会存在被异化或异变的潜在可能。大致而言，这些异变发生的主要形式有三种。一是明显不及。在改革实践中，相关学校校长或教师在教育教学管理中并未按照改革的既定要求来付诸行为实践，继而导致没有达到改革的预期效果，这类异变又可以分为两种情形：一种情形是改革实施者压根就不认同改革的理念与措施，从而抵制符合改革要求行为的产生；另一种情形是尽管对改革的目标与措施认可，也在努力按要求实施改革，却明显没有达到改革的基本预期。前者表明的是态度，后者反映的是能力。二是过犹不及。许多校长和教师在历经多次培训和实地观摩学习之后，不仅高度认同改革的理念，赞服改革的措施，还身体力行地按改革的相关要求在实践中予以忠诚的落实，并在某种程度予以过度实施，继而导致与改革预期产生偏差，这里也有两种情形：一种情形是毫无创造性的落实，许多校长和教师对改革所提出的要求原封不动或断章取义地予以截取施行，致使原本赋予改革实施者应有的灵活处理空间被扼杀了，于是看似忠实执行改革，事实上是消极盲目地使改革施行步入固着化、僵硬化的异变状态；另一种情形是极具创造性的落实，即在改革中将原本有限度的相关改革举措予以极端化的付诸实践，进而带来因"度"的缺失而产生改革施行的异变。三是自行其是。不少校长和教师源于自身从教的丰富经历和已有经验，对教育改革的理想效果并不抱期望，于是在教育教学管理实践中便会按照自己的理解、我行我素地从事原本要求变更的行为。这三种情形，无论哪一种，其异变流程都是一样的，都依循如下路子，即个体对改革的理解 →各自不同的理解→按照各自不同的理解去实践操作→产生异变结果。形式上，这一异变流程看似是主观形成的，事实上却是客观生成的必然结果，因为假设改革措施的制定者是 A，当 A 头脑中的措施 B 形成并以文字正式表达时，源于措施本身与文字表述间的差异，此时的 B 已经变成文本上的 B^1，而当这些静态文本上的措施 B^1 呈现给广大校长和教师时，由于不同校长和教师有不同的生活构造、智识经验与价值取向，因而对 B^1 又有各自不同的理解，在进一步诠释加工而将其转换成自己的理解时，此时的 B^1 事实上又进一步被异变为 B^{11}；然而这还仅仅是观念层面的异变，当校长和教师们按照 B^{11} 去付诸实践时，因为身处不同场所的不同学生，都会对 B^{11} 做出与此前相应的理解过程，故而 B^{11} 便可能变成非 B^{11} 甚至是 C 了。这一过程是命定的，一如有学者在阐述教学过程的本质是"飘忽的声音、流动的本质"[①] 一样，基础教育改革的实施过程当中也会产生这种自然异变的现象。

三 改革力度与限度博弈的教育逻辑

上文笔者分析了基础教育改革形成与实施的教育逻辑，那么作为一个影响基础教育改革的"局内人"，教育因素到底是支持并强力推进改革施行还是排斥或抵制改革施行呢？其力度与限度博弈的基本趋向是什么？为什么会有这一趋向？限度的主要依据与力度的大致条件又有哪些？接下来，笔者将在前文基础上，对此做一着重探讨。

（一）博弈的基本趋向

总体而言，教育因素对基础教育改革的影响是限度大于力度，即教育本身对于外源性的基础教育改革是呈抵制态势的，因而任何试图对该领域发起的剧烈变革都将潜在地碰到来自教育系统内部的阻力，特别是当这种改革有悖基础教育发展本身的基本特质时，教育因素的限制性强度就会更大。具体而言又表现为如下两方面。

其一，限度大于力度，具有系统自卫性和基质独异性。教育作为社会的一个子系统，它具有自身的相对独立性，但凡学过教育学的人，对此都能做出一、二、三、四或甲、乙、丙、丁的罗列论证。笔者以为，教育最重要的独立性表现就在于教育活动具有自身的智识传统以及延续性，这些智识传统与发展延续性会本能地抵制任何一种外来的对系统本身产生的破

---

① 详见石鸥《教学别论》（湖南教育出版社，1998）第二章、第三章、第五章之具体论述。

坏，这种本能抵制既可以被视为教育系统的自我免疫力，也可以被看作教育系统的自卫性。事实上，不单单是教育系统，其他社会子系统也都具有这一特征，因而不足为奇，关键之处在于基础教育的基质独异性，下文将会对此详细阐述，此处要强调的是，基础教育是具有独立价值存在的一个教育子系统。从个体接受教育的阶段来看，其与学前教育和高等教育最根本的不同在于学前教育是一种生命个体自诞生后就必然能够接受广义的日常生活教育，所不同的只是地域场所（在家里还是在幼儿园）或教育者（双亲、隔代或其他）；高等教育是一种生命个体经由相当智能储备基础的职业生活分化教育；基础教育则是一种个体"类"化的暂时性理智生活过渡教育。学前教育和高等教育接受程度不同甚至接受与否，并不全然影响个体的最终发展，但基础教育接受与否就会直接影响个体的最终发展情形。这一基本特质在古今中外都是一样的，说得偏激点，其内容都是作为人"类"之一员的基本读、写、算，并未超出我们先祖几千年前对我们的规定，无非在中国叫"读写算"，在西方称"3R"或"4R"。之所以如此，是因为自原始初民以来，个体只有以"类"的存在才能获得生命机体的存活，用荀子的话来说就是"人之异物，贵在吾能群，彼不能群也"，用马克思的话来讲，就是"人的本质是一切社会关系的总和"。因此，在这样一种由动物转变为人的过程中，基础教育事实上就是一种"类"化教育，这一"类"化教育的内容与大致过程之所以在全球各地大致雷同，就在于人欲成"人"的客观生存需要。① 也正基于此，世界各国的基础教育无论怎么改革，都并未放弃承袭人类已有知识传统这一基本价值取向，所不同的只是智识传统的内容多寡、层级高低、程度难易、方式多一以及由各民族国家文化传统各异而产生的要求不同而已。如果在基本功能和任务上偏

---

① 关于文化传统之所以"要"传下来，中国社会科学院李鹏程研究员从前辈"传"与后辈"承"的角度做了详尽而独到的分析，用李先生的话来说，作为个体的人之所以承袭文化，最根本的理由就在于"接受前辈人的文化并承认它的合法性，这是任何一个作为后辈人得以存活的首要条件"（详见李鹏程《当代文化哲学沉思》，人民出版社，1994，第375页）。

离基本文化知识、技能的承袭与掌握，将其还原至学前教育的日常生活教育和高等教育的职业生活分化教育，那么都会遭到同样的厄运：无法实施！以苏联为例，自苏维埃共和国成立至其解体期间，就先后存在过这两种情形；生活化倾向的基础教育改革导致其在美苏竞争中失利，而其专业化倾向的改革又导致其高等教育专业划分日趋细化与窄化，最终导致高等教育日益僵化而无法适应社会的发展。不仅如此，经过千百年来的自然演进，教育系统已经形成自己的一套独特的智识传统，并且这些智识传统经由不断复制与生产，都已渗入教师内心，使以教师为基本构成的教育系统具有极强的行动自主性特征，这种自主性可能被贬义地称为"惯性"或"惰性"，但这些惯性与惰性，不仅给教师个体带来了稳定性和安全感，还使整个教师群体形成一种对背离稳定性的新生事物产生天生排斥的集体无意识。

其二，力度影响限度，具有目标原始性和结果从属性。说教育因素抵制基础教育改革，并不意味着教育系统本身没有支持与促进基础教育改革的动力，它依然具有推动改革的力度倾向，只是这一力度具有目标原始性和结果从属性特点。如前所述，基础教育的根本任务是促使个体成为人"类"一员的个体"类"化过程，因而在整个基础教育的历史演进中，基础教育变革的初始目标是教什么内容和如何使这些内容迅速转换为个体拥有。经过几代、几十代甚至几百代人的探索，关于教什么内容已经相对明确固定，其可变空间所剩不大，于是如何使这些内容迅速转换为个体拥有的教育方式方法探求便成为主题，即如何提高教育教学效率成为核心任务，由于教育方式方法及其效率高低、教育者对方法和效率本身的认识并不一样，且受教育者的个体知识、情感、体质等也各不相同，所以这是一个永无止境的探寻追求过程，在此情形下，任何基础教育改革的初衷都是相对单一的，就是促使受教育者迅速地掌握人类已有的旨在促使生命个体成为"类"之一员的基本文化成果，它并不去过多地考虑作为个体的人未来要谋求一份怎样的工作或职业，也不去关注他成"人"之后的发展空间是大还是小、生活是幸福还是痛苦。这种目标原始性还导致了基础教育改革与发展过程的质量过渡性特征，即上述方法与效率的探寻与追求最初都是从教师个体教育实践特别是课堂教学活动的变革开始的，并且只具有量的拓展意义，只有以此为基础，随着这种主观的实践活动由一变多、由个体扩张至群体，并逐步延伸至整个基础教育系统时，整个基础教育系统才会出现质的全面变换更新。因此，就支持基础教育改革的力度而言，教育因素的力量是相对微弱而漫长的。不仅如此，教育支持改革这一力度本身的大小还具有较强的从属性与伸缩性。从属性是指力度呈现为人——特别是教师的施行力度，是由教育系统的独立性坚守及其程度决定的，由于教育与经济特别是与政治系统的关系是决定与被决定的关系，因而教育对改革的力度便表现出相当大的依附性或从属性。其力度大小经常会取决于经济、政治系统对教育系统的控制程度及教育对自身相对独立性的把持程度，由此又导致教育因素对基础教育改革支持力度的具体情形在不同历史时期会产生巨大的反差：当教育系统及其构成人员——教师，屈从于上述经济特别是政治而丧失独立性时，教育支持改革的力度可能会变得无比强大，使改革迅速化为实践行动；反之，则会使改革落实举步维艰；如果处于中间状态，则会在实施过程中出现拉锯式状态。

（二）限度的主要依据

为什么教育因素在总体上会对基础教育改革呈非支持状态呢？除了上文分析的教育系统自卫性和基质独异性外，基础教育本身的基础性和教育系统的协同性也是不容忽视的因素。

其　，基础教育的基础性。"基础"的本意是指建筑底部与地基接触的承重构件，其作用是把建筑上部的荷载传给地基。由此可知，基础教育的本义也是一种对人起着奠基性作用的教育，它既是一个人终身发展的根本性教育，也是整个教育系统中的奠基性教育，还是国家和社会赖以生存与发展的基石性教育。基础教育这种基础性体现在如下三个维度。首先，"基础"的功能性体现。这种功能性体现大致包括三方面。一是为个体的未来发展打基础。尽管当前人们对"为个体未来发展打基础"中的"基础"有"基本知识、基本技能、基本态度和价值观"等不同侧重的理解，但笔者十分赞同石中英教授的分析，"基础知识"即基础性的自然、社会和人文知识，"基本方法"即掌握知识的本领或方法，"基本态度与价值观"即积极健康的学习与人生态度、价值观念。为个体的未来发展打基础理所当然地包括上述三者，它们也缺一不可、相互交融、彼此支持地共同构成了学生未来发展的基础。[①] 二是为高等教育的专业人才培养打基础。因为从现代学制的设置看，高等教育以完成基础教育为前提、基础教育为高等教育输送生源是不争的事实，这与上述为个体未来发展打基础的意义是一样的，唯一不同的是，此处为高等教育打的"基础"，其划分维度是以教育系统内部的层次与要求来表述的，有较强的质量和标准要求而已。三是为国家与社会的发展打基础。在目前民族国家尚未消失的国际政治系统中，个体的人毫无疑问地会首先被打上"国别公民"的烙印，因而作为构成其所属国家与社会基本单元的国民，其所受基础教育的具体程度便在很大程度上间接地决定了该民族国家的基本素质，继而也影响该民族国家未来发展的潜力大小。其次，"基础"的要素性体现。这一要素性体现最主要包括三方面。一是体质。体质是人最基础的构成，一个人只有在儿童和青少年期奠定了良好的身体基础，才能在未来生活、学习、工作好，一如英国教育家洛克在《教育漫话》开篇就指出的："健康之精神寓于健康之身体，我们要能工作，要有幸福，必须先有健康；我们要能忍耐劳苦，要在世界上做个人物，也必须先有强健的体格，这种种道理都很明显，用不着任何证明。"[②] 因此，在基础教育阶段，如何促进身体良好地发育成长，奠定好一个人的健康身体，便成为基础教育基础性的重要构成要素之一。二是智识。如本篇第三章所述，教育实质上是一种文化活动，它是以知识为中介的一种文化传承、创造和发展活动，作为奠定性工程的基础教育，其奠基材料显然是文化知识，简单地讲，知识就是人类在实践过程中

① 石中英：《如何理解基础教育的"基础性"》，《人民教育》2005 年第 24 期。
② 〔英〕洛克：《教育漫话》，傅任敢译，教育科学出版社，1999，第 1~2 页。

产生的认知成果，尽管当前关于知识的理解在学界存在争议，但还没有人会否认基础教育知识传承这一根本任务。因此，让学生学习科学文化知识成为基础教育的又一重要构成要素。① 三是道德。人之所以异于物的根本之处在于是非对错观念和善恶行为，因而形成正确的伦理观念并养成合乎道德规范的日常行为显然也是中小学教育内容的基本构成要素。再次，"基础"的永恒性体现。基础教育的功能性和要素性致使基础教育系统在发展变革中形成另一个十分重要的特点（尽管这是一种重要常识，却常为人们所忽视），这便是永恒性，即基础教育内容上的相对稳定性和难以变更性。前文已言，经过千百年来人类教育的历史演进，作为特定阶段的基础教育，无论是东、西两大半球还是南、北三个世界，其在教育内容上基本是明确统一的，变数不大，都是人类文化构成的最基本要素。正因如此，所以二战后，针对杜威进步主义教育运动带来的基础教育质量普遍下降情形，美国的巴格莱（W. C. Bagley）发表了《要素主义促进美国教育的纲领》，强调"要使每一代人拥有足以代表人类遗产最宝贵的要素的各种观念、意义、谅解和理想的共同核心"，② 要素主义在知识选择上强调教育要传递超越时空限制的人类文化的精华，即共同、不变的文化要素；永恒主义则提出"教育的目的在于发展永恒的人性，教育的基础是永恒不变的实在所构成的永恒知识与伦理原则"，并认为"要将那些具有理智训练的永恒学科作为教育内容，以使学生更切实地认识世界的永恒性和从中寻找独立思考的源泉"。③ 正是由于基础教育内容的这一要素性与永恒性，所以基础教育改革重在动态方式

---

① 孙喜亭教授曾对此连续撰文做过专门阐述，他在批判当前我国教育人本化、生活化、零散化，教育无目的论、无课程论、无教论和基础教育地方化、职业化、多样化等观念基础上，指出从学校存在的客观依据来看，教育不是个体经验的积累、改造与组合，因为如果是单纯的个人经验积累与组合，那将教育还原为生活而可以取消教育；知识是智力、德行的基础，如果没有知识，智力和德行也得不到很好发展；在基础教育阶段，最重要的应当是让学生学好语文、数学、外语等，掌握读、写、算的基本能力，进而再学好各门学科的基础知识〔详见孙喜亭《基础教育的基础何在？》（上、下）、《再谈基础教育的基础何在》，《教育理论与实践》2001年第4期、2003年第8期之具体论述〕。

② 〔美〕巴格莱：《教育与新人》，袁桂林译，人民教育出版社，2005年，第180页。

③ 王天一等：《外国教育史》，北京师范大学出版社，1993，第273、275页。

而非静态内容，易言之，基础教育本身的核心任务与内容是难以变更的。

其二，教育系统的协同性。由于教育本身是一个复杂而开放的系统，其间不仅包括各级、涵盖各类，而且各级各类都具有相应的要素构成，因此，教育的限度，除了基础教育"基础性"这一基本特质之外，还在于基础教育改革施行的系统受制性特质上。这种系统受制性大致表现在如下两方面。一是层级受制性。基础教育作为上承学前教育、上接高等教育的普通国民教育序列中的一个层级，尽管它有其独立的存在价值与相应的独特地位，但当其一旦启动改革时，肯定会受这两个阶段的影响，易言之，只要基础教育进行改革，这两个阶段就会或正向促进或负向阻碍地制约基础教育改革的目标、内容及其施行进程。譬如高等教育的改革就直接制约着基础教育改革的进程与效果。为什么2001年基础教育课程改革以来，越来越多的人在理论反思与实践总结之后，会逐渐将矛头直指高考的改革？从形式上看，高考似乎是基础教育领域本身的质量评估问题，事实上却是高校对来自基础教育生源质量的一种鉴定问题。前文已述，基础教育的一项重要功能是为高校的专门人才培养奠定好基础，即基础教育要为学生的升学打好基础，必须向高等教育提供优秀生源，然而这种生源是否"优秀"不是由基础教育本身自主决定的，而是由高等教育评估决定的，并且这种生源还要经由选拔并有相应的淘汰比例要求。同时，只要我们稍加梳理一下教育发展史也不难看出，自大学产生之后，高等教育的专业设置会直接影响基础教育的课程设置门类与科目，这一点特别突出地体现在近代自然科学的分化与现代交叉科学的形成上，譬如文艺复兴之前，古希腊的"七艺"一直是西方基础教育学校的基本教学科目，因科学的发展而出现物理学、化学、生物学之后，上述科目才随之进入中小学校的课程体系，随着科学的日益分化与精细化，中小学课程设置的门类与科目也越来越多，但这些科目产生的原初力不在中小学校，而在于各大高校。正是由于人们日益认识到这种无止境的学科细化会导致中小学不堪重负，所以人们才开始反思将这些日益细分的科目重新"整合"，形成"综合课程"或"广域课程"。由此可见，高等教育对基础教育的改革与发展不仅有评鉴功能，还具有导向作用，如此一来，基础教育的改革就不再是想改就改的，其能否改革至少受制于高等教育，如果单纯是基础教育改革一味地自娱自乐，那么肯定难有作为。二是类别受制性。基础教育是普通国民教育体系的一个阶层序列，但整个教育系统不仅有纵向的层级序列，还有横向的类别序列，作为普通教育和正规教育类别的基础教育，其与职业教育、成人教育，甚至与家庭教育、大众传媒教育及社会教化等非正规教育的关系又如何？笔者曾对晚清至今中国乡村教育变迁的历史演进做过系统深入的教育人类学个案考察，指出"传统中国乡村教育之所以能够成功整合民心并有效维系社会稳定，根由在于乡村家庭教养、学校教学、村落教化三者从目的、内容到进程的同质同构"。① 事实上，这不仅是对中国乡村教育的一种经验总结，也是对中国传统教育的一种高度概括。如果我们的基础教育改革，只顾着聚焦自身的改革而不顾及诸如家庭教养、社会教化等是否与己同步，那么这种改革最终也会在四面楚歌中日渐凋落。譬如没有一所学校的教师不会教导我们的学生要尊敬长上、和睦邻里，心胸坦荡、处事大方，诚信笃实、帮贫扶弱；不可恃强凌弱、尔虞我诈，悭吝鄙啬、小肚鸡肠，口是心非、逞强斗殴等。但回到家里，可能父母的教导却是另一番大异其趣的情形，而到了社会上，可能更是另一种截然不同的景象。因此，笔者在系统研究当代中国传统文化传承时曾强调指出："在教育的文化传承观上，我们应该树立的第二个观念是构建家庭、学校、社会三位一体的传统文化传承观，在明确三类教育传统文化传承侧重点的基础上，确保三者各司其职与同质同构，否则，我们将会发现，由于诸如家庭、大众传媒等领域对传统文化传承的忽视或背离，越是加强学校教育的传统文化传承，越是导致在学校学生步入社会的不适，越是导致学生的逆反心态。"② 笔者之所以引用上述研究结论，是想从另一个

---

① 详见容中逵《传统与现代的交锋：百年中国乡村教育变迁的实践表达》，浙江大学出版社，2010，第122~138页。

② 容中逵：《传统文化传承论：全球化时代中国教育的文化责任》，广西师范大学出版社，2011，第222页。

侧面表明，基础教育与其他教育类别是休戚相关的，其改革进程与效果在很大程度上并不是自身改革施行的结果，其随时随地会受制于其他教育类别的影响，譬如就业问题，如果中等或高职高专院校的择业前景远比大学更容易，那么基础教育便会倾向于提前职业化。再如高考，如果广大家长都认为只有高考才能出人头地，那么基础教育再多关于弱化考试评价的措施都将无济于事。

（三）力度的大致条件

力度的条件是指在什么情况下，教育因素本身将会力促基础教育改革强力执行到底的倾向与情形。从上文的限度分析中，我们得知，总体而言，教育系统本身对基础教育改革是呈排斥倾向的，因此，教育系统本身支持基础教育的改革需要一些条件。这些条件包括两种不同情况：一种是正常情形下，要使教育系统促使并支持基础教育改革发生的条件；另一种是非正常或反常情形下，要使教育系统支持基础教育改革所需要的条件。这两种情形所需要的条件是不相同的，下面分而述之。

其一，正常情形下的力度表现。在此情形下，教育支持并推进基础教育改革的模式可以表述为"教育系统内省式的自觉改革实施"。如前所述，由于在自然状态下，基础教育领域的变革事实上都在随时随地自发地进行着，教育的自然发展过程本身就内在地蕴藏着变革的含义，因此，正常情形即教育系统自身在自然状态下的自我变革历程。此时，教育系统是否支持基础教育改革并付诸实施，取决于改革本身是否源自教育系统内部的要求，这是一种基于基础教育系统内部生存而非外部规训所致的自然自我变革倾向，因而需要具备如下两个条件。一是改革以现有教师自觉从事的已有变革为基础。自然状态下的基础教育变革是依赖教师在课堂教学、课外教育、班级管理、道德教育等各个领域的自行实验、尝试变革中完成的，具有片段性、零散性和局部性特征。在自然状态下的变革之所以易于被教师接受是因为此时变革的问题具有明显的针对性、教师的动机具有明显的积极主动性，并且以此为基的变革过程也易于由个体而群体、以点带面自发自觉地完成。因此，基础教育改革要想成功，获取教师的支持是一个前提性条件，如果改革的内容与措施在总体上不是广大教师日常教育教学管理中所普遍面临并试图解决的问题，其解决问题的措施或途径与广大教师日常的问题解决与改进措施大相径庭或不存在相似性，那么改革的执行力将会严重受挫。二是改革施行过程应当在聚焦理念目标达成的同时，允许具体实施过程、模式、方法等非一统化和多样化的存在。在第一个条件满足之后，尽管相对而言，广大教师对改革理念与目标的总体认同变得容易达成共识，但在同样的理念指引下与共同的目标诉求中，改革施行的具体方法、模式、路径却是地域式、局部性、情境化的，因此，改革应当具有弹性，并赋予实施者以施行自主性与创造空间，除了物质性、经济性的改革要求外，必须赋予学校与教师在落实改革相关措施以充分的自主空间，易言之，改革依然要侧重思想启蒙，依然是行动指南而非行为取代。

其二，反常情形下的力度表现。在此情形下，教育支持并强力推进基础改革的模式可以表述为"被动受制式的强制改革实施"。此时，改革者集群激进、一意孤行地强制推进并能确保完全施行。即使外在政治因素具备绝对权威并具有强大制裁力，但如果教育系统及其相关人员仍有批判力并在改革实践中不间断地出现非执行行为，那么这种被动受制式的强制改革实施仍难以获取理想成效。因此，如果并不具备内省式的自觉改革实施条件，而又想使教育系统强有力地支持并实施基础教育改革，还得具备如下两个必备条件方可达成。一是政治具有绝对权威并确保改革完全得以强制施行。此时，政治的这种权威性不仅表现在政治组织机构的完备上，即改革实施从中央到学校间的各级改革实施组织机构是完整、无断裂且政令完全畅通的；还表现在政治对改革人、事、物、财的强操控性上，即改革所需要的一切资源无不由改革者完全控制支配，不存在改革实施主体承担的东西；更表现在政治因素对非改革施行者的成功裁制上，即在改革施行中，改革者能够通过自己所拥有的政治、经济、法律等手段对所有直接、间接的改革不执行行为随时进行制裁并达成迫使施行者绝对服从的结果（详见本篇第一章的政治逻辑分析）。二是教育完全屈从于改革压力而丧失了相对独立性。政治权威性及其强制有效性仍是反常情形下教育支持基础教育改革的外部条件之一，仍是一种前提性的条件，教育系统完全丧失独立性、批判力而沦为政治、经济的附庸才是决定性因素。此时，教育完全沦为政治的附庸，这种附庸不仅表现在政治对教育机构及其人员的重建、重组与更换上，也表现在原本具有自身发展规律、自身物质和相对独立性的教育系统已经完全丧失了批判力与独立性，完全成为政治的执行机器，继而对社会其他子系统的反作用力极度低下甚至是毫无反作用。

下　篇

个案分析：2001年基础教育课程改革论

21 世纪是以知识创新与应用为重要特征的时代，社会的信息化、经济的全球化和国际竞争的日趋白热化，使以创新精神与实践能力为核心的国民劳动素质成为影响民族国家生存发展的根本因素。放眼世界，包括西方发达国家在内的每一个国家都在不断调整自己的教育结构和内容，这已成为一种世界性潮流，在这种背景下，始于 2001 年的新一轮国家基础教育课程改革是大势所趋。同时，由于我国现行中小学课程实践中确实存在诸多与经济、社会整体发展不相适应甚至阻碍的问题，为切实提高总体国民素质、复兴民族伟业，加快课程改革与优化教学过程也是人心所向。时代要求与国情需要使我们不得不重新审视我国旧有课程存在的问题，努力建立一种开放、民主、科学的新课程，以便将其交给新世纪的中国儿童。然而，正如国外学者指出的那样："在当代，教育改革犹如'政策流行病'席卷全球，盘根错节的改革理念通常是不稳定和不平衡的，却具有不可遏止的态势，它在不同的社会和政治环境中，在不同的历史背景下，渗透并改变着不同的教育制度，这种'流行病'随着一些强大的机构得以传播。这一现象对怀有不同信仰的政治家来说是颇有吸引力的，同时，这一现象也被许多学术界的教育工作者完全视作理所当然的事情。"① 虽然，体现时代特色与国情要求的新一轮国家基础教育课程改革正在中华大地如火如荼地试行并被推广着，然而此间存在什么问题？如何才能使此次课程改革更具适切性并确保其顺利实施与推广？如何才能将决策者的良好愿望切实贯

---

① 〔英〕斯蒂芬·J. 鲍尔：《教育改革——批判和后结构主义的视角》，侯定凯译，华东师范大学出版社，2000，"序言"第 1 页。

彻到基层的中小学教育教学中去？这仍需广大教师、教育研究者和教育决策者不断思考。有鉴于此，本篇将依据《关于基础教育改革与发展的决定》和《基础教育课程改革纲要（试行）》（以下简称《纲要》）的基本精神与要求，结合《为了中华民族的复兴、为了每位学生的发展——〈基础教育课程改革纲要〉解读》[①]（以下简称《解读》）和当前中小学课程改革的进展及笔者的工作实践，着重对此次课程改革的基本理念、主要举措和实施推广等问题做一宏观而简要的分析，以期能对目前正在进行的课程改革有所裨益。

2001年的基础教育课程改革分为义务教育阶段和高中阶段两个部分，[②]

---

① 钟启泉：《为了中华民族的复兴、为了每个学生的发展——〈基础教育课程改革纲要〉（试行）解读》，华东师范大学出版社，2001，第22页。以下同著脚注均以《解读》示之，特此说明。

② 义务教育阶段的课程改革可追溯到1996年。1996年7月，教育部组织6所大学与中央教科所的课程专家对义务教育课程实施情况调查；1998年，教育部组织教育理论工作者进行广泛的国际比较研究，在现状调查和国际比较的基础上明确了我国基础教育课程改革的基本理念，开始起草《国家基础教育课程改革纲要》；2000年，教育部开始组织力量对当时现行的教育大纲和教材进行修改；2001年5月，教育部组织各类专家和教师对义务教育阶段课程标准进行审议，定制了18科课程标准实验稿，经审查通过20个学科的49种中小学新课程实验教材。与此同时，关于课程管理政策、评价制度、综合实践活动的研究也取得了阶段性成果，在新课程改革正式实施前还开展了实验区教师、校长、教研人员和教育管理者等不同层次、不同类型的前期培训等工作。2001年9月，义务教育各学科课程标准（实验稿）及新课程实验教材在38个国家课程改革实验区试用，标志着基础教育课程义务教育阶段改革进入到阶段实施；2002年开始启动省级实验区课程实验，全国共启动520个省级实验区；2003年，又有910个省级实验区启动课程实验；到2004年，全国有90%的县（区）起始年级使用新课程，2005年秋季，义务教育阶段所有起始年级的学生开始使用新课程，标志着课改进入全面实施阶段；2005年后，义务教育课程改革逐步常态化，开始步入评估反思、修订阶段。
高中新课程改革的酝酿与准备始于2001年。2001年5月，普通高中新课程的研制工作全面启动；2002年形成新的普通高中课程结构与管理制度，完成普通高中各学科课程标准（实验稿）的起草工作；2003年开始组织新高中课程的实验与推广工作；2004年9月，粤、鲁、琼、宁四省区开始普通高中新课程实验，标志着高中新课程改革步入实施阶段；2005年苏进入；2006年，闽、浙、皖、津、辽五省市进入；2007年，京、湘、黑、吉、陕五省市进入；2008年，赣、晋、豫、新、沪进入。至此，全国共有21个省（区、市）使用新的高中课程。《关于2007年推进普通高中新课程实验工作的通知》要求（转下页注）

时下，关于此次课程改革的大部分著作和文章都是在《纲要》的既定框架下，就此次课程改革如何实施与推广做一些递进深入性的研究，要么对课程改革的基本理念锦上添花、大加渲染，要么对课程改革的主要举措深挖细找、刻意辩护，很少有人对课程改革方案本身及其在实施过程中的问题进行探讨。对此，国内已有学者予以提醒："无疑，新课程改革是当前我国教育改革与发展中最为波澜壮阔的乐章，我们对其中的许多崭新理念、全新做法不应过早地争论与评价，而应以热情、宽容的态度让实践去检验。不过，为保证这场深刻变革运动健康有序地进行，有必要让理性精神贯穿始终。"① 笔者对此警示深表赞同，而之所以选择此次课程改革进行专题论述，目的至少有二：一是针对这一现象，呼吁广大教育决策人员、教育与教学管理人员、课程研究人员等应高度重视并加强对课程改革方案本身及其实施问题的反思与研究，进一步增强课程改革方案本身的适切性；二是通过对此次课程改革方案本身及其实施问题的现实理性分析，从学习、研究者与舆论、监督者的角度提出一些有利于此次课程改革全面顺利推行的一管之见，以一种"反主流"的批判性方式提醒人们，在如日中天的新课程改革中应保持清醒与冷静的头脑，要以一种理性而非盲从的态度来对待此次课程改革，以防止其从一个极端走向另一个极端，避免不必要的损失，少走弯路。

本着如上思路与目的，本篇主要分三大部分：第一部分是关于此次基础教育课程改革基本理念的思考，主要从时间、空间和价值取向三方面分析了此次课程改革的基本理念或指导思想等；第二部分是关于此次基础教育课程改革主要举措的思考，主要从课程结构、课程实施、课程评价、课程管理四个方面分析了此次课程改革关涉的主要举措或内容；第三部分是关于此次基础教育课程改革实施与推广问题的

（接上页注②）到 2010 年高中新课程将在全国全面推行，要求没有进入高中新课程的省份做好高中新课程实施规划和各项前期准备工作。

① 　吴永军：《新课程改革需要理性精神》，《教育发展研究》2003 年第 1 期。

思考，主要从社会公众舆论、师资培训、经费投入和政策连续性等方面分析论述了此次课程改革成功实施并推广所必需的前提、条件、关键、保障等并对此次基础教育改革如何臻善及可能的结果做出预测。可以说，该篇的相关分析阐述是上篇关于基础教育改革支配逻辑的一种个案解读或具体论证，也是一种运用基本原理来分析解决具体问题的初步尝试。当然，其间观点错对如何、分析入理与否，还有赖广大同仁批评指正。

第一章　2001 年基础教育课程改革
基本理念审视

　　提出教育理想这样一种行为本身，就不能只是你这个理想提出者的自言自语，也不只是你和几个知己之间的窃窃私语。教育是一种公共活动，作为公共活动的教育理想也应当具有公共性，应当为普通大众所认同、所持有。

——吴康宁：《在假设的世界中生存》

　　理念，不管人们对它如何界定，在笔者看来，它无非是在一定时空条件下，对某种事物或从事的某项工作所要追求的理想状态或预期目标。就此次课程改革而言，笔者认为它主要包括以下三方面的内容，即时间、空间和价值取向的定位。任何一项改革都是在一定的理念指引下进行的，此次课程改革也不例外。尽管改革理念对教育改革的作用是显而易见的，但理念本身也需要澄清和反思，以往的历次改革一再表明，理念是现实可能还是虚幻浪漫、是遥不可及者还是最近发展区，都将直接影响改革成效。下面我们就来从"时""空""向"三个维度分别论述此次课程改革的基本理念问题。

一　时代定位的后现代与现代

　　所谓"时"，就是要弄清我国此次课程改革所处的时代背景及当前我国社会发展所处阶段的问题，不明确这个问题，我们的改革可能在立足点上就会误入歧途，产生"大跃进"的情形。就时代定位而言，2001年基础教育课程改革具有明显的"趋后现代"色彩。

（一）此次课程改革时代定位上的"趋后现代"色彩

当前，后现代主义在当代中国引发的讨论是空前广泛的，几乎波及文学、史学、哲学、艺术、语言、文化、教育等各个领域。由于它以另类的思维方式、全新的研究视角和犀利的话语风格对现存社会的种种不满进行了严厉的批判，在揭露所谓现代文明虚伪性的同时，对人类生存状态的迷茫提出了独特的诠释，致使人们对其倍感兴趣且追随者甚众。就教育与课程研究领域而言，表现最为突出的莫过于对后现代教育观与课程观的极力推介、传播甚至顶礼膜拜，言必称后现代，语必道文本、对话、交往、游戏的现象比比皆是。作为后现代课程观集大成者的多尔（W. E. Doll）及其代表作《后现代课程观》在当代中国影响较大，一些学者对其推崇几近神化。有人大谈其于国人的"启示"，[①] 有人将其视为"众多后现代课程思想的合理性合金"，[②] 还有人呼吁"21世纪课程目标要向后现代教育过渡"[③] 等。

那么后现代主义又是什么呢？有学者对其产生、发展、基本观点、现实影响做了较为详细的阐述。[④] 通常认为，后现代是相对现代而言的，现代化是15世纪以来西方社会乃至全世界的一场社会发展与社会变革运动，是一个把人类社会由愚昧引向科学，由非理性引向理性，由神性回归人性，由手工生产转向大机器工业生产，由产品经济转向市场经济，由农村

---

① 谢登斌：《多尔后现代观的理论探析》，《广西师范大学学报》（哲学社会科学版）2002年第2期。

② 沈岚霞：《论多尔后现代课程观》，《盐城师范学院学报》（人文社会科学版）2002年第2期。

③ 杨宝山：《21世纪课程目标：向后现代教育过渡》，《北京师范大学学报》（人文社科版）2000年第4期。

④ 其间观点主要参考欧阳康《后现代主义与当代西方人文社会科学》，《江汉论坛》2001年第11期。

乡镇转向大都市，由贫困走向繁荣，由野蛮转向文明，由专制转向民主，由独裁转向自由，由人治转向法制，由暴力转向解放等的历史性过程。现代化被认为是推动人类进步的一种积极健康的力量，是现代社会一切文明进步和成果之本、之源、之根。而后现代主义则发生于欧洲大陆，以德法为摇篮，以尼采（F. W. Nietzsche）、叔本华（Arthur Schopenhauer）的意志主义和海德格尔（Martin Heidegger）的存在主义为其思想先驱，以法国德里达（Derrida）的解构主义为其最重要的旗手。随后，各种形式的后现代主义学派风起云涌。虽然后现代主义有各种各样的具体学说、流派和观点，它们之间也有冲突和论争，存在肯定、否定、怀疑和建构、保守、破坏等不同派别和巨大差别，但他们的基本思想主张、价值观念和评价趋向大体一致：就其批判目标而言，他们以一种彻底的怀疑主义和虚无主义态度来看待西方社会现实，否认社会进步；就其思想和哲学观念而言，他们诘难各种形式的哲学世界观，嘲弄近现代哲学，将其统统视为基础主义的、本质主义的、逻各斯主义的、预设了所有问题并提供了先定答案的、包罗万象的东西而加以拒斥和消解；就其价值取向而言，他们不再关心作为正统的人文社会科学所研究的现实人文社会现象，而是紧紧盯住那些被人们忽视了的事物；就其对于文本、作者和读者三者关系的理解来看，他们从根本上变更了三者之间的传统角色，削弱甚至抛弃了作者的地位和作用，赋予文本和读者以特权，甚至将读者置于决定性的地位，认为读者创造文本；就其研究目标而言，他们几乎毫无例外地怀疑和否认作为科学研究目标的真理，甚至怀疑和否认建立科学理论的必要性和可能性；就其研究方式而言，他们摒弃现代社会科学赖以支撑的科学观、认识论和方法论，要么奉行一种认识论上的虚无主义，要么执着于内省的、主观的和反客观主义的直觉或解构，要么在方法论上主张"怎么都行"；就其社会态度而言，他们普遍对现实主流社会和政治体制感到失望甚至绝望，并转而奉行某种政治犬儒主义和失败主义。

体现时代特色的此次课程改革在诸多方面或多或少地体现了上述理念，如课程目标的多质化，仅智育一项就要求"将信息素养作为渗透素质教育的核心要素，要十分重视在统整各派建构主义观点的基础上汲取其思想的合理内核，还要试图通过对加德纳的多重智力学说和斯腾伯格的成功智力学说的综合，全面更新与提升人的智力素质"；[①] 又如课程结构及类型的多样化，"倡导实施以综合课程为主的课程计划、适当减少必修课的比重，增加选修课的比重，通过降低传统优势科目诸如语文、数学的比重，而使综合实践活动拥有 6% ~ 8% 的课时量，地方和校本课程拥有 10% ~ 12% 的课时量"；[②] 再如课程评价的混沌多元化，提出"课程评价要以质性评定统整取代量化评定、由侧重甄别转向侧重发展、重视学生在评定中的个性化、重视学生解决问题的过程及体验性"。[③] 另外，在课程标准的非单一化、课程实施的过程化、课程管理的分权化、师生关系的合作平等化等方面，后现代主义的课程观都有所体现（具体表征与分析详见该篇第二章内容）。但是，体现后现代色彩的课程理念，其实质又是什么呢？

（二）后现代课程观：建构、重生还是瓦解、奴化？

以多尔为代表的后现代课程观对以牛顿（Isaac Newton）科学宇宙观和笛卡尔（René Descartes）理性方法论为特征的现代主义课程范式进行了大力的批判，在继承施瓦布（Schwab）的实践课程范式、皮亚杰（Piaget）的平衡模式、普利高津（Prigogine）的混沌理论、布鲁纳（Brunner）的经验组织认知论以及杜威（John Dewey）、怀特海（A. N. Whitehead）过程思想的基础上，提出了以新"4R"即丰富性、回归性、关联性、严密性为特征的后现代主义课程范式。其要义是力求发挥自组织的积极作用，推崇隐喻的功效，强调发展的实践性，反对目标、规则及其他外力的权威控制，排除一切固定标准和准则的普遍参照评价系统等。必须承认，其间部分观

---

① 钟启泉：《解读》，华东师范大学出版社，2001，第 22 页。
② 钟启泉：《解读》，华东师范大学出版社，2001，第 68 ~ 69 页。
③ 钟启泉：《解读》，华东师范大学出版社，2001，第 286 ~ 288 页。

点的确有助于我们以一种崭新的视角来思考现存的课程问题，甚至个别观点还颇为精辟，对我们反思当前课程实践也有较大启发作用。但我们也必须清醒地认识到，囿于其后现代主义哲学基础，它并不是一个经过严格论证和具有缜密表述规范的思想体系，也没有提出一个系统具体、令人信服且可切实操作的课程改造方案，它除了给我们一种思维方式的新颖感受外，总体并无多大现实意义。具体有三个方面。

其一，从产生基础看，它是后现代主义思潮在课程领域的整体反映，从一开始就不可避免具有片面性。如前所述，后现代主义不管其学说、内部派别如何不同，其根本思想和态度还是反科学、反本质、反理性、反权威、反本体、反真理、反规律、反秩序、反决定论的，而这"诸反"背后的支撑点事实上就是"怀疑"和"不确定性"。后现代课程观便是这些思想在课程领域的整体反映。以此为基础，后现代课程观十分强调"课程应具有适量的不确定性、异常性、无效性、模糊性、不平衡性、耗散性与生动的经验"，提倡"没有固定的起点和终点的回归性课程"，"不必教太多的学科而是要完全地教所教的一切"，"从不确定性与解释性的组合来界定严密性"等。[1] 我们不难看出，所有这些都是后现代主义语境在课程领域的反映，然而由于后现代主义的本质是"学术商业主义，它通过反理性的修辞手法，借助商业化学术环境中的制度化和宣传性渠道，企图在思想贫乏的科技工商时代赢获世界人文思想市场的名势和利益"，[2] 又因为后现代主义提倡的"怀疑是不能全盘否定事物客观性这一基本原理，一些基础性信念也是不容轻易质疑的，因为这样做会使整个人类的信念系统坍塌"，[3] 所以后现代课程观不管其辞藻多么时髦新潮，表面上多么华丽而富有创意，它从一开始就带上了被批判的色彩，其思想与观点也会因此而大打折

---

① 〔美〕W. E. 多尔：《后现代课程观》，王红宇译，教育科学出版社，2001，第 22、250、253、260 页。

② 李幼蒸：《后现代主义策略及其后果》，《哲学研究》2002 年第 4 期。

③ Stefan（2002）："Remakers：Postmodernism：A 'Sceptic' Challenge in Educational Theory," *Journal of Philosophy of Education*, Vol. 36, No. 4, p. 641.

扣、大为逊色。

其二，从基本内容看，它只重批判、不管建设，除了为我们提供一种另类而极端反叛的思维方式之外，并未为我们构建出一个可供操作的方法、技术、措施系统。通览整本《后现代课程观》，读者所感受到的只是一些令人费解的语词与饶舌的文句，几经阅读才初见端倪——原来是在强烈地批判以牛顿、笛卡尔为基础的泰勒课程模式。诚然，批判固然合情合理，但当读者祈盼能从其后现代课程模体中悟出些以资现实课改操作的有意义的方法与措施时，却越发云里雾里起来。他提出"要鼓励、要求教师和学生自由地通过相互作用发展他们自己的课程，该课程要具备一般性、宽泛性、非确定性"；他在论述自组织作用时认为，"只有当干扰、问题、混乱出现时一个系统才会进行自组织，并当感知干扰的气氛或框架足够宽松，没有要求迅速成功的压力时，当在这种气氛中能够研究异样性细节时，当时间充足允许新框架形成时，干扰才能成为一种积极因素"；他在反对固定的标准和目标规划，"要让教师成为平等者中的首席"之后，[①]对应如何达到这些要求却只字不提，让读者恍恍惚惚如过眼云烟，或许正如多尔本人所言，是"后现代主义仍然过新，无法界定自己"[②] [③]的缘故吧！但一种连作者本人都无法把握的理念，又怎么能为我们提供现实的改造途径呢？因此，它除了给我们哗众取宠、华而不实的"启示"外，并无过多具体、现实的意义。

其三，从在国际关系背景下实际发挥的作用看，它对我国的课程实践无疑有一种打着反对、解构西方社会本身的旗号来进行学术控制与文化奴役的倾向。如前所述，后现代课程观除了给予我们一种思维的新视角外，并未带来任何实际层面的意义，但为什么它能在国人当中掀起如此强劲的影响势头？若从国际关系背景这一角度来理解也就不足为奇了。一方面，它是现时西方新殖民政策中文化奴役的一种策略，它打着反对西方现实社

---

① 〔美〕W. E. 多尔：《后现代课程观》，王红宇译，教育科学出版社，2001，第231~236页。

② 〔美〕W. E. 多尔：《后现代思想和后现代课程观》，《全球教育展望》2001年第2期。

会本身的幌子对我们具有迷惑性，因为其言之凿凿的是解构自己，其实质却是在解构自身的幌子下，企图全面瓦解并将广大第三世界国家纳入其西方资本主义话语体系，为其奴化。正如美国的阿特巴赫（P. G. Altbach）所言，"处于边缘大学的第三世界从根本上说是知识的消费者，它们在科研、对科学进步的阐释及信息方面通常依赖工业化国家，教育是外交政策的第四方面，因为教育被认为能够完全符合工业化国家的国家目标"。[①] 另一方面，它那"不求严谨的后现代主义话语风格特别适合第三世界留学生的需要，鼓励他们不必独立深究而倚仗国际后现代主义声势去迅速掌握一种最新、最时髦的西方理论话语"。[②] 因此，从国际关系背景来看，我们不难理解后现代课程观所实际发挥的作用是瓦解、分化、解构现存思想体系，灌输他们所倡导的理念以强化其学术控制与文化奴役（即便承认此事实是痛苦的）。

以上三点，虽不全面，但也基本有助于我们认清后现代主义范式下的课程理念实质了，在这种情形下，我国当前的课程改革实践又该做何选择与取舍呢？

（三）当前我国课程改革实践取向：前位、盲从还是现实、理性？

在粗略地分析了解了后现代课程观的思想基础、主要内容及其可能发挥的作用之后，我们便要探讨它对当前我国课程改革实践的影响及我们对此应做出何种选择了。对此问题，笔者坚持这样一种态度，即应以现实、理性的态度来关注我国如火如荼的课程改革实践，而不能随大流，盲目从众。这是因为：

其一，从所处的时代背景看，我国总体上仍是现代性尚不发达的社会，还不具备后现代课程范式产生的社会基础。我国仍然处于现代化的进

---

① 〔美〕P. G. 阿特巴赫：《比较高等教育：知识、大学与发展》，人民教育出版社教育室译，人民教育出版社，2001，第 34 页。

② 李幼蒸：《后现代主义策略及其后果》，《哲学研究》2002 年第 4 期，第 16 页。

程中，有人认为，我们不能以前现代社会—现代社会—后现代社会这种"现代"线性思维方式来界定中国尚未进入后现代社会，因为后现代主义主要是一种思维方式，它并不指向社会本身。但笔者以为，即便是这样，后现代主义的产生仍有其现实基础，这个基础便是现存于生产、科技高度发达的当代西方国家与社会的诸多弊病：科技的发达日趋使人不成为人，经济的富裕使人成了追逐金钱的动物，生活的空虚使个性解放变成娱乐的遁词……所有这些都表明，后现代产生于现代性充分发展的背景之下，处于现代化实现过程中的我们如若过多地运用后现代主义的思想观点来解决自己的现实问题，难免会邯郸学步、东施效颦。毕竟我们不能脱离基本国情，径直地跨过现代而直接与后现代同步。

其二，从当前我国课程改革实践的现实看，现代主义的课程主张仍为当前我国课程改革实践所必需。如前所述，我国的基本国情决定了我们当前教育及课程发展的方向和任务仍然是向现代化过渡。我们要在经济上实现四个现代化，在政治上推进民主与法治，在思想文化上摆脱愚昧、破除迷信、科教兴国，这一切都不得不使我们大力倡导理性、崇尚科学，而科学、理性本身就是现代主义课程的基本主张。因此，就我国现状而言，虽然当下我国传统课程改革实践中确实存在许多弊端，但问题不在于全盘否定它，而在于如何改进完善它。毕竟课程改革实践的价值取向不是非此即彼的两极选择。我们不能因为现行的或传统的课程内容过于强调科学知识和科学性便要取缔科学知识，鼓吹不确定性和相对性乃至反对真理的存在；我们也不能因为课程结构过于单一就不要结构，不能因为课程设计过于线性化就要使其混沌；不能因为课程评价过于强调标准划一就取消一切标准；不能因为师生关系上的过于强调教师权威性而取消师道尊严；在学生原本就不强的学习动机面前就更不能提倡反主体性了。因此，后现代课程观并不是能够切实解决中国实际问题的灵丹妙药。

其三，从古今中外历次重大的教育或课程改革及其发展看，但凡简单地以一种"理念"取代另一种"理念"的做法必定是失败的，相反，一些看似中庸、集传统与变革于一身的改革却能收到意想不到的效果。任何国家的教育与课程改革都不能走极端，都不可采取非此即彼的单一选择来推行诸种变革。诚然，一种新理念代表着一种发展趋势或方向，对一种事物总体上批判的同时，也不妨碍我们对其部分合理内核的吸收，但问题的关键还在于我们如何理性地去对待它。就后现代课程观而言，诸如其强调的自组织在学生学习中的作用、教师权威应更多来自人格魅力的"平等者中的首席"、对学生评价的多元性和非唯一终结性等，对我们还是有一些启发的，而这些启示至少可以提示我们在看到西方现代化进程中诸多问题与危机的同时，考虑如何寻求相应对策，少走弯路。

综上所述，对处于现代与后现代夹缝中的当前我国基础教育课程改革的定位，我们所持的态度是应首先立足"现代"而非"后现代"，尤其要立足基于当代中国基本国情的活生生的教育或课程现实，以此来分析、解决其间的实际问题，切不能走极端，更不能不加分析思考地、跨越式地套用后现代的观点来进行某种所谓"21 世纪的革新"，否则，教训将会是惨重的。

二 空间定位的西方中心与自我本位

所谓"空"，就是要弄清此次课程改革发生在何地的问题，即到底是谁、在哪里进行课程改革？不明确这一点，便可能使我们陷入一种"种了别人的田、荒了自己的地"的境地。就空间定位而言，2001 年新基础教育课程改革在对照系上具有明显的"唯西方中心印痕"。

（一）此次课程改革参照系上的"西方中心"印痕

众所周知，科技的迅猛发展、知识经济的加速到来、以综合国力为基础的国际竞争的日益加剧，使一个国家和民族要想在 21 世纪立足世界之林，就必须大力发展本国以经济为主的综合国力，而此间最为重要的莫过于人才及其培养问题，这便使世界各国纷纷进行教育改革。在这种国际大趋势下，任何国家企图在故步自封、与世隔绝中发展都是不可能的；同时，由于西方国家高度发达的教育事业中的确有许多可资借鉴的成功经验，各国尤其是发展中国家的各项改革以西方发达国家为参照，进行必要的借鉴与参考也是可取的，但在借鉴、参照时走向"唯西方中心"则是不可取的。这是因为任何一个民族和国家的教育都是根植于其特定的民族特性背景的，是其特定历史时期社会政治、经济、文化等综合作用的产物，离开了它便会飘萍无根。一代比较教育大师萨德勒（Sadler）早就提醒我们："不能随意地漫步在世界教育制度之林，像小孩逛花园一样，从一堆灌木丛中摘一朵花，再从另一堆中采一些叶子，然后指望将这些采集的东西移植到家里的土壤中便会拥有一颗具有生命的植物。"① 但综观此次基础教育课程改革，我们似乎并没有过多地倾听萨老前辈的善意劝诫，本应具有中国特色的课程改革却都分地成了西方教育理念的"试验田"，在课程改革内容和措施上其西方中心印痕是比较明显的。主要表现在以下三个方面。

其一，以国际化、全球化趋势及其观念来定位处于发展中的、正在开始现代化进程的中国的课程改革实践。每个国家和民族都有自己特有的文化、制度、环境及相应的语言表述方式，不同国家和民族的改革，其针对性与具体内容是各不相同的，同一社会制度的国家是这样，不同社会制度的国家更会大相径庭。虽然对第三世界的教育研究者来说，"一方面，为实现本民族国家教育学术和教育体系的去殖民化，他必须努力建立自身话语体系的民族特性，并使之在国际教育学术论坛上占有一席之地；但另一方面，他们又只有运用西方的学术话语，才有可能进入国际教育学术论坛，从而才有可能真正参与到国际学术话语权力的争夺过程中去"。② 但在教育改革中，如果过多地以"国际人"身份自居，以外国人的视角来考虑和审视中国人的教育问题则是危险的。毕竟，在当今竞争如此激烈的国际社会中，霸权的争夺依然存在。当人们问及诸如"以民族国家为基本单位

① 王承绪：《比较教育学史》，人民教育出版社，1999，第66页。
② 项贤明：《比较教育学的文化逻辑》，黑龙江教育出版社，2000，第280、163页。

的世界竞争格局是否会发生根本性改变"和"21 世纪是否还会继续演绎大国争霸的历史"等问题时，"一个有意思的现象是，尽管各国的学者观点各异，在谈到世界未来的发展趋势时，却都无法遏制地流露出对本民族国家利益的关注"。①

其二，以西方发达国家的实践和陈述方式来诠释有中国特色的课程改革举措与内容。通览具有权威性和代表性的《基础教育课程改革纲要（试行）解读》②，我们便不难发现，其间模仿、移植的痕迹相对明显。一方面是话语表述方式的"西方化"。从加德纳、斯滕伯格、安彦忠彦等的著作，到美国联邦教育部和日本文部省等的改革措施，再到"文本"（text）、"对话"（dialogue）、"校本"（school – based）、"社区"（community）等外来术语的译介，以及 80% 以上的国外注释与引文，中国教育实践和理论的传统术语、教育工作者约定俗成的习惯用语却难有显现。当然，问题不在于引言与注释这种形式，而在于其间包含的观念和思想。由于"内隐的东方主义深刻地渗透到了第三世界知识分子的文化无意识之中，成为他们文化无意识的组成部分"③。另一方面是随之而来的西方举措套用。从论述课程改革的目标和背景起，就致力于发达国家课程改革的趋势与启示，进而在课程结构、教学、教材、评价、管理等一系列举措上，也都是基于对英法美德日等发达国家课程改革经验阐述分析后并为之叹服的"建议"。

其三，以与西方发达国家差距较小的个别城市、都市的水平和需求一统地域、人文差异较大的全国性教育需求。西方化意味着工业化，工业化意味着城市化，不可否认，城市化、都市化的课程改革要求是一种超前趋势，代表未来课程发展的方向，但如果单纯以这种城市化标准来设计课程改革方案，则可能是非公正的。我国是一个农村人口仍占大多数、地区发展不平衡的发展中国家，因此，基础教育课程改革的落脚点

① 陈晓律：《发展与争霸——现代资本主义与世界霸权》，江苏人民出版社，2003，第 359 页。
② 钟启泉：《解读》，华东师范大学出版社，2001。
③ 项贤明：《比较教育学的文化逻辑》，黑龙江教育出版社，2000，第 163 页。

应更多放在广大乡村中小学的需求上，应针对农村一块来进行改革。然而，综观《〈基础教育改革纲要〉（试行）解读》，其中绝大多数举措、要求虽然顺应了当今世界知识经济、信息社会、终身学习等时代趋势，也体现了广大城市学校的改革要求，但这种城市化和国际化倾向却相对忽视了当前俄国广大农村不发达这一事实，以及大部分农村教育十分落后这一现状。只是提出目标而不能确保其实现条件，这难免会有喊口号之嫌。对此，已有学者一针见血地指出"课程决策应优先考虑公正原则"，[①] 基础教育课程改革不能不正视农村这一广大区域和农民这一弱势群体。毕竟，"当弱势群体人群数量较大的时候，教育弱势群体的问题不解决，人口整体素质和竞争能力的提高就难以实现。如果教育政策不能全面保障弱势群体的利益，如果弱势群体因现实不平等受到了损害而得不到有效补偿，就会削弱教育政策的合法性，进而危及教育政策的有效性"，[②] 影响此次课程改革的进程及效果。

（二）教育国际化、全球化：文明开化还是文化殖民？

教育的国际化与全球化是伴随经济全球化、科技信息化的一种必然趋势，这里我们不再赘述那原本就争讼不休的全球化、国际化界定及其内涵，我们只将其定位在我们所要的常识性理解上就行了。教育的国际化与全球化始终是与世界经济的全球化紧密相连的，虽然经济全球化、世界一体化、教育国际化以及加入 WTO 等从总体环境上为我们提供了难得的机遇与条件，诸如弥补智力资源的匮乏，学习和借鉴发达国家先进的教育经验和教学技术，获取一些教育急需的资金，从而有利于促进本国教育事业的发展和教育水平的提高。但鉴于目前国际政治格局的不稳定性及霸权主义的现实普遍存在，我们还是有必要深刻分析一下其带来的挑战与不利影

---

① 郭晓明：《论基础教育课程政策的公正性问题》，《教育理论与实践》2002 年第 4 期。

② 刘复兴：《教育政策活动中的价值问题》，《北京师范大学学报》（人文社科版）2002 年第 3 期。

响，在认清其实质的基础上，有效调控自己的行动。虽然教育国际化和全球化促进了教育的国际交流、课程的现代化进程及各国人民之间的相互了解、理解与尊重，并通过国际援助在一定程度上为发展中国家的教育发展做出了贡献，但从深层分析或者说在另一个角度上看，教育国际化、全球化的实质无非是西方发达国家实现其新殖民统治的一个重要领域和过程而已。对此，我们可从两个角度来理解。

其一，总体而言，国际化、全球化是一个以欧美为主的几个国家将其争霸范围向全球拓展的过程。纵览国际关系史，从三十年战争后的威斯特伐利亚体系，经一战后的巴黎和约—凡尔赛体系，再到"二战"后的雅尔塔体系，几百年的世界民族国家发展史就是一部以资本输出与武力扩张为基本特征的争霸史，在争霸过程中，无论是"海上霸主"发展的秘诀，还是"总是屈居老二的高卢雄鸡"的策略，不管是"横冲直撞的日耳曼战车"的好勇斗狠，还是"自命不凡的美利坚"终成一霸，抑或是至今还在"东西方徘徊的巨无霸"俄罗斯和一直被称为"圈子外唯一强盗"的日本，其崛起、发展与称霸无一不是基于赤裸裸的扩张①。即使在"二战"后，伴随众多新民族国家的诞生与独立，这种殖民扩张本性也从未改变，所不同的是方式更为隐蔽狡诈罢了。这种本性虽然被科技发展所推动的全球化浪潮一再掩饰与遮蔽，但其永远都不会停止，因为"如今我们所看到的似乎十分现代甚至后现代的全球化，其实在历史与观念上都与殖民二字有着难以脱开的干系"，"在当前的历史条件下，全球化的国际关系背景并不是一个真正公平的共享过程，对全球义化和世界主义理念的追求仍不断为强权政治的现实和文化的本性与特质所颠覆"，"如今那些把全球化的现实过程与世界大同的乌托邦想象混淆在一起的全球化理论往往是缺乏历史深度的，他们连自身的过去也茫然不知，它们不知道全球化理论起源于 19 世纪

---

① 详见陈晓律《发展与争霸：现代资本主义与世界霸权》，江苏人民出版社，2003；陈乐民《欧洲文明史十五讲》（北京大学出版社，2004）之具体论述。

曼彻斯特自由贸易主义者所信奉的开拓全球资本主义市场的观念"。①

其二，具体而言，教育在增进国家之间相互交流的同时，也是现时西方发达国家殖民统治的一项重要内容和文化殖民的一种重要途径。全球化在人类生活的经济、政治、文化三个领域得以体现，教育作为文化的一个重要组成部分，其对文化的作用是显而易见的。而后殖民时代的一个重要特征，就是除一贯处于中心地位的经济利益外，文化取代领土和政治成为殖民问题的核心。在这种情况下，也就出现了杜勒斯"要把和平演变的希望寄托在中国共产党的第四、五代领导人身上"和英国人要把印度的青年一代改造成为"住在恒河边，读着莎士比亚和弥尔顿著作并且以我们的文化为自豪的人"等论述。② 毕竟"从教育方面来看，西方国家在教育全球化进程中的支配地位与第三世界国家的不利地位一直是十分明显的。教育的全球化与世界经济的全球一体化是紧密联系在一起的，就此而论，教育的全球化直接就是资本主义国家开拓海外市场的殖民扩张的一部分，它包含了资本主义国家对第三世界的人力的剥夺，从而不断加剧了智力资源在当今世界上分配的不平等现象。对第三世界国家来说，教育的全球化更多意味着引进西方发达国家的教育经验和教育模式，而其本民族的教育传统和文化传统在这种历史进程中却面临着重重危机。对西方发达国家来说，教育全球化则是一种影响后发展国家的教育现代化进程，从而使现存不平等的世界秩序固定化的进程"。③ 关于这一点，联合国教科文组织在20世纪70年代的《学会生存——教育世界的今天和明天》及其他一些报告中就早已提醒和告诫过发展中国家的教育决策者们。我国当前进行的基础教育课程改革及方案，基本上是由对西方教育理论颇有研究或曾留学海外的学者和专家发起、制定或阐释的，所以也在一定程度上体现了阿特巴赫所说的依附与新殖民主义，因为"在西方大学留过学的第三世界国家学者也

① 项贤明：《比较教育学的文化逻辑》，黑龙江教育出版社，2000，第206～208、210页。
② 详见李智《文化外交——一种传播学的解读》第五章和第六章第二节之具体阐述（北京大学出版社，2005）。
③ 马维娜：《教育的国际化与本土化的合理性追究》，《上海教育科研》2001年第4期。

认为理所当然地要继续使用西方的模式及设备，即使在某些场合这干扰了本土模式"。① 只要稍微深入地考察我们中小学的新课程方案就不难看出，从基本理念到教学内容或方法，西方文化殖民时不时地有所体现。对此，我们本应有充分而明确的认识，但我们恰恰被所谓"增进国际理解、与国际接轨"等口号蒙蔽了。教育国际化与全球化给广大不发达国家带来的既有积极的"文明开化"，也有负面的"文化殖民"。另外，对于教育是否可能、是否应该充分国际化或完全国际化这一问题，有学者指出："教育的国际化既是必然的事实，也是应然的价值，完全的教育国际化并不存在，国外教育理论的准确、完全的移植也是不可能的，顺应教育国际化的客观事实，并不表明就是国际化，更不是合理的国际化。"② 笔者对此深表赞同。

（三）教育民族化、本土化：文化保守主义还是现实改良主义？

既然如此，我们就不应该盲目地追随原本不属于本国的国外"先进"教育理念，更不能从浩如烟海的理念、举措中择其一者而从之，否则我们只能是国外教育理论在中国的"试验田"。只有立足本国与本民族的本土化和本土生长方能化解殖民化。一提到民族主义，一谈到本土化和本土生长，许多人便会以定势的思维方式给其扣上"文化保守主义者"或"否定教育改革"两顶帽子。对此，有学者指出："正如封闭年代稍有求新的表现即会被视为异端一样，在开放的年代，对外来文化的反省也很容易被斥为固执和保守，其实这正是历史上那特殊的十年给国人带来的一种很不健康的思维定式。"③ 如果文化保守主义者能够在弘扬中华文化、增进传统美德方面有所功用的话，笔者宁可作为其中一员。因此，提出民族化、本土化和本土生长并非文化保守主义者，而是基于本土社会的现实改良主义

---

① 〔美〕P. G. 阿特巴赫：《比较高等教育：知识、大学与发展》，人民教育出版社教育室译，人民教育出版社，2001，第 37 页。

② 马维娜：《教育的国际化与本土化的合理性追究》，《上海教育科研》2001 第 4 期。

③ 项贤明：《开放、自尊与文化殖民》，《学术界》2002 年第 5 期。

者；现实改良主义者是面向未来的自我完善者，其积极作用不言而喻。为推进此次课程改革的本土化、民族化乃至本土生长进程，笔者认为以下三个方面较为重要。

其一，要从思想认识上确立教育民族化、本土化意识，为"和"或同化的理想而学习国外的东西。此间，的确要警惕"教育帝国主义和教育边陲化"两种不良偏向。[①] 一方面，要真正认识到处于强势经济、政治、军事地位的西方发达国家从文化渗透入手占据世界中心的险恶用心，同时，要通过自我反思和理论澄清克服自身在强势文化心态支配下把西方发达国家的教育当作现代化的范式顶礼膜拜或爱屋及乌，谨防教育国际化、全球化幌子下的教育帝国主义，牺牲本土教育。另一方面，也要认识到教育民族化、本土化并非故步自封，拒斥国际化、全球化，而是在教育多元化、多样化思想指导下，在本土教育与国际教育具有充分沟通能力的基础上，更加突出民族特色与文化个性而已。"任何社会都是本土社会，都有着自己形成和发展的独特历史，因此，任何学校与社会的关系也只能是指学校与某一具体的本土社会的关系，而不可能是与一个抽象的一般社会的关系，任何社会建立学校的目的都是保证那个本土社会能够延续，而不是保证某一抽象的一般社会的延续。从这个意义上说，学校的基本职能也就是要传递某一本土社会经年累月所积累起来的知识，以便使青少年一代能够熟练地掌握和运用这种知识，成为本土社会的建设者。"[②] 教育的"自我保存功能和自我革新功能"也要求我们在"革新"的同时高度重视"保存"。就此次课程改革而言，就是要在借鉴国外先进的教育或课程改革理念和举措时，一定要有明确而坚定的"立足点"，这个立足点便是"中国"二字。

其二，要从课程内容与教学上切实加强本土知识尤其是优秀文化传统的编纂与传授。基于有被殖民经历或被侵略经历的国家本土知识的"地方

---

① 马维娜：《教育的国际化与本土化的合理性追究》，《上海教育科研》2001 第 4 期。

② 石中英：《本土知识与教育改革》，《教育研究》2001 年第 8 期。

性、整体性、被压迫性和授权性"[1] 特征，此次课程改革在课程内容上应该更多地选择一些与中国本土人民生存和发展密不可分的本土知识和文化精神产品，充分利用和合理组织本土文化中已存的和潜隐的课程资源，以便学生在其固有的前理解结构下吸纳各类课程内容。不仅要在中小学，更要在大学教育中持之以恒地实施优秀民族文化传统的教育。许多人一提及传统文化就会将传统儒学文化教育片面地看作教育现代化演进的负累或障碍，似乎中国教育改造之唯一出路就在于学习西方或西化，殊不知，任何教育理论及实践都必须借助于一定文化背景的支撑，文化对教育的限定作用是巨大而无形的。同时，包括专家、学者以及决策者在内，不仅要深入学习我国传统教育理论和教育思想，还要深入社会生活实际，从广泛存在于社会大众日常生活之中的那些实际教育活动中发掘教育科学本土化的活的生长点，将国外的先进理念、举措切实与国内的实际焊接熔合起来，而不是简单地移植过来。"世界主义的教育理念，尽管他有许多优点，但他却忽视了跨文化教育面临的历史关系这一维度，忽视了因无法解决的历史冲突而造成的跨文化和解这一世界主义教育目标难以达成的诸多阻碍因素，因此，通过教育培养世界主义这一在弦之箭亦不可一触即发。"[2] 就此次课程改革而言，应该在"顺应潮流""面向世界"的同时，借机组织人马，从博大精深的中华文化中挑选、编纂富有中国民族特色的教材，以及从丰富的文化传统和教育传统中探寻适于国人教育和学习的方式，尤其要加强民族自尊、自信、自立、自强精神的教育。

其三，要重新认识和理解"中学为体、西学为用"的教育借鉴思想。虽然"中学为体、西学为用"思想一直遭到许多人的批判与非议，但笔者以为万事万物真正做到不偏不倚而无所侧重着实困难，是故"度"便显得尤为重要，而"中体西用"思想便是"度"的最佳体现。事实也证明，至

---

[1] 石中英：《本土知识与教育改革》，《教育研究》2001 年第 8 期。

[2] Marianna Papastephanou（2002），"Arrows not yet Fired：Cultivating Cosmopolitanism through Education，" *Journal of Philosophy of Education*，Vol. 36，No. 1，p. 69.

少日本、韩国、新加坡等几个同属儒家文化圈的国家在这一思想指导下取得了成功。所谓"体"便是民族精神，也是一个民族的灵魂所在，丢失了中国之"体"也就不能称其为"中国人"了；"用"则是躯干及其功用，只有坚守完善本体而又不断锻造强健身躯，才能使一个人或民族立于不败之地。在笔者看来，日本的"和魂洋才"正是中国的"中体西用"。因此，就教育的国际化与民族化、全球化与本土化问题，我们不妨来再次咀嚼张之洞在《劝学篇》序言中之玩味："旧者因噎而食废，新者歧多而羊亡；旧者不知通，新者不知本；不知通则无应敌制变之术，不知本则有菲薄名教之心。夫如是，则旧者愈病新，新者愈厌旧，交相为愈，而恢诡倾危、乱名改作之流，遂杂出其说以荡众心。学者摇摇，中无所主；邪说暴行，横流天下。敌既至无与战；敌未至无与安。吾恐中国之祸，不在四海之外，而在九州之内矣！"[1] 笔者以为在当今时代，体用之分不仅可行，而且必需。此次全国范围的基础教育课程改革更应如此。

综上所述，在全球化与本土化、国际化与民族化相交的今天，此次课程改革的参照体系应更多立足国内而非国际，走基于本土化和民族化的国际化、全球化之路，以一种现实改良的态度来观照与推行此次课程改革进程，而不能革命式、激进式地全盘改造。

三 价值取向定位的泛人本化与基于社会本位的个体与社会共存化

所谓"向"，就是弄清此次课程改革所处的总体价值取向氛围，即公众对此次课程改革的认同性和支持性问题，不明确这个问题就不能使人们理解改革进程滞缓不前的情况。就价值取向而言，2001年新基础教育课程改革在价值取向上具有明显的"泛人本化倾向"。

---

[1] 陈学恂：《中国近代教育文选》，人民教育出版社，1983，第237页。

（一）此次课程改革目标价值取向上的"泛人本化"倾向

任何一项改革都有一个所要追求的目标，确定目标就涉及价值取向问题。不同的人因其不同的视角、不同的侧重点，对教育活动的价值选择也各不相同。目标的价值取向直接反映改革的主导思想，影响整个改革的内容、进程、方法直至成效。中外教育史上关于教育目的及其价值取向之争论中，最为突出的莫过于个体本位论与社会本位论，二者争论的焦点集中在欲将受教育者培养成什么样的人的问题上。[①] 前者主张教育目的应当从受教育者的本性而不是从社会出发；教育的目的在于把受教育者培养成人，充分发展受教育者的个性，增进其个人价值；个人价值高于社会价值，社会只有在有助于个人的发展时才有价值，评价教育的价值应以其对个人发展所起的作用来衡量。后者认为教育目的应由社会需要来确定，个人只是教育影响的对象，其发展必须服从社会需要；教育的目的在于把受教育者培养成符合社会准则的公民，使教育者社会化，保证社会生活的稳定与延续；社会价值高于个人价值，个人的存在与发展依赖并从属于社会，评价教育应以其对社会的效益来衡量。在教育目的价值取向上的这种争论不仅出现在教育史上，也隐含在现时的教育实践当中。

此次课程改革体现了一种怎样的价值取向呢？从《纲要》及《解读》中可以看出，其价值取向基本上是"泛人本化"的，即通过放权、减量、缩时、去压等措施，使所有改革内容、措施以学生为中心，彻底改变过去学生学习缺乏兴趣、爱好与个性的情形，加强学生的自主活动，企图据此达成学生"经世"与"致用"的良性结合。之所以说其是"泛人本化"的，是因为《纲要》及《解读》在反对并企图克服过去"过于社会本位"和强调学生个体自主发展的同时，几乎忽视了社会及其他因素对学生发展的影响，从一个极端走向了另一个极端。具体表现在以下三方面。

[①] 关于教育目的的相关论述可参见国内诸多出版本的《教育学》《教育原理》教材，本文主要采用王汉澜、王道俊主编《教育学》和南京师大教育系主编《教育学》中之阐述。

其一，在强调消除传统课程社会干预过多这一弊端的同时，提倡课程设置以迎合学生的兴趣和爱好为准绳。此次课程改革很明显的一个特点表现为尊重儿童的兴趣与爱好，以及在此基础上的社会、社区、学校对培养儿童丰富个性提供的全方位服务上。它要求"改变课程内容难、繁、偏、旧和过于注重书本知识的现状，加强课程内容与学生生活以及现代社会和科技发展的联系，关注学生的学习兴趣和经验"。[①] 围绕"以人为本"的宗旨，此次课程改革从教学方法、教学组织形式等诸多方面都体现了"人本化"的要求，"愉快教学""情境对话教学"等也就得到了进一步强化。

其二，在批判传统的课堂授受式学习的同时，强调教育方式以学生个体的自主研究性学习为核心。当今世界各国都十分重视教育教学中学生的主体性地位，学会学习也成为一种时髦的口号，为培养学生的实践和创新能力，《纲要》规定要"改变课程实施过于强调接受学习、死记硬背、机械训练的现状，倡导学生主动参与、乐于探究、勤于动手，培养学生搜集和处理信息的能力、获取新知识的能力、分析和解决问题的能力以及交流与合作的能力"，并从小学到高中将综合实践活动课程列为必修课程，强调学生通过实践增强探究和创新意识，学习科学研究的方法，发展综合运用知识的能力，同时强调"综合实践活动所重视的不是问题解决的结果，而是学生探究课题、解决问题的过程以及过程中所产生的丰富多彩的、活生生的体验"，甚至认为"从学习理念看，每一个人的学习方式都是其独特个性的体现，每一个人都有自己的研究性学习方式，课程应遵循每一个人的学习方式的独特性"。[②]

其三，在摒弃应试第一、成绩第一，强调评价多元化的同时，暗示课程评价应以对学生的中性、无标准性或不评价性为要义。由于前几年全国"普九"攻坚战的"大获全胜"，除《纲要》规定"在已经普及九年义务教育的地区，实行小学毕业生免试就近升学的办法，考试内容应加强与社

① 钟启泉：《解读》，华东师范大学出版社，2001，第4~5页。
② 钟启泉：《解读》，华东师范大学出版社，2001，第5、82、121页。

会实际和学生生活经验的联系，重视考查学生分析问题、解决问题的能力，部分学科可实行开卷考试"外，《解读》还进一步提出了"档案袋评定和苏格拉底式研讨评定两种典范"，① 注重对学生个人的最佳成果、进步表现以及能够体现学生一技之长的精选材料的收集与归档。一言以蔽之，无论学生当前的学业状况如何，其都应得到认可与鼓励、体谅与宽容。因为发展的"过程性"和自组织的"复杂性"使我们无法对学生做出终极性判断。

以上这种改版的"个体本位论"，其功用到底怎样呢？让我们不妨从历史和现实两个角度分析一番。

（二）个体本位或泛人本化：个性的释放张扬还是劣性的迁就放纵？

"教育是什么"与"教育为什么"两个问题是从不同角度对教育提出的同一个问题，前者是从客观事实上对教育的描述与追寻，后者是从主观意向上对教育能力的检验、评判与规范。对后者的不同回答便构成了教育史上的社会本位论与个体本位论之争。当下，由于科技与社会的发展、生产力水平的提高以及人民生活水平的提高，教育目的的总体发展趋势是由社会本位向个体本位过渡。放眼世界各国当前进行的基础教育课程改革，无一不体现这一趋势。有学者指出："教育个性化思潮出于当代的两个源头：一是人本主义学者们的著作及其主张，二是各国教育改革舆论及其咨询报告。"② 出现这种态势的原因在于，现代科技和生产的非人性化、非人道化因素及诸多负面后果，致使人处于被奴役、异化的境地，这些弊病通过传统教育制度得以巩固、强化、延续下来。教育改革自然要使这种非人性化、非人道化情况得以改变，打破统一化、模式化，使教育个人化、个别化、区别化、多样化、私事化，使学生的个性得到解放，获得充分自由

---

① 钟启泉：《解读》，华东师范大学出版社，2001，第 10、290~297 页。

② 王义高：《当代世界教育思潮与各国教改趋势》，北京师范大学出版社，1998，第 31 页。

的发展。当代存在主义哲学、人本主义心理学、人文主义课程论都持上述观点；虽然他们有温和与激进之别，但笔者权且将其统称为"泛人本主义"。此次课程改革充分体现了这一思潮的要求。鉴于我国原有教育受统一化、划一化、单一化模式束缚较严重这一事实，课程改革目标的人本化、人文化显然具有重大的针对性与现实意义。

诚然，历史上关于教育目的的理论，按"个人—社会"维度依次可分为"个体本位论、人格本位论、文化本位论、生活本位论、伦理本位论、社会本位论"[①] 等多种，且不同的观点在不同的社会—历史—文化语境下有各自不同的意义，但近代工业化社会制度形成以来，由于社会对教育影响的日益加深，国家对教育控制的日趋加强，似乎使个体本位论下的诸种目的观均难成气候；它们在强调个体自然、和谐发展、自我实现以及全人教育的同时，最终不得不与社会发生联系，考虑社会对其的现实制约因素。也正基于此，由个体本位向社会本位这一总体范式的转变才得以逐次形成。而在当今欧美等发达国家步入后工业社会时，人性的张扬也因人类整体社会发展的转型而再次凸显出来。即便如此，这种高扬个性的价值取向，在目前各国仍然受到不同程度的限制。其原因大概有三。

其一，教育的社会制约性。教育作为社会系统的一部分，其各个方面均受到国家本质属性制约，它的这一特性决定个性释放与张扬只有在国家与社会允许的范围内方可生存与发展。这一特性在全球化、民主化进程加速的今天仍然未变，因此，将学校看作不受社会各因素干扰的"真空"，培养"完人"、试图使教育目的"富于个性"的想法势必在强大的社会攻势下相形见绌，并且只能停留在一种口号或呼吁上。这种目的不仅不能实现，还会因其与总体社会的不适应而被斥为对学生的迁就与放纵。

其二，这种泛人本化主张本身也存在一定的缺陷。因为，一方面泛人本主义主张"不分青红皂白地把人与科技、人与现代生产、人与现代社会

---

① 郑金洲：《教育通论》，华东师范大学出版社，2000，第143～151页。

绝对、一律地对立起来，这令人难以接受"，[①] 而且国际上高呼"个性化、民主化、人道化、人文化"的西方发达国家本身并没有按照他们宣扬的这些去付诸实践，一边高呼人性化、个性化，一边又强化教育部的职权，强化统一的标准化考试。如果我们一味地迎合这种价值取向，便会正中其下怀。另一方面，从卢梭到杜威，他们除了在思想层面上给我们以启蒙启示作用外，据其思想开展的实践或创办的学校多半中途夭折。

其三，社会本位价值取向始终具有自身不可替代的重要意义。虽然我们不能走"社会本位论"这一极端，但毕竟人之社会性是一种客观存在，也是人之所以为人的一个基本特征。马克思关于"人的本质是一切社会关系的总和"这一命题可谓一语中的。既然人生而必须社会化才能成为真正意义上的人，那么教育作为培养人的活动，其从诞生之日起就要为一定社会的政治经济文化以及人类的生活服务。那种单纯地追求个体的、超社会的自然完人是根本不存在的。因为"群体是一种具有一些我们能够与他人分享共同之处的东西，而不是相反，即它不是个性的'拥有'而是个性的'减失'，不是关于'一些'而是关于'全无'的东西，这种减失表明我们有欠他人，也意味着我们对他人有责无旁贷的义务，尽管我们还不能给这些义务做出精确的界定"。[②] 因此，此次课程改革目标在强调个性本位的同时，切不可忘记"人的本质是一切社会关系的总和"这一基本观点，应从现实社会出发考虑课程改革所要达到的目标。

（三）基于社会本位前提下的个体与社会共存：话语表述的中庸策略还是对事实的客观陈述？

时至今日，我们已不可能再将典型的"个体本位"或"社会本位"来

---

① 王义高：《当代世界教育思潮与各国教改趋势》，北京师范大学出版社，1998，第 35 页。

② Masschelein, Masimons（2002），"An Adequate Education in a Globalized World? ——A Note on Immunization Against Being – together," *Journal of Philosophy of Education*, Vol. 36, No. 4, p. 603.

付诸我们的教育或课程实践了，但在谈及教育目的或此次课程改革目标时，我们的确很难不在个体与社会两方有所侧重。如果我们例行公事似的将二者人为地糅合在一起，"各打五十大板"，再冠之以辩证统一的观点，这难免有庸俗的辩证法处理之嫌；而一旦有所侧重，也就不可避免地涉及在坚持个体与社会共存前提下，侧重于哪一端的问题。其实，正如个体与社会的相互依存一样，教育目的的确立的依据也是一个问题的两个方面，是互为依托的，二者共同统一于学生个体的发展之中。就教育或课程改革的价值取向问题，我们只有将其纳入每个国家具体的社会总体背景下考虑才能有针对性和现实意义。

虽然有论者在分析教育终极目的的现实与理论意义的基础上，提出了"教育的终极目的是培养真善美统一的完美人格"，认为"对于一个人而言，真是骨骼、善是经脉、美是皮肉"，①但笔者始终认为教育目的在不同的历史阶段，在不同民族国家的不同时期是有其侧重点的，脱离现实社会条件与历史时空，放之四海而皆准的终极教育目的是不存在的；即使存在，研究它们也是毫无意义的。就当前我国的现状而言，此次课程改革的目标应该定位在基于社会本位前提下既考虑个人需要又考虑社会需要的知识、能力、个性培养上，而不是相反，即首先应当考虑社会、民族、国家的需求，在此基础上，再强调学生个性的培养和发展。为什么？理由有三。

其一，如上所述，个体只有相对社会而言才能成为人类的一员，从生命诞生之初，其所从事的一切活动均是以特定的社会为前提的，舍此并无他途。社会学的鼻祖孔德及其追随者涂尔干之所以强调个体社会化的重要作用甚至决定性意义，且被作为一个最主要的社会学派别传承下来，就在于其社会组织结构对个体发展命定作用。②同时，教育在当前我国仍处于一种"工具主义"的语境，其功用更多的还是被作为一种国家发展与个体

---

① 庞学光：《教育终极目的的论纲》，《教育研究》2001 年第 5 期。
② 〔法〕E. 迪尔凯姆：《社会学方法的准则》，狄玉明译，商务印书馆，1999，第 1~155 页。

谋生的手段，而不是单纯个体度过闲暇时间的理智娱乐私事行为。

其二，在中小学教育中，抽象的、超越时空的教育目的是难以实现的，对个体的社会化也是有害的。虽然具体的教育、教学目的和目标可能是片面甚至是非人道的，但对生命个体而言却是合理的，因为它使生命个体获得了其在特定社会环境生存并发展所必需的"真善美"实在内容，而不是抽象、浪漫、玄虚的"真善美"抽象释义。卢梭令 15 岁到成年阶段的爱弥尔重返都市接受教育特别是接受道德教育就足以说明这一点。

其三，现今中国需要的是各种具有实际知识、技能、德行且能付诸国家建设的人才。在上述工具性语境的总体背景下，当前我国教育，从个体而言，更多的还是使广大学生通过相应的教育经历获取在未来社会谋得一席之地的各种实际性智识、才干与能力，如果经由多年教育却不能使其立足个体生存并获得安身之位，那么再丰富完满的个性目标也徒具理念色彩，即便是在大学中以研究高深学问的"理念人"都尚且可以分出"幕僚""说客""策反者""践行人"① 等不同倾向类别，更何况是奠定国民基础的基础教育呢？因此，从这一角度讲，笔者完全赞同新课程改革突出学生的综合实践活动的举措，即便它们有实用主义之嫌，笔者也认为它远比把学生封闭起来"读死书、死读书"强。

综上所述，虽然人本化的一些主张的确应该得到充分肯定，但"泛化"倾向还是要适当警惕的。在社会与个体之间，此次课程改革的价值取向应当采取基于社会本位的个体与社会共存，而非泛人本化。实际上，完全的个人本位教育是不存在的，与其为不存在的东西呐喊，不如现实一点地将个体本位与社会本位有机融合起来。

---

① 〔美〕刘易斯·科塞：《理念人》，郭方等译，中央编译出版社，2001，第 1~329 页。

第二章　2001 年基础教育课程改革
主要举措反思

我国的教育改革缺乏的不是宏观的指导理念，而是能实际解决问题的具体做法。然而，当我们站在教育改革的高度来探讨具体做法时，却又发现那样一种能够用来指导教育改革中所有行动者的具体做法似乎根本就不存在。

——项贤明：《论教育改革与教育创新》

从"时""空""向"三个角度对现时我国基础教育课程改革的基本理念做了分析之后，我们对此次课程改革所处的国际、国内形势便有了大致的了解。如果说理念是此次课程改革的依据和指导思想的话，那么各项改革措施则直接关乎实践层面的操作问题。此次基础教育课程改革的内容涉及教育与课程领域的方方面面，限于篇幅和能力，这里主要讨论此次基础教育课程改革在课程结构、实施、评价、管理等四方面提出的新要求，有的探讨可能只涉及其中的部分内容，甚至还只是其间的一个非常具体的问题。

一　课程结构中的学科授受与活动探究

任何一项教育改革，其最为显著的改革项目是教育内容，而教育内容的突出体现便在于课程，课程的核心问题又是课程结构，因此，尽管关于课程结构的内容比较广泛复杂，但只要抓住了课程结构中不同课程类型的设置与分配便能大致明确此次基础教育改革的基本纲领。

（一）课程结构、类型及此次课程改革对此提出的要求

课程结构一般是指课程内部各要素、各成分、各部分之间的关系。具体地说，由认知、道德、审美、健身四种经验要素在课程目标、内容、学习活动方式三种课程成分中的分配及组合，就是课程结构，它分为表层结构和深层结构两类，前者指一定学段课程的总体规划结构，后者指一定学段的具体教材结构；它具有客观性、有序性、转换性和可度性四个特征。[①] 课程类型是指课程的形态及其分类。对此，不同的学者，据其不同的角度和标准有不同的划分方法，且见仁见智。有的从教育内容是重知识体系还是重生活经验将课程分为学科中心课程与经验中心课程、学问中心与人本主义课程；从分科型还是统合型出发，将课程分成学科并列课程、相关课程、融合课程、广域课程、核心课程五种形态。[②] 有的虽未对课程类型加以分类，但在论著中对隐性课程与显性课程、分科课程与活动课程、核心课程与外围课程进行了专门的论述。[③] 还有的根据不同的逻辑范畴将课程分为五类："以课程内容所固有的属性为逻辑范畴可分为学科课程和经验课程；以课程计划中对课程实施的要求为逻辑范畴可分为必修课程与选修课程；以课程的表现形态为逻辑范畴可分为显性课程和隐性课程；以课程实施的方式为逻辑范畴可分为传授性课程和研究性课程；以课程设计、开发和管理主体为逻辑范畴可分为国家课程、地方课程、校本课程。"[④]

由于课程的结构决定了课程功能的方向和水平、广度及深度、课程的时间效应和情绪效应等，其重要性也就不言而喻，然而一国的课程结构是与其现实的社会生产力和科技发展水平、政治经济制度、社会意识形态以及知识、学生、课程研究者等多种因素密切相关的，因此，要想从总体上

---

① 廖哲勋：《课程学》，华中师范大学出版社，1991，第 64～74 页。

② 钟启泉：《现代课程论》，上海教育出版社，1989，第 185～189 页。

③ 施良方：《课程理论：课程的基础、原理与问题》，教育科学出版社，1996，第 273 页。

④ 钟启泉：《解读》，华东师范大学出版社，2001，第 55～56 页。

科学规划课程总体方案，具体安排好课程结构，就必须深入调查研究，认真分析上述各因素，否则，建立一个相对合理可行的课程结构是困难的。此次课程改革规定"小学阶段以综合课程为主；初中阶段设置分科与综合相结合的课程，并开设选修课；高中以分科课程为主。从小学到高中设置综合实践活动课程并作为必修课程，其内容主要包括信息技术教育、研究性学习、社区服务与社会实践以及劳动技术教育"，① 并提出要"改变过于注重知识传授的倾向；过于强调学科本位、科目过多和缺乏整合的现状；过于注重书本知识的现状；过于强调接受学习、死记硬背、机械训练的现状"。② 从以上表述可以看出，此次课程改革之根本就是要改过去单一的学科课程为以活动课程为主、改过去过于注重接受为注重探究的课程结构。但是，难道学科课程和授受课程就真的一无是处而要被如此削弱，活动课程和探究课程就如此之好而一定能实现素质教育的目标吗？对此，我们必须要有辩证的认识。

（二）学科课程与活动课程：短兵相接，孰执牛耳？

学科课程论和活动课程论一直是彼此相互对立的两种课程理论，二者各有其理论渊源与基本主张，也各有其优缺点，而学科课程和活动课程在实践中往往也被当作两种互不相容的课程类型。在《现代课程论》中，钟启泉教授将"subject curriculum"译为"学科课程"并界定为"以文化遗产和科学为基础组织起来的各门学科最传统的课程形态总和"，③ 而施良方教授则把"subject curriculum"译为"分科课程"并界定为"根据各级各类学校培养目标和科学发展水平，从各门科学中选择出适合一定年龄阶段学生发展水平的知识，组成各种不同的教学科目"。④ 从其文字表述上看，虽说二者译法不一，但在内容上却是一致的。笔者更倾向于前者说法，毕

① 钟启泉：《解读》，华东师范大学出版社，2001，第6页。
② 钟启泉：《解读》，华东师范大学出版社，2001，第4页。
③ 钟启泉：《现代课程论》，上海教育出版社，1989，第185页。
④ 施良方：《课程理论：课程的基础、原理与问题》，教育科学出版社，1996，第273页。

竟分科是相对综合而言的，而学科才是相对活动而言的。追根溯源，分科课程由来已久，后随科学知识门类的增多、细化而形成学科课程。学科课程经夸氏、赫氏、斯氏发展而备受学校教育的青睐。其之所以经久不衰主要在于它具有无可替代的优势："按学科组织起来的教材，可以系统地授受文化遗产；通过学习逻辑地组织起来的教材，可以最大限度地发展智力；以传统知识为基础，容易组织教学，也容易进行评价。"① 活动课程"是打破学科逻辑组织的界限，以学生的兴趣、需要和能力为基础，通过学生自己组织的一系列活动而实施的课程，它也常常被称为儿童中心课程、经验课程"。② 追根溯源，可到卢梭的"自然教育"，经裴氏、福氏、一战前后的"新教育"运动以及蒙氏、凯氏直至杜威集其大成。其目标是"提高主体的人同客体的环境之间的相互作用的连续发展的质"，"着眼于客观事物本来就是相互关联的，要求采取各种各样的学科和学科领域的统合形态，突出生活现实和社会课题，着眼于学生的兴趣和动机，以经验活动、劳动等为内容，旨在培养具丰富个性的主体"，③ 其吸引力可能在于其"乡土性、综合治理性、主体性和经验性"④ 等特征。

上述这两种课程类型是学校教育最基本的课程类型，从上述简要描述我们也可看出，二者其实是一种相互补充的关系，各自在张扬其优点的同时也都毫无疑问地暴露其缺陷，二者因其各自不同的功能，在学校教育中应各占一定地位，任何以牺牲对方来一统天下的企图，都已被证明是愚顽且自食其果的。既如此，是否就意味着在特定的中小学教育阶段，二者同等重要呢？换言之，二者在中小学阶段能够完全做到相互统一、平衡吗？在笔者看来，这显然是不行的。虽然"生活世界是我们的第一承托者，也是我们最根本的生长家园，人在科学世界里所获得的理智方面的发展，只

---

① 钟启泉：《现代课程论》，上海教育出版社，1989，第 185 页。
② 施良方：《课程理论：课程的基础、原理与问题》，教育科学出版社，1996，第 274 页。
③ 钟启泉：《现代课程论》，上海教育出版社，1989，第 186 页。
④ 钟启泉：《现代课程论》，上海教育出版社，1989，第 187 页。

有回溯到现实的生活世界才能被赋予其对人生的意义"，① 但并非科学世界就不重要，只是要将其纳入"生活—科学—生活"这一链条而已。虽然还有专家提出"学生本位课程"，企图将二者媾和，并认为其"是有别于学生中心课程的熔学科课程与活动课程于一炉的新型课程"，"体现了当代建构主义教育思想的基本理念"，② 但笔者始终认为，学科课程与活动课程两者相较，鉴于中小学教育所具有的特殊性，前者应当在中小学教育中占主导地位，其理由至少有三。其一，中小学教育教学活动和学生在校的学习活动主要还是学习人类已有的文化成果。个体生命的有限性与各类知识的庞杂性之间的矛盾，使我们不得不寻找一条较为简捷有效的学习途径，这条捷径便是千百年来被证明是行之有效的以系统知识传授为主的学科教学。活动课程并不能解决这一问题。形形色色的教育生活论、活动课程论只是提醒或呼吁人们在教育教学过程中重视活动、经验及学生个体主观能动性，并非让我们将具有特殊内涵的学校教育还原为生活这一活动本身，即便是十分崇尚活动课程的美国，现今"中等教育的课程也多以学科为中心，相应地，教师也按科任制配备，其组织是分班制"。③ 其二，就二者的关系而言，虽然二者对学生的发展来说都不可或缺，但其作用还是有所区别的。学科课程与活动课程也涉及直接和间接经验的学习，前者主要以间接知识为主，具有系统性、简捷性、强目的性特征；后者以直接经验为主，具有随意性、过程性、情境性、盲目性等特征。作为传递既定文化知识的中小学教育，其任务是传授间接的知识是不言而喻的，因为它毕竟不是工匠式师徒技艺传授，而是以博雅知识为主的素质教育。其三，历史已完全证明，但凡以活动课程为中心而不予学科课程以相当地位的中小学，其教育最终都会以质量低劣而不得不再度求助于学科课程。苏联建国后短短30年中的钟摆现象、美国战后教育整体质量的下降、旧中国零零星星教

---

① 项贤明：《泛教育论》，山西教育出版社，2002，第229~230页。

② 丁邦平、顾明远：《学科课程与活动课程：是分离还是融合？》，《教育研究》2002年第10期。

③ 王英杰：《比较教育》，广东高等教育出版社，1999，第129页。

育试验以及"道尔顿制""萨莫希尔学校"等的夭折等似乎表明活动课程及活动教学具有先天的不足，它只能作为一种思想层面和辅导地位来指导中小学教育教学活动，如果以其为主来指导中小学教育教学实践，无异于将学校教育泛化或混同于人类的终身教育或终身学习活动，这无疑有悖学校教育的特点与初衷，也会使教育教学活动事倍功半。

（三）"授受课程"与"探究课程"：逐鹿中原，谁主沉浮？

在探讨这对课程类型时，我们先来分析一下能否称其为"课程"。虽然大部头的课程论著作一出版再出版，但对课程的界定至今未达成共识，当然，这是课程论学科发展乃至完善的必经过程，无可厚非。这里我们主要来分析一下这两种课程类型称谓上的适切性问题。授受即传授与接受，探究即探讨、探寻与研究。虽然大家都已默认二者是课程类型的一员，且随着《纲要》及《解读》中对研究型课程的规定，人们也从各个方面论证了其合理性以及探究性或研究型课程与其他课程类型的内涵、区别，甚至对研究性课程与探究性学习进行了比较，[①] 但笔者认为，授受性课程、探究性课程这种称谓本身还是存在一定问题的。如此称谓可能是"大课程论"与"大教学论"长期以来争论的结果。与其将二者看作课程类型，毋宁将其划归传统的学习或教学论范畴，即二者更适合被视为学习方式或教学活动方式。说到这个问题，可能又会涉及课程论与教学论的关系问题，对此，笔者虽不敢妄加评判，但认为至少"二者不是孰大孰小的包含关系，二者在教育实践中是性质、功能、基础不同的两个领域"。[②] 课程通常被认为是教学内容及其进程与安排，如果我们把这种学习方式或教学方式也加上"课程"二字而将其归为课程类型的一种，是有些偏颇的，照此，我们

---

① 虽然研究性课程也被称为研究型、探究性课程等，但笔者以为它们只是称谓不同，内涵是一样的。相关论文可参阅谢树平《研究性课程的构建》、夏正江《对研究性课程内涵的一种解读》二文（《教育研究》2001 年第 6 期）和张华《研究性学习与生活》《论研究性学习的本质》二文（《教育发展研究》2001 年第 5 期和 2003 年第 11 期）。

② 刘要悟：《试析课程论与教学论的关系》，《教育研究》1996 年第 4 期。

的课程类型又岂止这几种，我们同样也可以按课程实施的方式划分为实验式课程、对话式课程、访谈式课程、体验式课程等，这显然是泛课程论的表现。因此，笔者并不认为授受与探究课程是两种独立的课程形态，相反，笔者倒赞同"研究性学习姓'学'不姓'研'"①的观点，因为它们可以作为一种方式渗透、运用和指导其他任何课程类型的实施过程，并且二者本身也可以相互渗透，即授受中探究，探究中授受。为避免引起歧义，下面相关问题的探讨也是将二者作为学生的学习方式和教师的教学方式来阐述的。

中小学尤其是九年制义务教育教学中，我们应该如何认识上述两种方式的作用与地位？授受式教学②是指教师通过语言传授和示范操作使学生接受、掌握系统知识与技能的教学。其特点是要求学生掌握人类积累的系统知识，以促进他们的发展，为参加未来生活做准备；主要由教师来组织进行，学生在教师的启发引导下积极地学习；以教师的系统讲授、演示和学生练习为主，其他方法都被选用来配合讲授与练习；从学习教材的书本知识出发，理解是教学的中心一环，然后引导学生将所学知识进行巩固和运用，从而使书本知识转化为他们的精神财富和智能。探究式教学③是指在教师引导下，学生通过对问题的独立研究来发现、获取知识的教学。其特点是要求学生通过对问题的研究获得经验或知识，以发展自己的创造才能，并在学习期间参与社会生活；学生活动在教学中处于主要地位，教师处于辅导地位；以学生的独立研究和作业为基本方法，教师的传授、指导和学生的阅读、练习都配合学生的研究进行；总是从问题开始，或通过分析资料提出假设进行推导与实验以解决问题，或通过调查研究找出事物形成的原因和发展的规律性以解决问题，引导学生搞好独立研究是教学的中心环节。显然，作为影响最大、最具代表性的两种教学方式或教学模式，二者各有其优缺点和适用条件。通常前者更适用于班级授课制形式、学科

---

① 方展画：《研究性学习姓"学"不姓"研"》，《教育发展研究》2004年第3期。
② 详见王汉澜、王道俊《教育学》，人民教育出版社，1997，第257页。
③ 详见王汉澜、王道俊《教育学》，人民教育出版社，1997，第258页。

课程及陈述性知识的传授与掌握；后者更适用于小组或个人形式、综合课程、活动课程及程序性知识的传授与掌握。前者易于使学生掌握系统的科学知识与技能、简捷有效地在单位时间内掌握更多的知识，但易脱离生活实际，忽视学生个体差异且出现注入式、填鸭式情形；后者易激起学生的求知欲，提高学生独立思考、分析、解决问题的能力，但也耗力费时且因离开教师的指导作用而易产生盲目性。

在我国，二者作为中小学尤其是九年义务教育阶段教学的基本模式，本应当相辅相成、相得益彰。但鉴于此种理想在现实教育教学中确实难以实现与达到，所以有必要在小学到初中这个特定阶段对二者做出一种倾向性选择，即谁主谁辅的问题。笔者以为，在小学到初中这一特定阶段，学生应以有意义的接受性学习为主，教师也应以传授性教学为主。其理由有三。一是中小学教学规律使然。基于学生的"白板论"与学校教育对既定文化遗产及现实生活经验的传递这一根本矛盾，中小学教育教学过程中以传授间接知识为主，现实中国国情尤其是经济实力与人口状况又使其以班级授课为主，而这两点足以使当下我国小学至初中阶段教育以授受式为主。二是中小学学生身心发展规律性使然。即使夸氏的"明镜论"和洛氏的"白板论"因不具备科学性而招致怀疑，现当代儿童发展心理学的研究成果却早已表明，该阶段的学生虽然不是简简单单的"受教育者"，[1] 但可以肯定地说，相对教师而言，他们还是"无知者或少知者"。这种现象被诸多学者误解甚至歪曲，即把小学生、初中生当成已具有一定知、能、意、情、行的大学生看待也是不容置疑的事实。三是授受性与探究性的关系使然。在授受性与探究性教学中，授受性是探究性的前提和基础，如若划列一个层级，授受性是更为低级的教学形式。因为探究性学习如果没有业已接受的知识、技能、情感、意志做后盾，是很难进行的。换言之，探究性学习更适于较高年级的学生，而不是初中或小学的学生。另外，当前被贬为灌输式或注入式的授受法是否就阉割了学生认识的主体性了呢？是

---

[1]　吴康宁：《学生是受教育者吗?》，《教育研究》2003 年第 5 期。

否只要给学生提出了真实、复杂而又是学生感兴趣的问题，给学生创设了良好的学习情境，给学生提供了元认知工具，就可以让学生根据自己的经验背景，对外部信息进行选择、加工、处理，进行探索、发现、解惑，以达到对信息的理解与建构呢？如此是否就体现了学生是认知的主体了呢？针对这些问题，孙喜亭教授一针见血地做出了否定回答，[①] 并先后多次撰文指出："当前中国基础教育改革寻求的是教育人本化、生活化和系统科学知识学习的淡化，与之相关的教育理论是教育无目的论、无课程论、教育不教论，但中国基础教育的理论基础还应是以主知学派的教学理论为主。"[②]

通过对上述两对"课程类型"的探讨，我们可以这样认为：应构建一种以学科、授受为主，同时从实质上重视活动、探究的中小学教育教学模式或课程类型，而不是颠倒地以活动、探究为主要学习方式或教学方式。因为问题不在于原来这种模式本身有什么错误，而在于我们人为地将其异化了，如果不纠正我们这种人为异化的思维方式，即使活动、探究形式一时被当前中小学表面接受，也很难长久。对"探究"的提倡固然是合理和可取的，但不应夸大或绝对化，我国中小学过于"接受"的状况，应当扭转或改变。

二　课程实施中的民主自由与权威约束

重新认识并确立教师在教育教学过程中的地位与作用，也是此次课程改革的一项重要内容。此次课程改革要求"教师在教学过程中应与学生积极互动、共同发展，注重培养学生的独立性和自主性，促进学生在教师指导下主动地、富有个性地学习；教师应尊重学生的人格，关注个体差异，满足不同学生的学习需要，创设能引导学生主动参与的教育环境，激发学生的学习积极性，使每个学生都能得到充分的发展；逐步实现教学内容的

---

① 孙喜亭：《从实践观点看教学理论》，《教育科学研究》2002 年第 11 期。
② 孙喜亭：《再谈基础教育的基础何在?》，《教育理论与实践》2003 年第 8 期。

呈现方式、学生的学习方式、教师的教学方式和师生互动方式的变革"。总体而言，此次课程改革就是要改变原有那种权威地位，促使并实现学生自由、自主、自律式的自我发展。本部分，笔者主要结合此次课程改革在这方面的要求及当前中小学教育教学中教师地位的现状，为中小学教师的合理权威及其构建做一辩护和阐述。

（一）中小学教师权威地位的每况愈下及其成因

"世态炎凉，今非昔比"，许多中小学教师对当前自身的权威地位不无感慨地如是说，其间包含了诸多不满与无奈。然而，稍加观察一下，我们就不难理解这种客观存在的情况了。

其一，网络信息时代的挑战，使教师在教学中的"知识权威"地位有所下降。时至今日，随着生产力的发展、科技的加速进步和电子计算机的普及，我们已进入了一个信息网络时代，它的到来从客观上促使了传统教师权威地位的下降。教师的权威来自何处？"一个是教师的制度权威，其存在源于社会认定，另一个是教师的实际权威，其基础是学生认可。"[①] 信息网络以及以经济水平为主要尺度来衡量人们社会地位时代的到来，使教师的权威地位受到前所未有的挑战。从教师的制度权威看，虽然教师仍然是社会的代言人，仍然对学生产生巨大影响，但随着教师经济地位的下降和大众媒介的入侵，许多非社会和反社会的思想日趋蔓延，因其迎合学生兴趣爱好且手段多样、内容丰富，教师这个主流文化知识的传播者无法再像从前那样占据学生的心扉，从而削弱了其履行社会职责的制度权威。再从教师的实际权威看，大众传媒的普及与运用为学生提供了大量丰富的学习资源，不管目前其内容、范围、观念如何，总之能够使学生便捷地获取各种各样的"知识"，有的"知识"甚至连教师都望洋兴叹。这样，传统的教师权威地位因信息狂潮及资源共享而招致怀疑与淡化。尤其是当学生面对教师那"十年如一日的老生常谈"时，他们更会趋向虚拟多变、图文

---

① 吴康宁：《教育社会学》，人民教育出版社，1998，第 213 页。

并茂的"三维空间"。

其二，教育民主、自由呼声的高涨及学生、家长维权意识的增强，使教师在教学中不能再"唯我独尊"。民主与自由不仅在历史上的多次政治斗争中被作为攻击对手最强有力的武器以及自身合法性的护身符，而且在当代业已成为我们历次教育改革中最响亮的口号，广大志士仁人均以此为旗帜来为其开山引路，讨伐一切旧教育，就连课堂里的学生也会用"民主"去刁难攻击教师的正常教育性行为。稍加观察，我们便不难发现，时下指责广大中小学教师独裁、专制，不给学生自由时空、自主发展机会的著作文章随处可见，这些铺天盖地的著作文章高呼民主、自由主旋律，大肆宣传如何张扬学生的个性、情趣、爱好，大有对教师传统的权威地位"老鼠过街，人人喊打"之势。有的甚至提出"不评价学生应作为教师工作的一个原则"，[①] 真是令人匪夷所思！这种极端的教育民主化思潮与教育自由化、个性化趋势无疑会影响教师权威的建立，因为在他们看来，以权威自居的教师才是阻碍学生个性自由发展的罪魁祸首。

其三，教育思想观念的转变及教育法律法规的大力提倡，使民主平等的师生观逐步确立。如果说前两者是从主客观上为教师权威地位的下降乃至瓦解营造了舆论氛围的话，那么，相关过度保护学生的部分法令条款则从实践上给了教师权威地位以"致命一击"，使其成为锐不可当的事实。众所周知，新课程改革要求"教师在教学过程中应与学生积极互动、共同发展，要处理好传授知识与培养能力的关系，注重培养学生的独立性和自主性，引导学生质疑、调查、探究，在实践中学习，促进学生在教师指导下主动地、富有个性地学习，教师应尊重学生的人格，关注个体差异需要，创设能引导学生主动参与的教育环境……"[②] 虽然这些要求颇具道理，时代感也很强，但因其过于强调学生而非教师在教育教学中的作用，在笔者看来无异于杜威的"三中心"。更令人难过的是，

---

① 江鹏峰：《不评价学生应作为教师工作的一个原则》，《教育评论》2001 年第 1 期。

② 钟启泉：《解读》，华东师范大学出版社，2001，第 7 页。

为迎合这种趋势,有论者竟公然在理论上提出"教师不是教育过程的一个独立要素"![①]

(二) 为什么要为中小学教师的权威地位仗义执言?

中小学教师权威地位动摇是一种客观存在,但它会完全丧失吗? 显然不会,不仅如此,我们还要从以下三方面为合理的教师权威而辩护。

其一,民主与自由许诺落空的自然选择。教育民主化是时下较为时髦的话语,在民主与自由的高呼下,一些教育改革家信誓旦旦地提出了理解、交往、合作、关爱、尊重、体验等诸种术语,似乎以此便能改进我们现实的教育教学活动,然而现实的情况又怎样呢? 从民主"代言人"杜威的民主中,我们可以看出,其民主本质无非是一种以共同利益为基础,不囿于自己阶级、民族、种族、宗教信仰、生活习惯乃至国家而必须考虑别人利益的共同交流经验的生活方式,推及世界便是以全球共同利益为标准的世界大同,然而人类的这种共同利益存在吗? 什么才是人类的共同利益? 就算我们确信其存在,但基于当前国际政治系统内发展的种种失衡现象,现实教育的首要目的应该是维护本国家、民族、阶级的利益,"共同利益"除了为少数发达国家进行文化殖民提供幌子外并无他益。所以,类似"民主""自由"这些语词因其含义本身空泛模糊,不能达成共识,更不能真正进入操作层面,从而要在教育制度中普遍实现民主是不可能的,也是为一国社会整体与政治行为方式所不允许的,而"所谓教育民主,也因为它没有也不可能提供规范的生活方式,因而,它的解释能力出乎意料的强大,其宽容能力也出乎意料的强大,结果,使它成为一种空洞的理想,没有内容的口号,极为抽象的价值理念,任何改革者都能在它的旗号下找到自己的位置,从严格的研究来看,用它来指导教育改革是极为不可行的"。[②] 同时,自由要求尊重儿童,在教育教学过程中给予儿童以充分的

---

① 张应强:《教育过程主客体及其关系新论》,《教育理论与实践》2002 年第 12 期。

② 周浩波:《教育哲学》,人民教育出版社,2000,第 163 页。

自主发展、自由增进，然而教育教学过程中的儿童能够完全自主自由地实现个体自我发展吗？显然不能，它会受到现行制度、知识、教学方法、文化乃至儿童自我意识等诸多因素的制约，说穿了，教育本身就是限制儿童自由发展最大的约束因素，因为它本身就是一种外在的且合法的控制力量，亦即为获得学生在未来能获取更多的发展自由这种结果，我们不得不使当前教育教学过程本身具有更多的不自由性。另外，"由于教育过程中的制度与国家的政治、经济制度之间的连续性与一致性，当前的教育家为了自由而撤除传统沿袭的制度时，实质上是在与宏观的社会政治制度相抗衡……这样，试图从制度上着手破除约束来解放儿童，则是一派异想天开而已"。[①] 据此，由于民主与自由因其空泛、无具体内容而难以实现，现行各种制约因素又客观存在，所以我们不得不转向民主、自由的反面——权威和权力上来，通过对其性质、运行方式及其造成后果做审慎的分析与合理的评价，进而对教育教学中的权力实行合理的规范与改造，尽可能地达到真正民主的要求。

其二，教育教学过程特质的应然体现。虽然关于教育、教学及其过程、构成要素的认识自始至终存在不同的见解与争论，甚至大相径庭、各执一方。但众所周知的是教育教学作为一种活动，其特点是教育者引导受教育者在学习掌握人类既成知识、技能、态度的基础上，使受教育者的身心得以发展与完善，对个体而言，是一个自身如何使物变成人的过程，对他人而言则是一个如何使自己变成关系人的社会化过程。正是这样一种过程才使"上所施、下所效"和"使子作善也"成为诠释教育的标志，换言之，教育在其产生与形成之初就从客观上描述并规定了师生之间这样一种先知后觉的关系。在这种关系下，随着现代国家的产生及国家政权对教育干涉、控制的法律化，教师便自然成为国家和社会的代表者，而担此重任的教师在其任职前必须首先满足的条件便是通过一定的训练，具备相对于学生更多更丰富的文化知识、技能和更为成熟的个性，所以教师的权威除

---

① 周浩波：《教育哲学》，人民教育出版社，2000，第180~181页。

了制度命定的外，还因其专业知识而拥有专家性权威。另外，在具体的活动之中，权威依然是现代生活方式中的重要内容，通过权威来组织生活仍是现代生活方式的主要结构形式。在工厂、家庭、同伴、小组等活动场景中，缺少权威的活动几乎不能想象，因此，权威是合乎道德的，我们没有理由去否定它，在当前的社会生活状态，尤其是教育过程中，否认权威就等于否认人们共同实行的生活方式，这才是反道德的。[①] 从学生角度来讲，中小学生生理、心理发展的特征决定其在教育过程中相对教师来说只能是被教育引导者，因为儿童的道德、认知、理智、情感等都正处于成长发展过程之中，对既存自然、社会和自身的诸多现象还处于懵懂无知状态，他们远没有能力认识自己的行为及其可能带来的后果，因此他们只能服从社会领域中权威的引导，方能逐步实现个体社会化。同时，虽然引导儿童发展的权威可以来自各个方面，但由于学校是负责指导促进其发展的主要职能机构，因而学校中教师也就自然成为其发展引导的权威所在。这个道理似乎不言自明但我们都将教师的权威与权力主义混为一谈，把教师权威看成奴隶般役使学生的罪魁祸首。其实，就是最偏激的儿童中心教育家从内心里也是不期望教育过程中教师的权威失落的，否则，他们为什么还要用诸如"指导者""咨询者""辅助者"等称谓来含蓄地肯定教育人员的权威地位呢？

其三，课堂教育、教学质量保证的必然要求。上述部分我们从正面阐述并肯定了教师权威地位的客观存在，下面我们再来分析一下教师权威完全消解后会带来何种后果，并理智地认清教师权威消解后对当前中小学课堂教育、教学带来的三方面负面影响，包括教师积极性的极度削弱直至丧失、学生的恣意妄行与为所欲为、基此的课堂教学质量的整体下降。教学过程本身就是一个教师引导学生积极发展完善的过程，其间教师的主导作用乃至主体地位是显而易见的，我们不能因为教育者范畴的相对扩大就认为教师连教学中的一个要素都不是了，毕竟在现实的中小学教学中，好坏

---

① 详见周浩波《教育哲学》，人民教育出版社，2000，第 167 页。

与优劣不同的教师，其对学生身心发展的影响及其结果是截然不同的，如果将教师作为教师的尊严都抹杀了，无异于将婴儿连同洗澡水一起泼出去了，这对广大中小学教师无疑是致命一击，而伴随教师这种权威地位的消解，教学无序、放任自流，学生自以为是的后果亦随之而来，课堂中学生可以动辄以一些看似有创造性的一知半解或稀奇古怪的问题来摧垮教师在教室中的任何权威地位。这种情形在制度权威的人为降低（官方政策与民间舆论）—权威的维护（教师固有的传统）—实质权威的挑战（学生的挑衅）—权威的再次维护（潜在的天地君亲师权力主义意识）—权威的再度攻击中循环往复以至恶性膨胀、扩大，最终结果便是"教师不闻不问、学生乱学不学"的无政府主义状态的出现。这种现象与提高教育教学质量的理想恐怕是格格不入的。有日本学者在评价日本 20 世纪 80 年代以来的教育改革时说，"现在为学习吃力的学生或对学校有排斥感的学生所采取的对策，是以生存能力或个性为由而推行教育的多样化、个别化、私事化，其结果只能是减少教育内容，降低学力水平"，[①] 我们难道不应该借鉴吗？因此，中小学教师的权威性地位是不能任意否定，更是不能无端消解抹杀的，而理应合理地确立并规范，使其理智化。

（三）怎样才能使中小学教师的权威地位免受千夫所指？

既然树立并维护中小学教师的一定合理权威是必须的，那么怎样才能真正确立其权威而又不致其权力滥用呢？

其一，要正确认识教育中民主与权威、自由与约束的辩证关系，尤其是民主与自由的前提与限度问题。民主与权威、自由与约束向来是一对辩证范畴，在教育过程中亦不例外，通过第二部分的分析，广大家长、教育决策与行政管理人员、社会各界人士都应当就此达成广泛共识，即在教育过程中，由于诸种制约力量的客观存在、教育的本性、教育作为社会结构中的一个亚单位而不能摆脱整体社会的种种控制等特征，我们必须首先承

---

① 〔日〕藤田英典：《走出教育改革的误区》，张琼华译，人民教育出版社，2001，第 77 页。

认，讨论民主与自由的实现不能以否定这些现实客观条件为前提，换言之，必须首先承认诸如权威、约束这些因素存在的合理性。同时，我们讨论民主、自由等更不能离开具体的教育教学过程，只有在考察各种约束性力量之基础上，结合一国的教育教学传统及其过程中的具体问题才能谋求一定范围内的民主与自由，否则便是空谈。另外，在笔者看来，中国如同日本"政治与教育实践并不民主"，"认同或一致比选举或投票更重要"，在这种观念支配下，"教学过程中的学生充分参与显然过于理想化，'二战'以来的以学生为中心、发展学生独立思考力的教育改革企图从一开始就比较激进或教师难以操纵，故而日本战后教育依然保持传统的课堂教学过程观"。① 因此，教育民主化的第一步就是在全社会营造一个相对公正客观的舆论环境，明确理想与现实的差距，从而明确民主、自由在现时社会中的限度问题。

其二，要合理构建教师权威的形式与实质内容。一方面要将传统的"天地君亲师"和"传道、授业、解惑"形象予以量化，对教师的理智化形象及其素养以一定的具体标准予以规定和制度化，同时，要确保这种制度权威不因公众需要和态度的变化而变化，尤其是在公众因自己子女受到优待时就为教师的卑微地位鸣冤叫屈，相反则指责教师滥施权威时，国家与社会更应一以贯之。另一方面，教师要运用技巧建立实质权威，由于能否引起学生的兴趣并激发与保持他们长期学习的愿望是实质权威赖以建立的基本条件和标志，所以教师必须高度关注自己综合素质尤其是教学能力的提高。当然，教师这种行使权力进行控制的实质权威是不能仅用尊重、爱、民主、合作、自由等抽象的语词来概括的，而是一个需要长期研究体验的课题，它更属于一个艺术而非科学范畴。

其三，要谨慎防范教师权威的滥用或权力主义的产生。权威是指"在一个社会控制系统之中的某个特定规则的来源、解释者或执行者，诸如立

---

① Hiromi Yamashita & Christopher Williams （2002），"A Vote for Consensus：Democracy and Difference in Japan," *Comparative Education*，Volume 38，No. 3，p277 – 281

法者、法官、裁判、警察、牧师等，他们被一个社会系统赋予了制定、执行规则的权力，并使其他人处于服从状态"。[①] 教师在相对合理的规则之下行使自己的权力是应予以肯定与提倡的，但教育过程的复杂性使规则本身不可能完善，同时教师在教室中作为唯一的由制度赋予权威的人物，因缺乏权力的制约而很容易演变成权力主义或独裁主义，诸如任意体罚、奖赏学生使其处于盲从状态，强迫学生机械记忆，凭自己一时喜好而不公正地对待学生等。所以教师在行使权威所赋予的权力时，一定要力戒权威滥用或权力主义的产生，不能超过规则特别是法律这条界限，不能随心所欲，否则只能适得其反。

综上所述，关于课程实施中的师生关系，我们应当依循的基本判断便是充分尊重教师应有的权威地位并发挥其权威作用，切实防范和制止教师的权力滥用；没有无须努力就可以获得成效和结果的学习，学生自步入学校这一具有特殊规定性的学习场所起，自由与民主、需要与个性等诉求是有限的。我们不能试图以过程的自由和民主取代原本就需要付出艰辛努力的学习。

三 课程评价中的考试拒斥与认同完善

简单讲，课程评价就是依据课程目标对课程实施的过程及其结果做出价值判断。目前我国关于课程评价的界定是相对比较混乱的，其主要分歧在于到底是指对课程本身的评价，还是对教师的教学评价，抑或是对学生的学业评价。笔者认为，尽管课程评价的终极目的是对课程本身做出评价，但要想对课程本身做出评价，必须对教师的教和学生的学同时做出评价才能最终得出结论，毕竟在学校情境下的教育教学活动主体是师生，离开了这一基本事实，对课程的评价便成为无源之水。同时，考虑到当前我国教师评价的一个主要侧度是以学生的学业成就为依据的，所以为了突出

[①] 周浩波：《教育哲学》，人民教育出版社，2000，第163页。

问题，此处笔者将聚焦考试问题，对其做出专题深入分析。

（一）此次基础教育课程改革对考试提出的要求及现状

此次课程改革在课程评价方面做了许多新的规定与要求，不仅包括对学生的学业评价，也包括对教师的教学评价，还包括对课程实施本身的评价等。这里仅就考试在学生学业评价中的地位和作用问题做一探讨。自 19世纪末 20 世纪初课程评价成为一个独立的研究领域以来，其发展态势虽然迅捷凶猛且各种理念、模式、方法层出不穷，但和其他人文社会科学一样，其发展与所处时代哲学观的转变是紧密相关的。课程评价的价值取向也经历由被称为"现代评价理论之父"的泰勒及其学生布卢姆的"目标取向"，到以美国斯克里文和英国斯腾豪斯为代表的"过程取向"，再到当前受解放理性支配的"主体取向"的转变过程。此次课程改革，毫无疑问，"主体取向体现了课程评价的时代精神"[1] 而理所当然成为指导思想。据此，《纲要》提出："建立促进学生全面发展的评价体系。评价不仅要关注学生的学业成绩，而且要发现和发展学生多方面的潜能，了解学生发展中的需求，帮助学生认识自我，建立自信。在已经普及九年义务教育的地区，实行小学毕业生免试就近升学的办法。鼓励各地中小学自行组织毕业考试。完善初中升高中的考试管理制度，考试内容应加强与社会实际和学生生活经验的联系，重视考查学生分析问题、解决问题的能力，部分学科可实行开卷考试。高中毕业会考改革方案由省级教育行政部门制定，继续实行会考的地方应突出水平考试的性质，减轻学生考试的负担。教师应对每位学生的考试情况做出具体的分析指导，不得公布学生考试成绩并按考试成绩排列名次。"[2] 从上述规定中，我们可以看出，较以前普遍重视考试的情形，随着"普九"任务的基本完成，此次课程改革不仅在数量上要求减少考试，甚至不考，而且在质量上也要求降低考试难度，强调评价的多元性

---

① 钟启泉：《解读》，华东师范大学出版社，2001，第 258 页。

② 钟启泉：《解读》，华东师范大学出版社，2001，第 10～11 页。

及对学生的中立性、发展性。一言以蔽之，就是在相当程度上削弱乃至在适时情况下废除考试，进而消除"应试教育"。然而，考试真的已经被削弱了吗？让我们来看看当前我国中小学教育的实际情况吧！

在全面推进素质教育的今天，虽然许多人在口头上把应试教育说成洪水猛兽，把应试教育批得有百害无一益，但几乎所有学校尤其是中学都在进行一定程度的应试教育，有的实际抓得相当扎实；你不给孩子补课，别人的孩子在补；你这个学区不关心升学率，别的学区关心"一分两率"；你在搞革新，他认准考试训练这个死理……对于这种公开的做假，谁也感觉不出什么来，也不愿去感觉，这也许是说惯听惯，久而久之也就习惯了的缘故。试看一些一直被新闻媒体炒作的"重点学校""名牌学校"，有哪一个"成功"的背后不是以强化考试、提高升学率为手段和鹄的。记者在采访黄冈中学的党委书记时，他直言不讳地说"黄冈的名声是靠考试打造出来的"。[①] 再看看诸多媒体上的招生广告，又有哪一所学校不是把升学率作为其"金字招牌"而自诩"质量可靠"呢？可见，重考试并非极少数特例，而是一种普遍现象。为什么会出现此种情况？是各级各类学校不知道教育部的文件、顶风作案？还是教师观念过于陈旧、刚愎自用？都不是，而是因为在现有条件下，考试及应试教育具有存在的必然性，也是当前我国中小学教育的一项主要内容，还不能完全削弱其地位与作用。

（二）为什么说考试是当前我国中小学生学业评价的一种重要方式？

上文笔者归纳了此次课程改革在教育评价特别是考试方面的相关要求，此处，我们要进一步深入分析的是，为什么改革中三令五申的考试制度却收效甚微甚至有愈演愈烈之势？笔者以为，考试之所以成为国人经久不衰的一种学生学业评价重要手段，是因为其具有客观现实性与相对合

---

① 《黄冈中学——是素质教育的弄潮儿还是应试教育的集中营？》，《国内外教育文摘》2002年第3期。

理性。

其一，考试及应试并非中国特有的"教育现代病"，而是一种普遍现象。一谈到考试，我国教育界一些人士便会想到欧美发达国家尤其是美国的素质教育模式，认为他们并没有像我们这样强化考试也培养出了许多诺贝尔奖获得者。而事实上，美国在 20 世纪 80 年代就已经开始认识到了淡化考试的负面影响，为此才有《国家处在危急中》的报告，才有布什的《2061 计划》和克林顿的《2000 年目标：美国教育法》等措施的出台。德国和英国又怎样？虽然德国综合中学的毕业生只要拿到毕业证就可以直接进入大学，但人们忽视了这些学生在小学时就已根据其学业成绩分别被送入文科、实科和综合中学三种不同轨道了，并且不同中学的教学自始至终都按学生的能力、性向、成绩分基础班和扩大班进行。英国 11 周岁、16 周岁考试的严厉性与分级性更是有过之而无不及。至于日本、韩国，更有学历主义、考试地狱之称。因此，考试及应试现象是一种客观存在的共性问题，它并非教育本身的问题，其根源还在于社会。那么取消考试的结果又怎样？从 1954 年到现在，我国政府的减负文件断断续续，从未终止，但成效并不好。为淡化考试，也提出了教育与生产劳动相结合，甚至还有两次"取消考试"，但在 1977 年得到恢复后却被誉为"教育界的第二个春天"。就是到现在，尽管人们对教育的应试化提出批评，但鲜有人对高考的合理性提出怀疑，相反倒是许多学者和普通大众对高校自主招生提出了质疑。① 为什么？因为高考背后的"能力本位论"是对"家庭决定论"的超越。它一方面使社会各阶层有了共同的获取高等教育机会的筛选标准，而不是通过压制一些群体而使另一些群体获得更多的机会；另一方面，它也为跨阶层的社会流动留下余地。可见，在现阶段取消考试有违人公平竞争、向上流动的需要，也有违人先天存在或后天导致的差异，这一事实更有违通过考试导向、激励的教育规律。在学校中取消或弱化考试的做法，

---

① 相关质疑与不赞同观点，请参阅《教育发展研究》2003 年第 10 期庞守兴、刘光余、于鹏飞等三篇文章。

历史已证明其不能维持长久。尤其在中国，一旦大大小小的考试被取消，而又不能对学生的学业评价出台新的更为公平、有效的方式，也就在一定程度上意味着混乱的乘虚而入，营私舞弊、假公济私、权力滥用等亦将不可避免。

其二，考试及应试是社会分层及流动的需要。[①] 社会分层是指制度化了的社会不平等体系。在这种不平等体系中，有的人或集团可以获得更多地争取社会奖励甚至攫取公共奖励的机会，而别的人或集团则在奖励的获取机会上处于明显不利的地位。在这里，奖励包括权力、财富、声望等成分。社会流动是指个人或群体在社会分层中地位的升迁或降落，它既包括垂直性社会流动，也包括水平性社会流动。社会分层与社会不平等紧密联系，社会不平等是社会分层的基础，而社会不平等首先源于社会差异，但单纯的社会差异还不构成社会不平等，社会差异连同人们对这种差异的评价，才形成了社会的不平等，可见人们对差异的评价在社会不平等中占有重要地位。那么人们是谁？人们的评价又是如何形成的？人们的评价和社会不平等是怎样关联的？谁有评价的话语权力？谁掌握着标准？这些都是非常复杂的政治文化问题。无论如何，社会分层负载着很多的等级和不平等的内涵。如果没有平衡机制和手段的话，还有一定的传承概率，即如果你是弱势群体的一员，在自然资源和社会资源的获取或分配的过程中你就处于不利地位。由于你没有更多的资源获取机会，你的下一代也同样有可能重复你的命运，结果就是阶级或阶层的历史性维系和传承。倘若社会分层固化到这一步，那么历史就是豪门望族史。而事实上，历史没有陷入这种血统论或宿命论的循环。其原因是多方面的，除暴力和政治斗争外，教育便是一个重要的因素。因为考试能促进合理的社会流动尤其是上下流动，而教育又有助于考试的成功，由是，教育本身也就成为社会流动的必要条件，这是清楚不过的逻辑。另外，教育之所以具有促进社会流动的功

[①] 就此问题，笔者完全赞同周作宇先生的观点，故以上观点主要参照《教育、社会分层与社会流动》，《北京师范大学学报》（人文社科版）2001 年第 5 期。

能，并非教育自身能独立实现的，社会相应的价值导向、结构和制度也起着重要的作用。其中，教育给个人带来的社会收益和经济收益既为教育经济学的理论所证实，在一定程度上也为大众所认同。在个人可利用资源短缺情况下，教育不能直接给个人带来收益，除非社会有一种可用来将教育转换为资源的制度。在学历社会的宏观背景下，学历和文凭就是交换关系的中介。学历社会对学历的关注胜于对实际上的知识、能力、胜任力和态度的关注，其背后的假设是，有了学历，就有了相应的能力。社会用人单位对资源短缺人才的任用，以学历作为判据，在有相同层次学历的情况下，又以学校或专业的声誉为判据，这在客观上导引着人们的教育价值。应试教育看起来是为了考试、为了升学率，实际上从较为长远的角度看，是为了获得学历文凭，为了未来可观的职业，为了获得社会分层中有利位置而提前进行的竞争。比之于糊口，应试比其他教育理想更加实惠。所以我们认为，社会分层与流动决定了考试存在的客观必然性。

其三，考试及应试是当前中小学素质教育的一项重要内容。对此，我们可从以下几个方面来认识。首先，多种形式的考试是对学生学习能力、学习状况进行评估的重要手段和方式。考试及以其为据做出的评价，具有导向、激励、诊断、证明乃至教学等功能。对学生所学知识的评估采取一定形式的考试不失为一种比较耐用的手段。学生对一些基础知识学得怎样、学习的能力怎样、教育教学的效果怎样等，以考的方式来反馈、评价肯定是需要的，至于怎样考，则另当别论。考试及"应试教育"对学生来说是应当予以重视和应对的，因为考试及应试在人才培养和成长中的作用无论是在过去、现在还是将来都不可替代。教师也必须对其进行一定的指导和教育，离开了各种类型的考试检测，便难以知晓学生的学业状况，因此，在这种背景下谈应试和与应试有关的教育无须大惊小怪，关键在于考试的标准和内容不能"片面"。其次，从现行的中考、高考要求来看，应试教育也应有它相应的地位。中考、高考从某种层面上讲，基本上是考查学生的阅读理解能力、知识的综合应用能力、实验操作能力、求异思维、发散性思维和思想政治、爱国主义方面的内容及对社会热点的关注等。这其中的能力体现还有一个应试能力的问题，教师对学生的应试指导得法、灵活，并且能够把握有关考试的脉搏和走势，应试效果就比较好，这是不争的事实。除非中、高考制度取消，社会确定别的一些人才选拔方式，否则，考试与应试的存在便具有合理性。再次，从社会对人才的接纳情况来看，不能应对各种考试的所谓具有一定素质的人才，用人单位是无法接受的。因为社会各行各业的竞争与就职，对职业素质的判断，考试结果是依据或"素材"之一，只有通过前前后后的诸多考试才能获得，也只有具备一定应试能力的人才能融入社会，被人才市场接纳，在就业和再就业中获得一席之地。其他能力固然很重要，但能够经得起有关"考试"的能力却是首要的，因为"考中"才能"进门"。

（三）怎样才能充分发挥考试在学生学业评价中的应有作用？

既然考试具有客观现实性和合理性，那么为什么改革者还要提出弱化考试的各种措施，这表明不是考试评价手段本身的问题，而是我们对考试这一合理评价手段误用、滥用导致的问题。怎样才能有效避免其带来本不应产生的负面影响呢？大致有三。

其一，杜绝科举制度影响下的唯考试主义倾向。虽然考试及应试合情、合理、合法，但在认可其必然性的同时，我们不应该将其功用盲目扩大或绝对化。真理向前迈进半步都可能成为谬误，更何况将考试绝对化。因此，我们必须杜绝将考试滥用、绝对化到"考试地狱"的地步！自隋唐时代就确定下来的科举制度便是唯考试是从的典型。在此问题上，现今的中小学教育中应尤其杜绝以下三种倾向。一是标准单一，即所有答案都是固定唯一的，对凡是不符合标准答案的，均视为错误，不允许学生求异思维甚至是创造性答案的产生。二是题海战术，即不管年级高低、年龄大小、科目差别，在提高教学质量的幌子下，三日一小测、五天一大查、两周一预考、足月一大试，弄得广大中小学生为考试疲于奔命、形容枯槁，在题海中雾里看花、昏昏欲睡。三是分数至上，即所有对学生学业成绩的评判均以分数高低为准，将其划分为三六九等，并将分数与人格特征、智慧、未来就职等片面等同。如果说题海战术对学生身体产生恶劣影响的话，那么分数至上主义倾向就是对学生心灵的戕伐。

其二，力求考试内容全面化、考试形式多样化。针对当前中小学考试内容和形式多倾向于学生单纯识记知识及只采用笔试的情况，应当积极促进考试内容和形式向多样化方向发展。一方面，在减少考试频率的同时，将每次考试内容拓展，不仅要考查学生识记方面的知识要点，还要测试学生对各门学科基本理论的理解、领会情况，更要检测其对所学知识的综合运用能力。从识记、领会、应用诸多方面来考核学生陈述性知识与程序性知识的掌握情况。另一方面，不能将考试单纯囿于笔试范畴，而应同时采用口试、操作测验、实践考试等，拓展到语言表述、具体的问题解决等外显方面，使学生的综合素质得以提高。

其三，注重考试目的的形成性或发展性，提倡结果的单独反馈。每次考试都应有明确的目的或目标，绝不能假借考试之名，以印刷为本、谋字赚钱，最终让学生体会了对考试的厌恶之后，一无所获。尤其要杜绝那种简单重复的应试训练，其实，当前中小学生的学业负担过重，很多都是由此产生的，而并非学业失败导致的身心受挫，从这一角度讲，考试本身也是减负的重要一环。另外，每次考试的成绩即使不公布，也要让每位同学自己知晓结果，还要将每个学生的强弱项、优缺点及应试问题等告之学生，使学生对每次考试的内容、成绩及基于结果的应试过程有一个清楚的了解，更为重要的是留给学生充分的时间，让他们培养其自我纠错、自主学习和自主教育的能力，使每次考试都成为其自行学习总结、自设学习目标、自定计划进程，继而获得自我提高的一个重要环节，纳入其自身的人格特征。此间，斯金纳的程序教学法和布卢姆的掌握学习理论不无启迪。

通过上述分析，笔者基本表明了这么一种观点，即在现阶段我国中小学教育教学中，我们还不能削弱考试的功用，更不具备取消考试的条件，考试还具有存在的必然性与必要性。它不仅是评价学生学业成绩的一种主要方式，也是中小学素质教育中的一项重要内容，不应该拒斥乃至取消它，而应当想方设法改进、完善它，促使其规范化、科学化、多样化，充分发挥其积极功用、抑制其消极作用，以助于学生的全面发展。

四　课程管理中的分权下放与集权上收

根据我国《教育大辞典》的界定，"课程管理是对课程编订、实施、评价的组织、领导、监督和检查"，[①] 其间涉及对课程、人员、物资等相互关系的处理，其具体运行亦将受制于教育管理制度与体制，由于管理的核心问题是权力，所以笔者将对此次基础教育课程改革中课程管理的集权与分权问题做一专题探讨，而对其他问题暂时悬而不议。

（一）　此次基础教育课程改革对课程管理体制提出的要求

"课程管理体制是指课程管理机构的设置、隶属关系及管理权限的划分等方面的领导管理制度，即国家对课程进行管理的体系和制度。"[②] 它与一个国家的教育管理制度密切相关。一般的，人们会将一国的课程管理体制形式划分为三种，即"中央集权式、地方分权式、中央与地方相结合式"。[③] 但笔者以为第三种划分形式过于笼统和形式化，且就一个国家而言，其课程管理体制一般不是倾向于集权就是分权制，因为"教育上的许多重大事项，不是最终由中央说了算，就是由地方说了算，不存在绝对的均权制"。[④] 因此，我们有必要再简要复述一下集权制与分权制各自的优缺点，以便明了当前世界各国教育管理体制变革所处的整体选择背景。

中央集权制的主要特点是[⑤]把教育事业看作国家的事业，国家直接干预教育，教育方针政策、教育发展规划、教育内容甚至教学方法都要由中

---

① 顾明远：《教育大辞典》（第一卷），上海教育出版社，1989，第367页。
② 许象国：《基础教育课程管理概论》，上海教育出版社，2002，第23页。
③ 王承绪、顾明远：《比较教育》，人民教育出版社，1999，第250页。
④ 吴志宏：《教育行政学》，人民教育出版社，2000，第53页。
⑤ 上述观点详见王承绪、顾明远《比较教育》，人民教育出版社，1999，第250～256页。

央统一规定；地方的各种教育事业必须接受国家的指导、监督，地方办学必须遵循中央政府的方针政策，地方自主权居次要地位。其优点是能充分发挥中央办教育事业的积极性，便于统一全国的教育思想；有利于统一规划全国教育事业，统一领导全国的教育改革；能集中全国力量实现教育机会均等原则；能规定统一的教育标准，有助于全面提高教育质量；能提高行政效率，一声令下，全国畅通。其主要缺点是中央管得过多、统得过死，地方没有自主权，不利于调动地方的主动性和积极性；强求全整齐划一，容易脱离当地实际，不利于因地制宜；不鼓励自由试验，束缚教师的创造性。地方分权制的特点是把教育事业看作地方的公共事业，地方自主权的思想占统治地位，教育权归地方所有，教育方针政策规划由地方自行决定，教育事业由地方或公共团体独立自主地经营管理，课程设置、教学方法和教科书均由地方规定，中央不做统一要求，教育经费主要由地方支付；中央和地方教育行政部门之间不是领导与被领导关系，中央对地方只起援助、指导作用。其优点是能培养当地人民关心教育事业的兴趣和责任感，把教育作为自己的事业来办，从而能充分调动地方办教育的主动性和积极性；便于因地制宜发展教育事业，适应本地区的需要；能结合本地情况进行试验，通过不同地区和学校的创造，开展竞争。其主要缺点是没有全国统一领导，难于在全国范围内统一规划；没有统一标准，各地区自行其是，制度纷繁复杂，教育质量参差不齐；各地区经济条件不同，贫富差别大，教育事业发展不平衡；行政效率不高。

长期以来，我国的教育管理体制一直是被划归为集权类的，即把教育事业看作国家的事业，国家直接干预、控制教育，教育方针政策、教育发展规划、教育内容等都由中央统一规定，地方的各种教育事业必须接受国家的指导、监督，地方办学必须遵循中央政府的方针政策。随着我国经济和政治体制的改革，由于这种形式暴露的问题日趋增多，所以此次课程改革在课程管理体制方面提出实行"国家、地方、学校"三级课程管理体制，即"国家只在宏观上确定国家课程门类和课时以及课程标准；省级教育行政部门制订本省实施国家课程的计划，规划地方课程并组织实施，经教育部批准，省级还可单独制订和使用本省课程计划和标准；学校则视当地社会、经济等发展的具体情况，结合本校传统和优势、学生兴趣和需要，开发和选用适合本校的课程"。[1] 这表明，我国课程管理权已开始适当下放。根据此次课程改革的要求，已有不少学者对此进行了论证，还有的已就其如何运作和实施的原则、策略做了研究与阐述。[2] 本文所要探讨的是一国课程管理体制的选择究竟由哪些因素决定，我国提倡的三级课程管理体制到底能走多远以及如何理解此次课程改革中的权力下放问题。

（二）课程管理体制的集权与分权取决于什么？

一个国家的课程管理体制是其教育管理体制的一部分，而教育管理体制又取决于一个国家的民族文化传统、社会心理和现行执政党的性质及其现行政治体制，因此，课程管理体制也自然由上述因素决定，如果说课程内容、组织形式与实施方式更多地取决于生产力、科技与经济发展的程度的话，那么课程管理体制则更多地体现政治、文化制度以及意识形态的要求。集权与分权，作为两种典型的相互对立的课程管理形式，其本身并没有什么可指责的，因为二者各有其优缺点，且在各国不同的历史发展阶段都先后起了相应不同的作用；同时，二者在各国现行的教育行政制度中也依然存在，且并没有要向对方完全转化的倾向。从当今世界各国的教育行政制度改革中，我们可以看出其总趋势是二者的日趋取长补短、均权融合。然而这种均权化并非硬币的两面，各执一半，在实际运作当中，还是有所侧重的，而且这种侧重在一国仍是一如既往地以保持其原有"质"的不变为前提的，即中央集权者虽然加大了地方分权的力度，但绝不可能完全分权化，地方分权者虽然在中央集权方面做了种种努力，但分权本质依旧不改。为什么？这是决定课程管理体制最主要的三个变量——现行政治制度、民族文化传统及现行管理体制弊端的极致——使然。下面我们就来

---

[1] 钟启泉：《解读》，华东师范大学出版社，2001，第11页。
[2] 雷顺利：《集权与分权的平衡》，硕士学位论文，湖南师范大学，2003。

从比较教育的角度，观照一下这三个变量在西方诸国的情形。

其一，现行政治制度、运行机制及意识形态的制约。教育政治学的原理告诉我们，近代民族国家诞生以后，教育便逐渐成为国家的合法控制领域，一个国家统治阶级的政权性质及基此的政治制度、体制、意识形态都将构成一个整体的社会框架，控制教育的方方面面，自然也包括课程管理体制。美国是典型的分权制国家，虽然 20 世纪 80 年代以来，针对分权制的缺陷，联邦政府一直致力于对教育的集权化管理，并且历届政府都采取了相应措施，诸如《2061 计划》的出台、《美国 2000：教育战略》文件的制定、《2000 年目标：美国教育法》的颁布等，这些行动计划对全国统考、教育标准的统一、联邦教育部权力的加强等方面都表现出集权化倾向。但上至美国政要、中经美国中小学教师、下到美国普通公民是否接受这些呢？布什在谈到克林顿和戈尔执政期间的教育时说"美国学校教育在过去的八年承受着的是教育衰退，我们现在的体制是没有希望的、极差的、严峻的"，可是戈尔在竞选过程中反击布什时，不仅不承认过去八年美国教育衰退了，还说"最近学术成绩测验数学成绩结果表明，美国中学数学成绩取得了自 1969 年以来最高最好的成绩"。同时，"美国教师工会等组织对考试持否定态度"，"麻州一些家长和学生开始联合抵制考试计划，数以百计的家庭宣布不让孩子参加学校考试"。① 虽然这些争论是出于政治斗争的需要，但可以断言，美国这种集权化倾向也是以不触动分权的根本地位为底线的，因为自以为民主、平等、自由的美国人自移民时代就形成的个人主义和民主共和制度早已构成现代美国"民主政治制度"的基石，无论怎样改革，只要它现行的国家政治体制还是分权制，即使再采取什么集权措施、表现出何种集权倾向，教育系统所处的框架也是命定的，仍是以分权为主的教育管理体制，而非其他形式。再看法国，在反思第五共和国以来教育改革历程时，政府列出的七条历史性错误中有一条是"教育部官僚僵化、运转不灵"，但在 1988 年出版的《教育与明天的社会——面对 21

---

① 袁桂林：《本届美国政府教育改革计划述评》，《外国教育研究》2001 年第 12 期。

世纪的挑战》调查报告中，却又提出"中小学还应该继续由教育部统管"。① 这种近乎矛盾的评判，其根本原因还在于法国是实行中央集权管理的国家，否定了教育中的集权制无异于否定了现行的社会政治体制。这是因为"1808 年以后的几乎一个半世纪的发展过程中，拿破仑制度的主要原则经过多次政治动乱和教育抱负的反复依然保存了下来，而且几乎没有任何实质性变化"。② 还有日本，虽然长期以来人们将其教育行政体制看作"中央和地方结合制的典范"，③ 虽然近年来在国际化、全球化浪潮下进行了以培养学生丰富个性与生存力为核心的新一轮基础教育改革，在原有基础上具有明显的分权倾向，但其文部省"仍然控制审定教科书、文部大臣在国家机关所委托的事务范围内仍有权指挥地方行政长官等"。④ 这同样表明，日本的放权最终还是在文部大臣允许下的放权。至于英、俄、德等国，虽说情形各异，但在政治制度及体制决定教育管理体制这一规律上并无二致。

其二，民族文化传统和教育传统的影响。"民族文化传统是指一个民族经过长期的历史积淀而形成的对现实社会仍产生巨大影响的文化特质或文化模式。"教育传统也属于民族文化传统的一部分，"是指经过长期的历史积淀而形成并继承下来的教育思想、制度、内容和方法，即在过去教育实践中形成并得以流传的具一定特色的教育体系"，它们都具有"民族性、稳定性、统摄性、系统性和变异性"⑤ 等特征。可以肯定地说，任何一个国家和民族现今的教育状态都是其民族文化在发展过程中创造、发现、选择和传递的结果，不可能脱离其文化土壤凭空进行现代意义的教育变革。课程管理体制作为课程改革的一项重要内容，其民族文化传统的制约性更

---

① 王英杰：《比较教育》，广东高等教育出版社，1999，第 89、147 页。
② 〔英〕埃德蒙·金：《别国的学校和我们的学校——今日之比较教育》，王承绪等译，人民教育出版社，2001，第 107 页。
③ 王承绪、顾明远：《比较教育》，人民教育出版社，1999，第 253 页。
④ 王英杰：《比较教育》，广东高等教育出版社，1999，第 213 页。
⑤ 顾明远：《民族文化传统与教育现代化》，北京师范大学出版社，1998，第 6~12 页。

为明显。为什么美国选择了分权制政治体制？为什么当前美国教育改革中的集权化倾向招致如此强烈的反对？正是因为美国的文化传统从中作祟。美国的主流文化传统主要由"宗教文化、个人主义文化和共和文化"构成，这三种文化传统孕育了其教育传统中"重教兴学、分权管理和民主参与、崇尚实用与学生中心"①的特色。在这些文化传统影响下，美国现行的集权化企图有悖美国人强调个人自我中心的性格、功利个人主义的生活哲学、尊重个人利益至上以及"自由""民主""平等"等价值观念，也正基于此，它的集权化倾向才受到了前所未有的抵制。为什么英国从未出现剧烈的社会突变或震荡？为什么它的教育变革通常是以渐进方式进行，时至今日还保留着几百年前的"公学"？这同样是基于英吉利民族文化传统中"依恋传统的性格、经验主义的理性思维方式以及守成渐进的变革观念"。②洛克提出的绅士教育理论至今还是其教育精英化、等级化的重要理论基础。而中国和日本，虽然二者分属不同发展水平的国家，但其文化传统中的儒家思想是一致的，儒家重人伦道德和修身、齐家、治国、平天下的教育目的，"内圣外王"、学而优则仕的培养目标，强调群体意识、忽视个体价值、"法古"、重权威的价值取向都使两国在教育上具有某种共性，只是各自表现的方式、时期和强烈程度不同而已。而日本的"武士道"精神更是其军国主义和国家主义教育观的文化支撑点。因此，文化传统与其教育传统对教育管理体制的影响是深刻而潜移默化的。

其三，现行教育和课程管理体制业已产生的尖锐问题的诱发。前两个因素是从宏观的社会背景来论述影响课程管理体制运作的因素的，这一因素则是从课程管理体制本身来说明课程管理体制改革的原因。这种因素可概括为现行课程管理体制因种种原因，把原有的"以集权/分权为主，兼顾分权/集权"的整体运行模式打破，从而在集权与分权的统一上出现了严重失衡，由此产生了许多问题，当问题尖锐到超出了系统平衡所能控制

---

① 顾明远：《民族文化传统与教育现代化》，北京师范大学出版社，1998，第 138~182 页。

② 顾明远：《民族文化传统与教育现代化》，北京师范大学出版社，1998，第 194~236 页。

的程度的时候，便成为课程管理体制改革的直接导火线。比如美国是在目睹过度分权导致放任后的中小学生成绩平庸、纪律混乱、犯罪率上升、功能性文盲激增等问题时，才意识到教育改革迫在眉睫的，否则，"时至1993 年，21%～23%的成人不会填写银行存单，看不懂简单的会议通知，不能阅读一篇简单的新闻报道"① 便成了一个巨大的社会问题，这样，强化集权化倾向的课程改革也就势在必行了。再比如法国，因为其高度集权导致了留级率猛增、毕业率骤降、厌学逃学现象比比皆是。在这种情况下，它不得不反思解决中央集权的弊端了。至于日本，更是由于"考试地狱"已严重威胁学生身心的正常成长才进行改革的。

（三）怎样理解三级课程管理体制中的权力下放？

当前我国基础教育课程改革在课程管理方面的新要求有其必然性，其必然性就在于过去课程管理体制在运作过程中的确存在许多不尽如人意的地方，且这些问题伴随我国政治、经济等整体改革的深入而日益暴露，因此，对集权不足的完善也就势在必行。那么，我们如何来理解当前的三级课程管理体制呢？

其一，当前我国课程管理体制改革中权力下放具有必然性和必要性。首先，它是解决现实课程管理实践中业已产生的尖锐问题的要求。我国的教育管理体制长期以来是中央集权式，这种体制在实践中相对不能顾及分权要求，其不仅高度统一了教学大纲、课程教材，甚至连教师如何备课、上课、用什么方式授课都做了明确规定，这种情形已经招致部分教师的强烈反对，也抑制了教师的创造性和学生个体丰富多彩的发展。同时，高度集权也导致了课程管理实践中的官僚化倾向，尤其是各种"一刀切"的措施，严重忽视了各地的实际差异，妨碍了各地各类中小学发展的平等、自主、公正性。换言之，课程管理体制确实需要进一步改革和完善。其次，它是因应潮流的选择。当今世界各国都已不同程度地呼吁尊重个人的主体

---

① 王英杰：《美国高等教育的改革与发展》，人民教育出版社，2002，第157页。

性和创造性，促使学校向多样化、特色化发展，这是教育民主化和管理民主化的表现，体现了一个国家教育发展的方向和科学管理理念的逐渐深得人心。自由教育的精神也正由于它"具有人道主义、民主主义和理性主义精神"① 才成为人类的追求。再次，坚持以中央集权前提下的适度分权，有助于我国课程实践的发展与完善。适度分权，给地方和学校以一定的自主权，确实可以增强它们的责任感，而不会像以前那样处于万事只等上级文件下发的消极状态，还能切实调动其积极性，增加课程实施过程中的适切性与适应性。

其二，当前我国课程管理体制改革中很难实现集权向分权的完全转变或完全均权。如上所述，我国几千年来的文化传统及现行的政治体制还有中央集权管理本身所具有的优点，决定了我国的课程管理体制不可能完全走向类似美国的分权制，即使这种集权管理问题百出，其形式和本质必将被保留下来。而集权与分权的"平分秋色"或"均权"看似要实现二者的"最佳平衡"，但事实上这是一种理想状态，世界各国还没有哪个国家是完全均权的。要想使我国的课程管理体制改革做到"既不像英国那样向地方倾斜太多，又不能像日本那样向中央倾斜太多"，② 也是不可能的，因为在现实操作中很难把握"均权"这个度。传统上被归为中央集权与地方分权相结合的英国和日本，实际上也都是各有侧重的，前者在学校、后者在文部省。因此，做类似均权的课程管理体制选择在我国不仅是不可取的，也是不负责任的表现。既然如此，剩下的就只有基于集权之上的权力下放和基于分权之上的权力上收两种可能了。对于我国，显然应当是前者。

其三，当前我国课程管理体制应当是基于集权之上权力的有限下放。长期以来，我国的课程管理权一直高度集中在国家手中，且方式单一，主要依靠行政命令、法令条例和规章制度执行，对课程与教学也统得过细过死。这种情势的确需要改变，的确应当有效释放中央的课程权力，从原来

---

① 石中英：《教育哲学导论》，北京师范大学出版社，2002，第 264～266 页。
② 雷顺利：《集权与分权的平衡》，硕士学位论文，湖南师范大学，2003，第 22 页。

单一直接的行政命令管理手段转向立法、规划、督导、咨询、拨款、舆论等多种间接的手段；应当给予地方和学校更多的权力，尤其在选修与必修、地方与校本课程等的开发与选择及教材的编制与使用方面。但笔者以为，权力下放的前提还应是基于中央集权之上的，一些地方性权利或措施应当得到中央教育部的批准与备案，同时，在"分权"的具体运作过程中也不能操之过急，否则容易产生混乱。另外，在一些原则性的权力上是不能迅速下放的，诸如国家课程标准的制定、教材的审定等，尤其在义务教育阶段，更应当强化集权的作用与整齐划一，否则在这方面的放权便意味着地域、阶层差距的人为制造与加剧，因为义务教育基本还是体现平等、公正的要求的，而这项职责主要由中央政府担负。总之，就是要建立一种以中央集权为基础的权力合理分配运作机制。当然，如何建立这种机制着实需要进一步研究。

综上所述，我们可以看出，课程管理体制的改革与一个国家的现行政治体制、文化和教育传统、已有课程管理体制存在问题的尖锐程度息息相关。我们也可以断言，无论世界各国如何改革，有一条是不变的，那就是分权的不可能完全走向集权、集权的不可能完全走向分权，而总是基于某一个侧重点上的稍加平衡与融合。联邦、共和、君主立宪的政治体制不同，美利坚、英吉利、大和等民族的文化传统各异，使他们不可能逆民族文化而行、反现行政治制度而动，这种必然性是显而易见的。当前我国课程管理体制的改革的确势在必行，但鉴于相同原因，我们在具体操作过程中还不能操之过急，还应在中央集权基础下实行权力的有限下放，否则，容易出现一改就放、一放就乱的局面。

第三章　2001年基础教育课程改革实施推广考量

　　　　置身"改革年代""改革国度"的人们，往往想当然地认可抑或集体无意识地习得这样的命题（假设）：改革是自上而下的……改革是好的……改革是必须的。对于如火如荼的教育改革，这三个命题同样存在。

——程天君：《教育改革三问》

富有伟大历史复兴意义的新一轮基础教育课程改革已经在全国全面铺开，不管人们对其看法怎样、赞同与否，总之，它已是不以人的意志为转移的一种正在被实践的客观事实。作为政府业已制定且已付诸实施的一项政策或行动计划，我们要做的不是以自己的一孔之见和学究之气去指责、埋怨其存在的不足，而应将其作为一项工作，想方设法按要求、建设性和创造性地将其具体落到实处。我们对其理念可以有所批判，对其举措也可以有所保留，但更为重要的是，我们应对其实施推广实践中存在的问题予以客观分析并加以系统呈现。"一项创新或改革若要成功地实施，首先必须满足的条件是此项改革的确是需要的，改革的建议是清晰的，创新的规模和复杂性适中，以及改革的实用性。"① 此次基础教育课程改革的顺利实施和全面推广需要哪些前提、条件、关键、保障呢？

---

　　①　转引自冯生尧《香港课程实施影响因素之分析》,《全球教育展望》2001 第 5 期。

一 社会公众舆论的漠视淡然与关注参与

任何一项改革或行动方案，其实施与推广都需要得到社会公众舆论的支持，都需要公众的积极关注与参与，否则，再好的改革理念与举措主张也是海市蜃楼。因此，我们首先要分析的是，社会公众对此次基础教育课程改革的总体态度是关注参与还是漠视淡然，是赞同认可还是拒绝反对。

（一）此次课程改革实施的前提是形成良好的社会公众舆论氛围

就此次基础教育课程改革而言，我们因相对忽视了社会公众舆论的阻滞影响而显得过于乐观，高估了公众的热情而显得相对超前，表现三个方面。

其一，在总体思想认识上，低估了课程改革实施的阻力所在。一方面，此次基础教育改革的发起者部分地或有些想当然地认为，只要理念是好的，措施是得力的，通过层层开会、下文就能如愿以偿地推行课程改革，殊不知这种"自上而下"的单凭政府和政策运作的改革方式并不能促使改革的有效实施；另一方面，由于基础教育改革事关社会各个不同利益群体，其实施是一个诸利益因素相互制衡博弈的复杂过程，难免会遭到来自社会各方的考量、质疑、辩论，甚至是诘问与责难，但改革发起者们并未意识到改革实施阻力因素的多源性、复杂性，将这一原本应该综合考虑潜伏于社会不同阶层、不同利益群体的阻力因素简单化，而将其实施视为只是学校教育系统的问题。

其二，在具体实施操作上，相对忽视了广大学校、家长、教师等群体的广泛参与，过于依赖在教育系统内部从上至下的指令主义形式，其实这是自欺欺人的。如果不充分考虑到影响课程改革实施的因素并认真加以解决，改革的各项举措是很难推广的，历史上在这方面的例子已经不胜枚举，美国20世纪五六十年代经布鲁纳精心设计并领导的学科课程改革最终付之一炬、80年代日本"周五"学习制度的推行一拖再拖，诸此种种都是社会舆论中反对的声势过于强大造成的。因此必须高度重视社会公众的舆论问题，此次课程改革的社会公众舆论至少包括以下四个层面的因素，即普通公众已有的传统教育理念和课程理念、学生与家长对课程改革的态度、教师群体对课程改革的态度以及教育行政、管理人员对课程改革的态度。

其三，在宣传力度上，没有高度重视同辈群体的启蒙。一方面，改革前期的宣传不够全面深入，尽管各种媒体也全面介入了，但对于此次课程改革的宣传似乎仅限于教育领域，对于此次课程改革的意义、目标、内容、原因、举措等，在社会上少有大张旗鼓的宣传，导致诸多公众对意义如此巨大的基础教育课程改革不甚知之或知之甚少，表现出漠视、淡然甚至毫不关心的态度；另一方面，过于依赖单纯的大众传媒宣传和教育理论研究者的思想启蒙，相对忽视了部分思想观念已然转变的教师对教师群体本身的启蒙，如此一来，便导致整个基础教育改革的相关内容、措施在实施过程中与中小学教师的日常生活方式差异过大而使教师们普遍不适，达不到真正促使广大教师从内心里真正接受本次改革的理念与措施的效果。

（二）密切关注此次课程改革实施中的社会公众舆论

对于此次课程改革，社会公众持有什么样的心态呢？虽然我们不能在一项改革还未全面付诸推广前就畏首畏尾，但也绝不能对一些来自公众心态方面的阻力因素熟视无睹，而应该客观地了解和分析其间不利因素，并寻求解决办法。在笔者看来，其间的"流言蜚语"大致包括如下四类。

其一，传统教育理念与课程理念的自然抵制。任何领域的改革都会遭到旧有观念和势力的自然排斥，教育改革也不例外。虽然新一轮国家基础教育课程改革是针对我国传统教育流弊进行的一次全新变革，是对旧有教育传统的扬弃，具有"全人发展的课程价值取向、科学与人文相结合的课程文化观、回归生活的课程生态观、均衡化的课程设计观，缔造取向的课程实施观、民主化的课程政策观"[1] 等一系列新理念特点，但因为《纲要》

---

[1] 靳玉乐：《论基础教育课程发展的新理念》，《教育理论与实践》2002 年第 4 期。

总体上是要改学科本位、书本知识为综合课程、从做中学；改教师强有力的主导作用为满足个体差异的服务辅导作用；改过去重视课堂间接经验学习为重视生活中直接经验的操作获得，即从过去的"教师、课堂、教材"三中心转向"学生、活动、经验"三中心，这一系列转变自然也就要求我们将思想转变到"教师是实验室；课程是经验；教材是范例；教材是对话、交流与知识建构的活动；教师即研究者；学生是知识建构者；家长是教育伙伴"① 等新观念上来。但所有这些都与原有的教育、课程理念相去甚远，传统教育与课程理念自然也就成为新课程改革实施的第一个阻力因素。虽然传统的教育、课程理念伴随着我国社会文化及基础教育的变迁，经历了"儒学教化，西学东渐、新文化运动及新中国等多个曲折发展阶段"，② 但仍是伦理本位、科目本位、社会本位、教师本位以及精英主义等思想在起支配作用。正是这些传统的力量使新一轮课程改革在推广与应用中阻力重重。事实表明，如果不充分考虑将传统教育观念的阻力人为地降低到最低限度，教育领域的改革就会失败，因为"人们无法超越传统再抽象地追求新的无传统的东西，一时超越得越远，最终越回复到传统本身"。③ 美国 20 世纪五六十年代布鲁纳领导的学科结构课程改革的失败及现阶段具有加强考试和中央极权倾向的美国基础教育改革中"反对教育改革的声音依然存在"，④ "二战"后英国加强职业技术课程改革企图的失败，经过美国占领当局改造后的日本教育并非完全美国化的"和魂洋才"，印度殖民前后的教育实践等都足以表明，一个国家的传统教育理念和课程理念会强烈地抵制现行变革，即使现行变革是针对原有不合理的情况进行的。我国 2001 年基础教育课程改革也会如此，20 世纪五六十年代学苏联，八九十年代看美日，无论怎样借鉴效仿国外的"先进教育与课程理念"，

---

① 靳玉乐：《中国基础教育新课程的创新与教育观念的转变》，《西南师范大学学报》（人文社科版）2002 年第 1 期。

② 黄书光：《中国基础教育改革的文化使命》，教育科学出版社，2001，第 1~42 页。

③ 石鸥：《教育实验推广中效果递减现象的研究》，《中国教育学刊》1995 年第 2 期。

④ 衡孝军：《美国基础教育改革》，《教育研究》2001 年第 6 期。

我们似乎都不会完全按照改革者的意图外化，因为"中国人有权为他们的教育制度和尊师重教的传统而感到自豪，中国人的文化自豪感和对教育价值的信念从未改变过，中国人民不可能放弃其悠久的历史、古老的文明和光荣的教育传统"。①

其二，学生的天然放纵与家长的消极防范。新一轮国家基础教育课程改革的核心是强调学习方法和能力的培养，极力顺应儿童的自由天性，迎合儿童各异的兴趣爱好。为此，《纲要》从课程设置与教材选择、学习方式、课程评价以及教师的教学活动等各个方面都进行了相应的规定以强化这一核心。诚然，儿童的身心发展水平及其兴趣爱好是影响课程实施的一个重要因素，但对儿童这种自然天性的过于迁就便无异于放纵，这种偏执与放纵，使儿童在教师这个"辅导者"角色面前更显得有恃无恐，因为儿童的任何言行举动都是身心特征的反映，无论错对，任何干涉儿童这种天性的举措都将被视为教师的无能，这种自由天性的极端顺应，加之教师群体对此的本能排斥，使原本设想美好的"man - to - environment"教学模式②依然会在师生关系中畸形运行。而那种"以学生为主体的教学"③的新构想亦会被儿童这种漫无边际的放纵埋葬。同时，方法和能力固然是教育的重要目标，但我们"可以相信，无论什么时候，扎实的知识功底、广博的知识视野、合理的知识结构和良好的知识素养，都是教育所要追求的目标，这在知识激增时代也不例外，甚至更加重要，通过知识而获得发展，这算得上是一条颠扑不破的教育真理"。④另外，尽管国家基础教育课程改革符合国际教育改革大潮流，符合我国教育国情，但在实施过程中，学生的家长却不无顾虑与担忧。他们会从自身已经历的多次课程改革实践中，体会到每次课程改革的实际效用。由于他们对中央课程改革的不信任、对教师实施新课程的疑虑、对自己孩子发展的热切期望及其本身固有

---

① 〔英〕霍姆斯：《比较课程论》，张文军译，教育科学出版社，2001，第 264 页。

② 钟启泉：《解读》，华东师范大学出版社，2001，第 215 页。

③ 钟启泉：《解读》，华东师范大学出版社，2001，第 218 页。

④ 石中英：《当前基础教育改革中的几个认识论问题》，《学科教育》2002 年第 1 期。

的知识观、师生观、学校观等，他们会采用一种相对保守的心态对待此次课程改革，在具体行为上则会表里不一，仍会教育其孩子维系原有的一套方式方法，即努力通过层层教育考试，上一个好大学，继而出人头地。这样，原本设想为合力的家长群体亦会形成一股巨大的课程改革阻力，无形地制约着课程改革的实施进程。调查表明，初中学生家长对新课程改革持"非常支持"和"基本支持"态度的比例分别为 10.6% 和 43.7%。[①] 这表明几近半数的家长并不赞同此次课程改革。

其三，教育决策及行政管理人员表里不一的必然掣肘。此次课程改革的一个较为突出的特点是多样化与分权性倾向，诸如课程结构、标准及教材开发管理的多样化与选择性，课程评价的自主性与课程管理的国家、社会、学校三极化等。这其实是对我国多年来教育行政制度的一种挑战。的确，长期以来的中央集权制度对我国的政治、经济、文化乃至生活等各个方面都产生了一些负面影响，这些负面影响是客观存在的，也是集权制度运行的必然产物，然而问题的根源倒不是中央集权本身，而是对其不足之处的完善。毕竟世界实行中央集权政治制度的国家不止中国一个。但在我国这样一个具有几千年帝王将相史的社会主义国家，教育行政制度的集权影响可谓根深蒂固，要想在短时期内克服其不足是困难的，要想彻底将其转变成另一种对立的形式更是不现实的。因为任何教育都不能游离于既定的政治框架之外漫无边际地运行，更何况中央集权教育行政制度还有其一定的合理性。因此，要想在我国真正实现《纲要》提出的那些分权化设想不是一件容易的事情，它将受到集权思想影响下各种人员的钳制与掣肘。在这种情况下，地方课程与校本课程将随国家课程亦步亦趋，教材的多样化开发将会变得名存实亡，评价的自主性亦会随相应的考试竞争日趋模糊……

其四，教师群体的本能排斥。这一问题稍后详述。

---

① 教育部"新基础教育课程改革实施与实施过程评价"课题组：《基础教育课程改革的成就、问题与对策》，《中国教育学刊》2003 年第 12 期。

上述这些"流言蜚语"构成了一个强大的舆论氛围，从各个方面制约着此次课程改革的实施与推广进程，如何才能将这些"流言蜚语"转换成"众口一词"，这是首先要考虑的问题。

（三）切实营造有利于此次课程改革实施的社会舆论环境

上述言论与分析似乎对此次课程改革有些信心不足或态度消极，正如良药苦口一样，只有找到病因才能对症下药。在这种情况下，笔者以为，同其他任何领域的改革一样，此次课程改革应从宣传入手，只有在各种社会舆论势力普遍达成共识的前提下，课程改革才能顺理成章、水到渠成。

其一，要充分估计此次课程改革实施的阻滞因素所在。所谓知己知彼方能百战不殆。"创新和改革是孤独的，是冒着风险的，而保守在任何传统社会都是主流的心理倾向"，[1] 我们只有认真分析和厘清阻滞新课程改革实施的因素，并在此基础上逐一克服，才能使新课程改革顺利实施推广，"大跃进"式的作风是行不通的，后果也是致命的。而此间第一个要端正的态度就是，敢于承认与正视课程改革中存在的阻力与问题，确实要"提防新课程改革耽误一代人"，[2] 没有这种实事求是的精神与"大气"，是不能卓有成效地推广此次课程改革各项要求的。

其二，要积极引导、切实营造良好的社会舆论环境。为切实制止上述"流言蜚语"，我们有必要针对不同群体采取包括以下三个层面的措施"以正视听"。首先，针对传统教育和课程理念的抵制，要切实加强各级各部门对此次课程改革重要性、必要性和紧迫性的宣传工作。毕竟此次课程改革是一项牵涉千家万户的思想革新工作，没有广泛深入持久的宣传发动，是很难造成声势的，单凭民众自觉的认识，这一过程离我们五年内全面推行新课程这一目标过于漫长，因此，必须加大宣传力度，充分运用多种媒

---

① 周作宇：《教育、社会分层与社会流动》，《北京师范大学学报》（人文社科版）2001 年第 5 期。

② 顾超雄：《课程改革提防耽误一代人》，《中国教育报》2001 年 10 月 26 日。

体形式，进村入户进行宣传，并就此次课程改革的相关政策层层设立咨询机构，随时解答相关问题，澄清传统教育与课程思想对广大民众的负面影响。其次，针对广大学校与家长的疑虑和担忧，要在上述基础上切实推进相关配套工作的改革与完善。学校与家长最为担忧的无非新课程实施后的教育质量及其与中考、高考的适应问题，而这些担忧的消除要以高考制度、劳动人事制度以及评价制度等的改革为前提，没有看到相关配套改革的实际措施与成效而一味地劝慰学校、家长放心是不现实的。这一问题笔者在稍后详述。再次，针对部分教育决策者及教育行政官员表里不一的情形，要切实加强对此次课程改革组织与实施的规范、考核、评估工作。为切实转变各级各部门党政一把手尤其是教育行政部门广大"干部"对课程改革的思想与认识，转变其口是心非的消极应付态度，有必要将此次课程改革实施工作作为各级各部门年度考核的一项重中之重的内容，通过一定的考核指标体系评估，对凡是不按要求落实此次课程改革相关规定的，可运用常规的"一票否决制"，将这项工作摆到与"财政税收""综合治理"同等重要的地位来考核评估党政一把手。因为如果说前两类人员更多要通过说服、宣传和晓之以理、动之以情才奏效的话，那么对这类已具备相当课程改革背景知识的"领导者"，按章行事、严格执法似乎更为管用。

其三，在上述前提下，要呼吁并鼓励社会不同群体对此次课程改革的关注与参与。作为课程改革实施的一个必经环节，课程改革决策者应当多方位倾听来自不同领域和群体的呼声，将反馈的信息会集起来，逐一分析综合，进而修正课程改革方案本身存在的不足，反映各方要求，体现其政策参与权。

二 教师及其培训的抵制规避与适应胜任

毛泽东同志曾指出，教改的问题主要是教员的问题。任何教育改革的成败，都取决于改革的实施者——战斗在一线的教师的支持与否，因为只有当新理念被大部分教师内化之后，才有可能保证它得到有效实践。因此，在此次课程改革中，我们应倍加关注教师。

（一）此次课程改革实施的关键是教师及其培训

《纲要》提出教师在教学过程中应与学生积极互动、共同发展，要处理好传授知识与培养能力的关系，要注重培养学生的独立性与自主性，引导学生质疑、调查、探究，在实践中学习，促进学生在教师指导下主动地、富有个性地学习。教师应尊重学生人格，关注个体差异，满足不同学生的学习需要，创设能引导学生主动参与的教育环境，激发学生学习积极性，培养学生掌握和运用知识的态度和能力，使每个学生都能得到充分发展。简言之就是要改变教师的角色，使其从原有的"知识传递者"转变为"学习指导者"。

这些要求固然是合理的，但教师对此的反应又如何呢？无论出自何种原因，都客观存在这样一个事实，即许多一线教师对此并不是主动接受并积极实践的。换言之，许多教师对课程新理念及课改新举措并不显得兴奋或主动尝试，而是随大流、听任上级的安排等，从而使自己游离于这场改革大潮之外。笔者认为导致这种状况的原因有四。一是习惯成自然。许多教师尤其是具有一定教龄与职称的教师，早已习惯于其熟悉的课程理念、目标、内容及方式方法等，老一套的东西已在其头脑中根深蒂固，他们常常不愿意去接受新课程改革的要求，即使在较大的行政压力下，他们也会自然不自然地仍使用其老一套来完成日常教学任务。二是知难而退。新课程改革对教师提出了较高要求，而这种要求对于大多数教师无疑是一种全新的挑战，但有许多教师根本不了解和领会此次课程改革的精神实质，因而对此持观望态度或怀疑态度。同时，新课程改革的最终目的是让教师把更多精力放在学生的价值观、创新精神和学习态度、思维能力培养上来，但目前在许多学校中，能够切实胜任这些的一线教师却寥寥无几。在这种情况下，课程改革无疑给许多教师带来一定难度，而其中难免会有一些教师无所适从、知难而退。三是漠不关心。长期以来，我国广大教师很少有机会参与课程决策，许多教师对课程改革缺乏必要的热情，即使给予他们比传统更多的主权，他们也会倾向于迎合国家既定的课程标准与要求。四是传统知识卫道士的心态。由于深受几千年来传统文化的影响，许多教师根深蒂固地认为有价值的知识是以抽象原理和普遍假设本身的面目呈现的知识观及千百年来从未动摇的考试制度，使"中国教师会顶着即使是特别坚决的政治家的压力，在谁受教育以及什么知识最有价值的问题上作出自己的抉择"。[①] 另外，教师专业个人主义的特点也会使教师排斥改革。教师中确实存在的上述心态，是极不利于新课程的实施和推广的，而没有广大教师的积极参与，大胆尝试，新课程要取得成功也是不可能的。事实上，"即使是省会的教师，其对课程改革完全适应的也只有 38.6%，更不用说地市和乡镇村的 28.6%、22.8%、11.1%"[②] 了。因此，解决这个问题的有效策略便是切实提高教师地位和教师培训质量。

（二）严厉杜绝此次课程改革中教师地位提高及教师培训的"名存实亡"

教师是课程改革实施的关键人物，为充分调动其积极性，激发其创造性，强化其责任性，必须解决如下两个问题。然而，这两个问题长期以来我们并未彻底解决。

其一，教师地位问题。教师地位问题关系教师在课程改革实施中的主动性和创造性程度。它包括政治地位和经济地位，抛开政治地位，就经济地位而言，广大中小学教师"日里三餐、夜里一宿"（前者是工薪收入，后者是教师住房）的问题仍需解决。虽然经过多年的努力，我国教师的地位，无论是经济地位、政治地位还是社会地位都得到了很大的提高，但这只是绝对的提高，相对而言，教师尤其是中小学教师的地位并未得到充分的肯定，仅停留在口号上。具体表现在以下两个方面。一是在经济地位上，一方面是工资水平还在较低水平徘徊，除了基本工资份额外，一些补

---

① 〔英〕霍姆斯：《比较课程论》，张文军译，教育科学出版社，2001，第286页。
② 教育部"新基础教育课程改革实施与实施过程评价"课题组：《基础教育课程改革的成就、问题与对策》，《中国教育学刊》2003年第12期。

助性收入难以到位，尽管绩效工资实施以后，中小学教师的绝对工薪收入有了提高，但相对于其他职业群体，其经济收入并未得到有效改善；另一方面是住房问题仍然悬置。无法建房、无力购房、无权享房等问题仍然十分突出。上述问题在乡镇一块尤为突出。由于经济报酬的难以落实，住房问题长期悬置，许多乡村中小学教师特别是年轻教师要么"积极向上、全力考研"，要么"一心一意、外出挣钱"，要么择机报考国家公务员，改行"当官"。① 事实上，上述情况对此次基础教育课程改革的实施是极为不利的。二是在社会地位上，已有学者对教师是社会代表者提出质疑。② 不仅如此，在具体的教育教学活动中，教师应有的强引导作用也在"学生本位、儿童中心"这些口号面前黯然失色。教师对自己的学生都没有权利做出自己的评价，这不能不说是对"教师专业化"的一种极大讽刺。因此，我们应当高度重视教师的地位，否则，只要广大教师还存在对自己所处地位的不满，再多的培训都将枉然。

其二，师资培训问题。这一问题影响教师在课程改革实施中行为的正确性、规范性及责任感程度。此次课程改革精神如何才能为广大中小学教师所接受，培训显然是一种常用而有效的途径。正因为"常用"，所以要防止走过场，也正因为"有效"才要防止其想当然性。这里，就笔者 2003年 7 月 10～23 日现场旁听的永州市南六县初中教师《学科课程标准》培训班的情况看，教师培训还存在如下一些问题。一是从培训者来看，其本身并未理解和接受此次课程改革方案的精神。新课程的实施最终取决于受训教师的思想、行为，而这些又取决于培训者对此次课程改革的理解，因此，培训者的水平就显得至关重要。然而笔者发现在培训中，许多培训者本人对此次课程改革的精神并未领会，基本还是用传统的思想观念来诠释

① 关于乡村教师的工薪收入及住房问题，详见笔者《论绩效工资实施存在的问题及其臻善》（《中国教育学刊》2011 年第 1 期）、《当前我国农村教师工薪收入的问题与对策研究》（《教育研究》2014 年第 3 期）、《当前我国农村教师住房问题研究》（《中国教育学刊》2013 年第 2 期）之具体调研报告内容。

② 吴康宁：《教师是社会代表者吗?》，《教育研究与实验》2002 年第 1 期。

新的课程改革内容，或断章取义，或望文生义，误解和曲解了此次课程改革的基本理念。二是从培训方式上看，还是秧田式的授受形式，讨论探究的少。培训基本上处于一种传统的中小学教师对学生的形式，培训者在讲台上饶有兴趣地讲，受训教师在座位上毫无耐心地听。对此次课程改革的诸项新举措少有探讨成分，这种被动应付的受训形式对此次课程改革的主旨是一种极大的嘲讽。三是从培训内容上看，都是人手一册的法定培训教材，教师基本按部就班地受训，除了《纲要》就是《纲要》，除了《标准》仍是《标准》，对课程改革的整体背景、学科改革背景等都缺乏了解，使一项整体性的培训工作显得支离破碎。上述情况不仅直接导致了培训成效极差，而且增加了受训者对此次课程改革方案的误解、不满和反感，更是人为地增强了原本就持消极态度的教师的抵制情绪。

（三）努力提高中小学教师的地位及教师培训的针对性、实效性

教师是否支持改革，除了思想观念上的认同或反对程度不同之外，还与教师所处的总体社会政治、经济地位及其身份认同息息相关，因此，为了切实调动和发挥广大教师应有的改革积极性，还需强化如下措施。

其一，努力提高中小学教师的地位。本书一再表明此次课程改革实施的关键在于教师这一观点。而要确保一线教师与课程改革同步，首先要解决的还是教师的地位问题。关于教师在课堂教学及学校教育中的地位，笔者已于本篇第二章有所阐述，此处主要谈教师的经济地位。这里首先要明确的一个前提是，教师也是"人"，他也有生存、生活需要，"太阳底下最光辉的职业""人类灵魂的工程师""照亮别人牺牲自己的蜡烛""辛勤的园丁"等美誉固然美好，但不应成为约束教师追求幸福完美生活的遁词。在中国特色的社会主义市场经济运作体系下，笔者认为要从以下三方面提高其经济待遇，一是国家应综合考虑，提高中小学教师的相对工资水平，并保证予以足额按期发放到位。所谓"兵马未动，粮草先行"便是这个道理。二是应设立专门机构和专项资金对贫困地区的中小学教师实行重点保障，给予完全的工资保障，实行地域调控，即使该教师因所处地区财政困

难不能得到有效工资保障，也要由行政级别高于该地的负责部门予以落实，绝不能让教师的工资成为政客谋取政绩的牺牲品。三是对教师在校除正常教学之外的各项劳动及服务应给予报酬。只有确保广大中小学教师的工资足额发放到位，才能提高教师的工作积极性与责任感，为随后课程改革一系列新要求的落实奠定坚实的基础。以上三条，大学教师是完全有保障的，作为与高等教育同等重要的基础和中等教育教师，其工作强度与艰辛并不亚于大学教师，只是分工不同而已，这并不能构成拖欠其工资理由。

其二，切实提高教师培训的质量。稳定军心之后，便要着手开展对教师的培训工作了，培训主要坚持三条原则。一是有针对性。包括四个方面，即针对广大中小学教师理论水平不高的情况，提高其理论素养；针对广大教师教学实践中具有共性的问题，就实践中具体问题的操作程式予以探讨；针对广大教师未意识到的传统教育、课程弊病进行授受讲解讨论，澄清廓明其认识；针对不同地域、不同校别及年级、学科类别的教师进行不同侧重点的培训。二是实效性。培训一定要讲究实效，包括两个方面。首先是内容实效，即除有针对性外，培训内容本身还应是当前中小学教育教学实践中的热点问题，不能胡子眉毛一把抓，像刘姥姥进大观园一样，走一趟除了新奇感外一无所获。其次是方式实效，即培训措施、方法、途径等要切实有效，不能过套式地把教师集结起来，采取"交钱报到—典礼动员—排课上课—表彰总结—聚餐—返校报销"和"教师单授，学生独听"的模式，而应当采取校本培训和研究法、讨论法和经验交流法等多种培训形式和方法。而这一切都取决于培训者的培训，因此，三要加强培训者的培训。如果培训教师的教师本身对此次课程改革方案及其内容、要旨一知半解、断章取义，只能导致广大中小学校教师邯郸学步、越发混乱。同时，如果培训者本身仅停留在以一个理论解释另一个理论，以一堆辞藻去阐述另一堆辞藻，而将培训停留在理论思辨层面上，也会使受训者索然无味、昏昏欲睡。不同培训者对同一问题的培训会产生截然不同的培训效果，这已见多不鲜。因此，如果说课程改革实施的关键在于一线教师及其培训的话，那么一线教师培训的关键则在于培训者，因而必须加强对培训者的培训。

其三，提倡校本培训，鼓励教师积极实践探索，在行动中提高自身素质。校本培训是一个时兴课题，它主要指源于学校发展的需要，由学校发起和规划的，旨在满足学校每个教师工作需要的校内培训活动。① 培训机构或校外教育行政部门所组织的培训，常常不能符合学校的实际，使受训教师获得的知识、技能常常是外在于学校、课堂，与实际工作脱节，所以我们应当提倡校本培训，其间最为重要的方法有三种。一是重视课堂观察。要呼吁广大教师带着明确目的，凭借自身感官及辅助工具，对自己的课堂情境进行方方面面的观察和研摩，以便客观真实地了解自己课堂教学的实际情况。二是注重个案研究。对本校或本班特定的人、事、物进行描述和分析，在系统调查和深入研究的前提下提出解决问题的方案或策略。三是强调行动研究。使广大一线教师用科学的方法，针对自己教学实践中存在的真实问题及个体自身教育教学行为进行批判性思考，以改进自己今后的行为，调节自己的行动，提高教育教学质量。

三　相关保障措施的口号呼吁与行动落实

在明确改革实施的前提、关键之后，还得有相关保障措施才能确保课程改革的实施推广，这些保障措施主要涉及经费投入、配套性措施、改革政策本身三方面。

（一）此次课程改革实施的保障是经费投入的足额到位、配套性措施的有效落实及改革政策本身实施的连续性、稳定性

一项改革的付诸施行，经费投入是前提，改革所需的配套措施是条

---

① 郑金洲：《学校教育研究方法》，教育科学出版社，2003，第5页。

件，而改革政策本身的延续性和稳定则是关键。只有这三者齐头并进，改革的顺利施行才会有保障。

其一，关于经费投入问题。作为一项全国性的改革，此次课程改革同其他任何领域的改革一样，都不得不需要相应的经费投入做后盾。《纲要》明文规定："各级教育行政部门应设立基础教育课程改革的专项经费。"此次课程改革牵涉的不仅是思想观念上的革新，更有实施过程中各种具体工作的落实。新课程的研制与开发、地方课程与校本课程的开发、技术类课程及综合实践课程实施所需的必备硬件设施、信息技术教育开展所用的电子计算机、小学开设外语所用的视听教材与设备、研究性学习所需的图书馆、实验室、博物馆、科技馆及专用教室等，都无一不需要大量资金投入。我国虽然近年来经济建设取得了长足发展，但作为一个发展中国家，在资金方面始终存在先天不足，而没有这些资金的投入做保障，课程改革是难以达到预期目的的。在没有殷实的财政收入情况下，单凭县乡承担这笔费用是困难的，的确，目前"缺少政策和经费保障仍是此次课程改革三个瓶颈性问题之一"。①

其二，关于配套性措施问题。此次课程改革是一项系统工程，其涉及的内容方方面面，许多问题并非教育本身所能解决。这里笔者所要探讨的主要是与课程改革密切相关且相互制约的几项配套性工作，包括考试招生制度、劳动人事制度、行政管理制度、专家学者与一线教师的配合问题等。这些领域的相关改革如若不相应落实到位，此次课程改革同样是难以进行的。考试招生制度尤其是高考招生制度将直接决定此次课程改革对学生学业的评价方式，进而决定素质教育与"应试教育"的分野。劳动人事制度则直接决定此次课程改革中活动课程、选修课程与必修课程以及技术教育的生源、地位及其实质性成效。行政管理制度直接决定此次课程改革中的三级管理体制能否如愿以偿地运作实施，即在总体政治制度未变革的

---

① 教育部"新基础教育课程改革实施与实施过程评价"课题组：《基础教育课程改革的成就、问题与对策》，《中国教育学刊》2003 年第 12 期。

情况下，教育领域的行政管理运作的支持性及其成效能否得到保证。至于专家、学者与一线教师的配合更是直接关乎课程改革的实施成效，在培训者看来，再频繁、再彻底的培训，如果一线教师在课堂教学中并未真正操作，还是等于没培训。

其三，关于政策执行的连续性问题。作为国家或政党为实现一定历史时期的路线而制定的行动准则，政策应该具有一定的稳定性。相应的，课程政策作为一定历史时期课程实践的行动准则也应该具有一定的连续性。"长期以来，课程研究领域存在着一个重大缺失就是忽视课程政策研究。这一缺失不仅影响了课程理论的发展，而且也影响了课程改革实践的质量。事实上，任何一次课程改革都是相应政策的产物，一定时期的课程政策是其所处时期课程问题的集中反映。"[1] 作为已经颁布并业已形成文件的此次基础教育课程改革政策，它肯定是经过周密酝酿、详细调研之后且具有相当科学性的产物，由于本书已经对课程改革政策相关内容做了探讨，因此，这里笔者便不再探讨课程政策本身及其确定上的问题，而只是就既定政策条件下课程改革的顺利实施应具有的一个关键性条件即政策的连续性问题做一说明。因为朝令夕改的政策会使实施者手足无措，不仅没有体现政策的应有之意，也会因政策的中断而劳民伤财，造成一些不必要的损失。这里一个非常重要的问题便是课程改革政策不能因为政府当局人事的变更而变更。历史上这方面的正反事例是很多的。法国资产阶级革命时期三项教育改革计划的蜻蜓点水以及其后《基佐法案》《费里法案》的成功执行，从中国近代改良主义的《钦定学堂章程》《奏定学堂章程》到袁世凯的复古，所有这些都表明教育与课程政策是随当政者思想的变动而变动的，政策执行时期越短则越难以凸显改革成效，因此，此次课程改革应当保持一定的政策稳定性和连续性。

---

[1] 胡东芳：《课程政策：一个亟待关注的课程研究领域》，《集美大学学报》（哲社版）2001年第3期。

（二）谨防此次课程改革实施中经费投入的缺斤少两、挪作他用，配套措施的政出多门、各自为政，课程政策执行的虎头蛇尾、半途而废

尽管对于上述三条保障措施，改革者们都已充分认识到其必要性和重要性，但当改革真正付诸全面施行时，却会因不同地域、不同人员的不同思想观念和行为实践而产生不利于改革施行的各种情形。因此，改革要想成功还要防止如下可能出现的问题。

其一，要警惕经费投入的缺斤少两、挪作他用。虽然我们不能妄自揣测在此次课程改革实施中，经费投入就一定会难以落实到位，但凭笔者几年来的县乡工作经验或直觉，以下类似情况还是存在并应当予以防范的。一是用于此次课程改革的专项财政拨款资金的不到位。规模如此庞大的新一轮国家基础教育课程改革，国家、地方势必以专项经费做保障，方能将各项具体改革措施落实到位，而这部分以国家与地方财政拨款为主的资金是否一定就能按期足额到位呢？回想起当年"普九"攻坚这场硬仗，当时也是逐级下文，规定资金要保证多少多少，否则便要怎样怎样。但只要不是由国库直接拨款，并一揽子管到底，而是由各地方政府财政投入，那就可能会出现难以确保到位的情形。毕竟，不同的市县乡镇面临不同的经济境遇，且不同的领导对一项工作的认识也不一样，更为重要的是教育相对财政税收、综合治理甚至计划生育等工作而言并不会直接关乎"一票否决"。这样便会形成东拼西凑、南借北贷，能"搞"多少钱便投入多少，"搞"不到就算的情况。二是本已到位的专项经费挪作他用。因为此次课程改革是一项关乎全局的重要工作，许多地方在思想认识上对此是高度重视的，也采取了诸种措施以确保此次课程改革经费的投入到位。但是各地各项具体工作千头万绪，部分业已筹措到位的课程改革资金可能在中途被挪作他用。例如，某县或乡镇在半年财税任务过半交账时，因完不成财税任务，其主要领导人为避免被追责，便可能暂时将用于课程改革的经费抵交财税任务。再如，某县或乡镇领导为实现自己的阶段性政绩，在"小城

镇、大发展"的思路下准备大搞城镇建设，而这一系列城镇建设项目的规划及上马资金很可能就是课程改革所需资金的一部分。当然，这些可能是少数情形，但的确存在，应当严加防范。三是假借课程改革之名聚敛资金、中饱私囊。一方面，我们不排除一些胆大妄为者冒天下之大不韪公然据部分课程改革专项经费为己有；另一方面，还有以课程改革为幌子，大肆"赚钱"，以公肥私。诸如教材的选用、地方及校本课程的开发与实施、课程改革的配套性基础建设、各种教学设备和设施的购置等，其间各个环节都充满了利益的诱惑，都可能会出现"小公家"鲸吞、"大私人"窃占的现象。这在社会公众舆论氛围不良及监控不力的大气候下尤为突出。

其二，要谨防配套性措施的政出多门、各自为政。如前所述，此次课程改革是一项牵一发而动全身的系统工程。如果没有其他部门和领域的齐心协力、众志成城，是很难达到预期效果的。这个问题在当前"学校不能承受教育批评之重"的情况下更为突出，人们已习惯于对学校的过于依赖，其实，学校只是社会整体的一部分，学校及其教育绝非自身内部能单独加以改造的，学校出现的任何危机，绝大多数是社会危机的集中反映，只有在社会整体得到调节的前提之下，学校及其改革才能消除这些危机，指望学校内部去单独成功地解决是徒劳的，毕竟，"任何一项教育改革方案首先都是一个体制和社会的方案"。① 因此，此间不同部门各自的利益所驱是不同的，他们会为了自己的"好处"而尽可能使课程改革为自己谋利益，甚至其做法有悖此次课程改革实施也在所不惜。如果宣传力度不够，强有力的思想统一措施不够，那么诸多部门政策的不一致性乃至冲突就会制约课程改革的实施进程，而此间最大的问题就在于政出多门、各自为政。

其三，要保证政策执行的连续性和稳定性。新中国成立至今，我们已经进行了大大小小多次教育改革。改革是必然的，因为不同的历史时期有不同的国际国内形势，教育的特征及要求也不同。但是从这几次改

---

① 石鸥：《从教育批评看学校不能承受之重》,《教育研究》2002 年第 1 期。

革中我们可以发现，有些改革不仅没有使原有的教育前进，反而是一种倒退；同时，有些改革几乎与政治形势的变化同步，并非真正从思想认识的高度确定改革的必然性与必要性。前者是教育与课程政策本身正确性与科学性的问题，此处不留笔墨多言；后者关涉政策的稳定性与连续性问题，则需分析一番。关于此次课程改革，本书已说明其必然性、必要性和紧迫性，这里主要想指出在课程政策方面应当谨防的几种情况：一是政决策人员的变更致使现行课程政策执行直接中断；二是政策执行过程中的困难重重而使执行者们顺其自然，并未按政策要求执行下去、走样而间接中断，当然，"课程改革中客观存在的异变现象"① 则另当别论。一项政策的实施没有一定的时间做保证，短期内是很难奏效的。因一时一地的阻力而随意放弃改革，不仅有损政府的形象，更严重的是损害了广大人民群众的利益。

（三）务必确保新课程改革实施经费投入的足额到位、用得其所，配套性措施的相辅相成、相得益彰，政策执行的持之以恒、一以贯之

前面已论述了经费投入、配套性措施和政策连续性的重要性及间所要防范的问题，下面我们再就针对这些问题的解决逐一提出一些尚不成熟的建议。

其一，应确保此次课程改革实施经费投入的足额到位、用得其所。为此，一要逐级量化经费投入数额，确保专项财政投入的专项经费足额到位。负责领导全国课程改革或新课程实施的机构，应该确定一个投入依据并以此为标准逐级核实资金投入数额，例如可按人口数或按各地生产总值或按教育发达程度等，总之，要采用一套衡量投入的标准，让各级各部门有据可依，无攀比心理、无怨天尤人心态。二要加大督查力度，严防专项资金挪用、占用甚至贪污现象的发生。对此，可以结合当前我国"反腐倡

---

① 石鸥：《课程改革：在实施中异变的原因与对策》，《课程·教材·教法》2004年第3期。

廉"活动，对上述现象严格执法，将此项工作上升到讲政治、讲正气的高度来付诸实施，尤其对挪用现象，必须大力惩处（因为现时政治气候下，明目张胆的贪污者可能会有所顾虑而不敢恣意妄为，而确因经济实力或财力拮据没有将投入保证到位的，似乎又情有可原，唯有挪用者实属对此次课程改革彻头彻尾的不重视），将这种现象扼杀在萌芽状态。三要广开财源，地方和学校应挖掘潜力，从多种渠道获得一些资金。

其二，应确保各项配套性工作相辅相成、相得益彰。对此，一要统筹规划、综合治理，由各地政府召集公安、劳动、人事、教育等部门召开联席会议，统一思想，认真协商解决相关问题，达成共识。配套性工作必须协同落实，其间细节不是教育所能办到的，只有依赖各级政府，将相关部门召集起来，就课程改革实施中涉及各部门的具体问题进行充分协商，达成共识，并以行文方式逐一明确和规定各自的职责，方能使课程改革拥有一个良好和谐的环境。二要使相关部门各司其职，杜绝为维护自身利益而不顾全局、我行我素的情形，力禁部门本位主义。相关部门的配套工作任务不尽相同，因此次课程改革的相关要求，有些配套性工作可能会使本部门的利益受损，这就需要以大局为重，不能为一己之私而损害课程改革大局，各部门应各司其职、各谋其位。具体讲就是，公安部门的户籍管理制度、劳动部门的学生就业制度、人事部门的用人机制及教育部门的师资培训体制、中高考制度等，所有这些都需要以各级地方政府为首协统起来。三要设立课程改革联合督查组，就相关职能部门的配套工作情况予以督查落实，随时解决其间问题。针对少数部门"上有政策、下有对策"的心态和欺上瞒下的行为，各级各地都应设课程改革实施联合督查小组，就此次课程改革实施所要求的各项配套措施落实情况，分阶段督促落实。

其三，应使政策执行持之以恒、一以贯之。为此，一要明确此次课程改革政策实施的时段。在该时段内坚持大的课程方针、政策不变，一项行动计划，既然予以实施，就应该给予其充分的时间，在坚持不断完善的前提下，逐次达到满意程度。这就需要我们的教育研究者切实履行自身的科学预测、合理规划及舆论监督作用。例如，可提醒执政者有一种超前意识，要像美国总统克林顿呼吁的那样，"美国所有的领导者、家长、教师、全体美国公民，不论哪个党派，都要为教育做出新的承诺，因为教育关系到国家的前途，任何党派斗争必须限制在教育领域之外"，[①] 不能随政治的变动而变动。二要树立信心，持之以恒。任何改革的实施都可能会碰到阻力，决策者和执行者应对此有充分的思想准备，并能坚持下去。应该说转型时期的我国现时环境是很有利于此次课程改革的，只要我们认真把握此次课程改革的主旨，坚持实事求是的态度和"在改革中总结、在总结中提高、在提高中完善"的策略，以点带面，全面推广，就一定能取得成功。事实也表明，现阶段课程改革已经取得较为喜人的发展。当然，困难或阻力也肯定存在，我们需要坚持不懈，不断完善，不断改进并持之以恒。

四　改革施行的臻善及其结果预测

行文至此，笔者已就此次课程改革的基本理念、主要举措、实施推广问题做了力所能及的粗浅分析。以下对其臻善问题及结果预测做一简要小结。

其一，关于此次基础教育课程改革的臻善问题。任何一次改革都会遭到来自各方的质问与非难，古今中外概莫能外，此次课程改革亦不例外，关键之处在于如何针对他方质问非难做出相关反应，非者驳之、是者纳之，在实施进程中不断臻善已有不足，确保方向正确、内容中和、过程渐进，继而在所取成效中循序施之。为确保此次基础教育课程改革达到预期效果，结合上文分析，笔者以为，当以如下臻善为要。首先，就基本理念而言，此次基础教育课程改革在时代定位上应立足现代而非后现代，立足当下现实而不能理想超前；在空间定位上应立足国内而非国外，将他者视为仅供参照的异己蓝本，而非视若《圣经》盲从犬随，走基于本土、民族化的国际化、全球化渐进之道，而非革命式、激进式的全盘改造之路；在

---

① 王英杰：《比较教育》，广东高等教育出版社，1999，第 147 页。

价值取向上应立足基于社会本位之上的个体与社会共存，而非单纯的泛人本化，从一个极端走向另一个极端。其次，就主要举措而言，此次课程改革应在"扬弃"的同时，注意保留传统中的合理成分，在课程结构与类型上，纠正课改以来事实上对系统知识掌握的忽视，重新赋予以知识传授和班级授课为主的学科课程和教学以重要地位；在课程实施上，纠正课改以来实践中对教师应有主导作用的漠视，重新赋予教师以应有权威及其引导功用；在课程评价上，纠正日益中立、无标准学业评价方式带来的随意性，重新赋予考试以应有地位并思考如何完善其功能的有效发挥；在课程管理上，纠正课改以来过于急促的权力下放，确保基于集权之下的权力有限渐进下放。再次，就实施推广而言，此次课程改革应当敢于正视问题，在实施前提下，充分估计此次课程改革实施的阻滞因素所在，积极宣传引导并有效制止各方"流言蜚语"，切实营造良好社会舆论氛围，呼吁并鼓励社会不同群体对此次课程改革的关注与参与；在实施推广上，应切实提高中小学教师的地位，强化中小学教师培训的针对性、实效性，特别是个案研究、行动研究和对培训者的培训；在实施保障上，则要确保新课程改革实施经费投入的足额到位、用得其所，配套性措施的相辅相成、相得益彰，政策执行的持之以恒、一以贯之。

其二，关于此次基础教育课程改革的前景预测。虽然在诸多问题上，笔者观点似乎与此次课程改革要求不相一致甚或有泼冷水之嫌，但作为一名中国公民、一名在基层工作多年且正在从事学术研究的知识分子，对这些问题的大胆探索并非无端攻讦、标新立异，而是以一种"逆向"的方式，本着顺利实施并达成新课程改革初衷，力使此次课程改革少些极端、多些中庸，少些空想、多些现实，少些口号、多些行动，力求此次课程改革推行更为卓有成效、事半功倍。教育改革是一项牵一发而动全身的系统工程，它绝不可能产生立竿见影的效果。毕竟在中国这样一个地域如此广阔，民族、文化、习俗等差异如此之大的国家，任何一项大规模的教育改革，要彻底贯彻落实都是艰难而曲折的。就此次课程改革而言，我们不仅要从思想上认识到其重要性、必要性、紧迫性，还要广泛动员、从内外两个层面及课程改革方案本身认真分析与研究阻碍课改实施的各个因素。与此同时，采取相应措施，实行部门联动、全民参与，讲究推行策略、方法、路径，确保各项配套改革落实到位，提升此次课程改革的可行性、适切性和实效性。此外，还要考虑其长期性和形成性，在调适中推广，尤其要对课程改革方案中不切中国实际的内容，大力剔删并进行调适，在此基础上加大此次课改的师资培训力度，以点带面推广新课程。唯此，此次课程改革方可达到预期效果，新的课程体系才能在中小学得到推行，否则，此次课程改革的前景便不容乐观，最终将在"上有政策、下有对策"的欺上瞒下实施进程中不了了之。

余论　基础教育改革之旧途径

与三十多年前的情况相比，今天的社会更为复杂，对学校和教师的多元，引发的矛盾和问题也更加突出，但其性质是一样的，就是学校的教育实践和教师发展在一定程度上脱离了本体的直接和内在需求，而被似是而非的其他相关因素所左右，使许多工作和投入偏离了教育教学和教师发展的合理轨道。

——程方平：《今天的学校和教师应该忙什么？》

通过上、下两篇关于基础教育改革支配逻辑的学理探讨与 2001 年我国基础教育课程改革的个案分析，终于到了一个该做总结的时候了。既为总结，有必要对笔者关于基础教育改革的基本主张做出再次强调或重申，以使读者对笔者的总体思想有一个透彻的了解与把握；同时，既为总结，也有必要对基础教育改革的实践操作层面有所预测与倡导，否则，便有失研究的实践价值了。当然，通常来说，如果著者自信总结是正确的，那么他便完全可以"结论"为名述之。然而，需要坦白承认的是，由于本书的有些预测或倡导并不全然正确，加之所涉领域广博，所以笔者不得不将结论以"余论"冠之，权作投石问路，以引发广大同仁对此问题再加深入思考并继之凿凿。余论部分笔者拟就基础教育改革的识与断、理与事以及基础教育改革之旧途径等基本主张做一简要阐述，当否，还望广大同仁批评指正。

一　基础教育改革的识与断

通过前面部分的详细考察与分析，我们可以得出的一个结论是：基础

教育改革能否最终付诸实施及其实施程度，最终将取决于改革施行者本人
对改革的认同程度及其践行程度，因而毫无疑问，个体对基础教育改革的
自我决断便成了决定其是否实施改革及其实施具体情形的关键所在。那么
个体是如何来对自己所处特定历史时期的基础教育改革做出一番相对系统
综合的自我决断的呢？这便涉及两个问题：一个问题是个体自我决断的基
本情形，主要包括个体自我决断的过程、内容与结果等；另一个问题是个
体自我决断的基本认知前提问题，主要包括基础教育改革的落脚点、依赖
源及其实施路径等。

（一）基础教育改革自我决断的基本情形

自我决断是个体对某一事物及其发展所做出的认知判断与行为决定。
关于基础教育改革的自我决断，主要包括过程、内容和结果三个部分。

其一，就过程而言，主要是分析判断与决策执行两个步骤。决断的
关键是"决"和"断"，决即做出判明，断即做出取舍，因此，和个体
面临任何其他事物所要做出的决断一样，关于基础教育改革的决断也主
要有两个步骤。一是分析判断。分析即个体对基础教育改革的理念、举
措与实施进行全面系统的分析，而非仅就某一具体问题的分析；判断即
在分析的基础上对改革目标与措施本身的正确与否、其与基础教育发展
本身的内在特质是否适切、改革要求与自身所处地域是否匹配、改革落
实在自身这个学校到底阻力有多大及其性质如何等一系列问题做出自己
的判断。二是决策执行。决策即判断后的决定和方案制定，包括大的改
革背景下我这个学校到底改不改？如果不改，该怎么应对上级主管部门
和领导的质问与批评？如果改又怎么改？通过哪些路径、采用哪些方法、
寻找什么为突破口？执行即围绕这些问题制定方案后，再按既定方案按
部就班地付诸实施，其间也包括实施过程中的自我评估与反馈、自我行
为调适与方案再制定等。

其二，就内容而言，主要是基础教育改革和基础教育系统本身两个子
系统。无论是分析还是判断、决策还是执行，关于基础教育改革自我决断

的核心内容有二。一是基础教育改革本身的特质，即基础教育改革从酝酿发起到实施推广，其间到底有哪些因素在起支配作用？在这些因素当中，又是哪个或哪些因素在起着决定性的支配作用？这些因素本身又是如何对基础教育改革产生支配作用的？其间有没有一些规律性的东西可寻，如果有，它们又是以什么形式来对基础教育改革产生制约或影响的？二是基础教育系统本身的特质，即基础教育作为普通国民教育体系当中的一个特殊阶段，它有没有与其他教育阶段本质不同的东西？如果有，那是什么？这些特质的稳固性又如何？其对基础教育改革的影响体现在哪里？特别是在当下中国，改革实践主体不仅要真切理解中国基础教育改革的各种支配逻辑，更要切实把握基础教育系统本身的基本特质才行，不然我们不仅会被纷繁复杂的多方不同意见混淆视听，无法准确判断改革本身的正确性，更会难以真切辨明正在进行的改革到底与基础教育发展的本质特征差距有多大，或者说，改革本身的正确性在哪里。

其三，就结果而言，自我决断后可能会产生三种不同应对形式。经由上述判断和分析，个体通常都能做出一番自己关于改革的行动准则或应对策略来，这些行动准则或策略大致包括如下三种。一是上令下行，即不管是否真切把握改革精神、理解改革内容与要求，都会忠实地按照既有改革方针政策付诸实践执行。二是上有政策、下有对策，即对改革本身存有异议或自己的不同看法，但个体的自我决断又不够明晰，同时囿于其他诸种因素与考虑，在看似执行的表象下予以变异地付诸实践，尽管在付诸执行，但可能在态度上并不那么积极主动，在行为上也并不强求与改革要求相一致。三是坚持走自我决断之路，即对基础教育改革有自己独特的理解与决断，不仅决断是明晰的，而且自认为是正确的，继而在实践过程当中，完全按照自己对改革的理解来付诸施行（当然，其间同时存在错误式和创造性两种实践可能）。上述三种情形，无论哪一种，笔者相信一线的改革实践者们都能做出相应的选择并循之践行。这里要指出的是，无论哪种情形，只要是经由自我认真决断做出的选择，都会毫无疑问地影响并制约基础教育改革的具体施行进程与效果。

（二） 基础教育改革自我决断的基本认知前提

在大致了解了个体自我决断的流程、内容、结果等基本情形后，接下来要追问的一个问题是：关于基础教育改革的自我决断到底有没有一个相对客观的认知基础？对此问题的回答是肯定的，因为如果没有一个相对普遍且几近真理性的认知前提，那么我们对基础教育改革个体自我决断的正确性本身就会无从判断，继而陷入不可知论的境地。因此，笔者以为，不仅有，而且针对当前我国教育实践者对此问题认知的相对偏失，我们还应当对其予以强调与普适化。下面简要阐述笔者关于这一问题的基本主张。当然，这一认知前提本身是否正确，有待各位同仁进一步检验证明，此处仅是一家之言。

其一，基础教育改革的落脚点是教育教学质量的提高。任何基础教育改革都会有目的诉求，改革的目的诉求固然有很多，可能会包括改善教育的总体物质环境、提高整体教育教学质量、更进教育影响方式方法、完善教育系统已有人际关系、促进学校与家庭社会的和谐度、提升学校教育的社会认同度等，但所有这些目的都是教育教学质量提高这一根本诉求派生出来的，教育教学质量的提高才是核心。教育教学质量是指经由教育教学管理过程而达到的教育总体发展水平或程度，它是一所学校办学水平高低的最直观反映。尽管其构成包括以师生为主体的人员质量，以场所和设施设备为主体的环境质量，以教育内容为主体的资源质量，以师生、生生、师师交往为主体的生活质量等，但在所有这些质量构成当中，人员质量是首要的（这一点不言自明，此处不再展开），而在人员质量追求当中，受教育者的质量又是比教育者更为基础和重要的质量诉求，易言之，学生质量是比教师质量更为根本的质量提升目标。毕竟学校就是通过为社会提供学生这一产品来实现自我存在价值从而获取自我证成的，而社会对学校最大的关注也莫过于学生本身的表现。学生质量又体现在哪里呢？自然体现在学生的素质上。素质是一个集智识、德行、能力于一体的综合体，即学生经过教育活动后，在特定教育目标各个方面所取得的成就。

其二，教育教学质量提高的表现是学生素质的提高。关于什么是素质，不同的人有不同的理解。有人认为，"广义素质概念泛指整个主体现实性，亦即在先天与后天共同作用下形成的人的身心发展的总体水平，它具有七个主要特征"。[①] 心理学家的研究也为我们提供了诸如知识分类论、智力结构论、问题解决的过程与模式论等丰富的、可供借鉴的个体素质结构理论。笔者以为，研究素质教育必须明白素质的含义，而了解素质的含义就必须研究素质的构成要素，只有将素质的构成要素及其功能有所分析与定位才能科学地实施素质教育。教育心理学家们认为个体的素质高低是通过问题解决的实际过程及其结果表现出来的，因此解决问题（包括学习、工作、生活等一系列问题）的能力也就理所当然成为评判素质高低的关键内容。有学者指出，"决定个体外在行为或解决问题的素质是影响个体外在行为的各种心理素质及其之间相互作用的总和，素质主要由知识结构、能力结构、非认知因素三大要素构成"，[②] 笔者对此至为赞同。知识是最基础的东西，具有工具性的作用，能力是个体对知识的动态运作，非认知因素是调节、指挥、控制主体获取知识、提高能力的因素，三者共同构成了个体的基本素质结构。素质教育的实质也就是通过培养形成学生个体的素质结构，尽可能扩充其"行为空间"（个体自身能够独立完成任务、解决问题的总和），解决一切力所能及的问题，从而减少个体未知世界。教师的职责就在于如何通过教育去拓展学生个体的"最近发展区"，即外在行为空间与个体素质结构之间的那部分空间，相应的教学内容也就包括门类齐全的科学知识、娴熟的动手与操作能力、自我评价与功能性反思等，显然，教育质量的提高就体现在学生在上述诸多方面的发展与增强上。

其三，学生素质提高的依赖源是教师及其教学的有效性。学校是一种

---

① 崔相录：《素质教育指要》，北京大学出版社，1999，第 23~25 页。
② 佟庆伟：《素质教育的理论基础：一个素质结构理论》，《首都师范大学学报》（社科版）2001 年第 3 期。

专事"教育"的特殊社会实践活动，此间，由于在学校这个特殊的环境中，"教育"是经由"教学"来实施教育的，因而教学是学校的核心工作，正因如此，赫尔巴特才明确提出"教育性教学"和"教学性教育"的基本原则。学生素质的提高靠谁呢？是家长，社会培训人员，还是学校教师？显然，在学校这一特定环境和场所中，是教师而不是学生自己，因为如果是学生自己。则不需要专门设立学校这一机构；也不是家长，因为如果是家长，那么学校则与家庭融为一体；更不是社会培训辅导机构，因为如果是社会培训辅导机构，那么学校将与社会混为一谈。因此，基础教育学生质量的核心依赖源是教师而不是学生自身和家长，更不是非学校教育系统的其他相关人员。质量提高依赖教师，那么又依赖教师的什么呢？在其他因素恒定情形下，可以肯定的是，学生素质的提高有赖于教师的教学有效性。如果教师的教育教学失效或无效，那么学生的素质也无法提高。武断地说，在中小学，离开了教师及其教学有效性的学生素质提高是有悖学校发展基本规律的。

其四，教师教学有效性的前提是教师对教学之性、待生之道、从业之责的认识与践行。如何才能促使教师的教学切实有效呢？这涉及对教师本身的素质要求。传统以"教育学"命名的各类著作都会对此专设"教师"一章，集中阐述教师劳动的特点及其基本素质构成。笔者以为，作为基础教育阶段的教师，至少应该明确如下三个基本问题，其教学才会有效。一是教学之性，即教学活动的基本属性是什么？基础教育阶段教学活动有别于其他教育阶段的特质又在哪里？二是待生之道，即处于基础教育阶段的学生总体呈现一种怎样有别于其他教育阶段的特征，教师如何对待自己的教育对象——学生？三是从业之责，即身处基础教育阶段的教师，这一职业不同于其他教育阶段的特质与要求在哪里？这三者通俗地讲就是教师的教学观、学生观、职业观问题，它们是相互内在地联系在一起的，是一种起点线性式的逻辑递进关系，即先有教学观再有学生观，有了学生观才有职业观，而不是相反。目前我国许多学者与一线教师对此都存在一种在笔者看来并非正确的认识，即认为职业观决定了教学观和学生观，事实不然，是先有了学校才有了师生，有了师生才有了师生关系，有了师生关系才有作为一种专事处理师生关系的教师职业的出现，进而才产生了与之相应的职业规范与要求。为了说明这一问题，接下来笔者将不惜花些笔墨来具体阐述基础教育改革中的这一"理"与"事"。

二　基础教育改革的理与事

上面笔者着重从宏观上探讨了基础教育改革的"识"与"断"，意在表明任何基础教育改革，要想部分成功或至少不被反对，改革决策者不仅首先要考虑改革施行者的观念认同与行为实践问题，还要同时认识到基础教育本身的四个基本认知前提问题。如果偏离了这四个基本认知前提，除非整个社会的总体观念发生了根本异于此前且与改革要求相一致的大变革，否则改革便可能出现阻力重重的情形。有鉴于此，接下来笔者将着重阐明教学有效性之所以取决于教师对基础教育教学之性、待生之道、从业之责的道理所在。

（一）教学之性

所有学校教育活动中的"教学"有没有一个根本属性？如果有，其基本属性又是什么？对此，笔者认为所有教学的基本属性是阶段性，基础教育的基本特质源于其教学的阶段属性，正是这一阶段属性才使中小学的教学活动有别于其他教育阶段。① 因此，关于中小学教学活动阶段属性的基

① 事实上，关于教学活动特质的认识，长期以来我们至少存在如下两方面的问题。一是关于教学活动特质认识的误区问题。此间最大的问题是我们想当然地、毫无阶段划分地叙述着教学活动的方方面面，以至于在集体无意识中严重地犯了一个以偏概全的错误，即以中小学的教学论代替所有教学论，以中小学的教学活动来诠释所有教学活动。而又正是这一对教学活动特质阶段属性的忽视，才导致如今诸多矛盾的诱发与产生，并导致理论认知与实践操作上的矛盾。二是关于教学活动特质的阶段属性问题。教学的阶段属性原本是一个不证自明的常识，但一如前所述，我们却在理论认知和实践操作中不经意地忘却了这一点，我们忽视了学校之所以产生的根由，也小视了教育教学活动（转下页注）

本特质是教学之性的核心问题。就国民教育系统而言，学前、中小学、大学这三个不同教育阶段，其教学活动的基本特质是什么呢？

其一，学前阶段教学活动的特质是诱与动。学前阶段是指 0～6 岁，确切说是 3～6 岁儿童在幼儿园接受的社会文化教育活动，它对应的是个体发展的婴幼儿时期。该阶段教学活动的特质是诱与动，具体讲，诱是指幼儿园教师以诱引、诱发、诱导为主的教，动是指幼儿园儿童以肢体行动、身体运动、大脑活动为主的学。在此阶段，只要教师和儿童客观地出现了上述情形，就意味着是在教学，而不问教师的诱法是否科学，儿童的动法是否规范。易言之，该阶段的教学具有目的身体化、任务活动化、内容生成化、方法娱乐化、模式开放化、师生关系伙伴化等特点，总体而言是形式优于内容、过程重于效果、活动大于传授。何言如此？一是该阶段儿童个体身心发展特点使然。该阶段幼儿的总体年龄特征是对外部世界新鲜好奇，手脚不停、活蹦乱跳地利用生理感官和现有工具与环境发生主动交往，并做出自己生动具体的探究与认识。其认知特征是口语逐渐发展、注意力集中有限、常关注整体中最为突出或生动的部分，对世界认知具有明显的感性、直观性与形象可动性；其情感特征是心理需要是否得到满足，能否得到成人的肯定、赞赏与喜爱将直接影响学生情绪情感的发展，常将情感拟人化、移情化，意志力弱、控制力差。上述身心特征决定该阶段的教学是以儿童"动"为基础的活动教学，教师的首要任务也是围绕以儿童"动"为目的的活动开展。二是该阶段幼儿学校的教养性和抚育性使然。顾名思义，学前就是步入正式学校之前的教育，从历史上看，该阶段的幼儿教育原本是在家庭中完成的，学前教育的学校化与专职化只是工业革命和现代社会发展的产物，并且在整个普通教育学校系统中，学前教育在我

(接上页注①)的对象是人，更漠视了学校教育教学活动之于人类社会存在的终极价值与意义。总体而言，教学活动特质的阶段属性缘于人类生命个体发展、学校层级构成、文化知识演进的阶段性，从某种意义上讲，这种阶段性是命定而无法逾越的。因为教学是人的教育活动，是人在学校的教育活动，是人在学校进行的社会文化再生产教育活动（详见容中逵《论教学活动特质的阶段属性》,《课程·教材·教法》2013 年第 6 期）。

国至今也未被纳入义务教育阶段。正是由于幼儿园是家庭教养的延伸，是父母抚育的外部替代者，所以纵观世界各国的幼儿园教育，其首要目标都是围绕身体健康展开的，各种游戏活动也被列为首要任务，而关于幼儿教学的各种理论流派也都无一不以如何开发儿童的各种游戏活动、促进儿童身体健康为鹄的，这一点从各国幼儿园批准设立的条件与标准，各国的《幼儿园教育实施纲要》及其相关课程设置计划中均可得到明证。三是该阶段社会文化传承活动的行为系统侧重性与模仿性使然。文化尽管包罗万象，但其基本构成却是"智识系统、行为系统、价值系统"[①] 三部分。幼儿园阶段更多对应的是文化中的行为系统，因为文化的产生及其传播最初是在日常生活实践操作中逐渐生成并群体化的，一如法国著名社会学家塔尔德（Gabriel Tarde）所言，"大量的社会行为是在模仿信念和欲望中自然产生的，信念与欲望在个体身上内化并在模仿学习过程中构成个体的行为"，[②] 如果将个体一生成长喻为整个文化演进历程，幼儿阶段正是文化的初生时期，正因如此，该阶段教学侧重的是个体文化生成的行为系统，正误结果是次要的，关键是其在活动中是否有真切的感知与群体化的行为发生。文化发展的行为、智识、价值取向系统及其不同教育阶段各有侧重点，加上如前所述该阶段儿童那种"动"的身心特征和幼儿学校阶段对游戏、活动的强调，便形成该阶段教学特质的行为习惯与规范养成特质。

其二，中小学阶段教学活动特质的授与受。中小学阶段是指 6 ~ 18 岁的进入学校的学生，它对应的是个体发展的童年、少年时期。该阶段教学活动的基本特质是授与受，具体讲，授是指中小学教师以传授、讲授、教授为主的教；受是指中小学生以接受、承受、习受为主的学；在此阶段，只要师生双方呈现上述行为，则可被视为教学活动的进行，而不问教师的授法是否合规，学生的受是否得法。易言之，该阶段的教学具有目的

---

① 容中逵：《传统文化传承论：全球化时代中国教育的文化责任》，广西师范大学出版社，2011，第 16 页。

② 〔法〕加布里埃尔·塔尔德：《传播与社会影响》，何道宽译，中国人民大学出版社，2005，第 18 页。

智识性、任务静态性、内容确定性、过程单一性、方法固定性、模式常态性、结果关注性、师生关系不平等性等特点，总体而言是结果重于过程、内容重于形式、意志大于兴趣。何言如此？缘由亦三。一是该阶段学生个体身心发展特征使然。该阶段个体身心发展的总体特征是身心状态剧变、内心世界展现、自我意识突出、独立精神加强。其身体特征是性别差异出现，新陈代谢旺盛、精力充沛；其认知特征是神经系统日益精密化，抽象概括能力提升、逻辑性增强，出现自我意识并开始对周围的人与事做出独立的判断和思考；其情感特征是日趋复杂化，敏感、强烈却脆弱，开始逐渐理解社会道德规范，根据行为的实际结果来评价他人的行为与思想，已经有控制自己行为与情绪的自觉努力，并在常态下能够做到按活动目标而行动，为实现目标而付出意志努力，其社会活动范围也开始逐渐扩大。上述特征决定该阶段的学生具有接受学习的基本能力，他们开始借助书面语言这一主要工具开始在学校进行有计划、有步骤、系统地学习人类所创造的文化与知识，之前那种无意识、自然情景下的学习逐渐被有意识、有目标的、有专门环境和教师指导的学习代替，继而学习成为儿童生活中的主要活动，并要接受他人的评价以表明完成这种活动具有外在社会强制性要求。这一切都促成儿童对世界的认识从日常经验向科学概念的转化，由逐步掌握个别、分散的知识向掌握系统化的知识过渡，体现出明显的被动色彩。二是该阶段学校教育目的的效率性与功利性使然。人类之所以要教育，之所以要设立学校，其根本目的是什么？从文化哲学的角度讲，是让个体逐步掌握人类日益积累的文化成果以完成个体作为人的"类"的延续。个体生命的有限性与各类文化知识的庞杂性之间的矛盾，使人类不得不寻找一条较为简捷有效的文化传递捷径，这条捷径便是千百年来被证明是行之有效的以提供专职人员、在特定场所进行系统知识传授为主的学科教学。正因如此，所以世界各国无论其具体课程设置形式如何，至今都在实施着自夸美纽斯以来就创立的班级授课制度，并且为了有效促使个体社会化这一进程的实现，在学科授受还是活动探究的中小学教学模式论争实践中，学科授受模式至今仍是被证明行之有效的常规模式。为什么？因为中小学教育教学的根源诉求不是未来文化的创造，而是已有文化的承袭！另外，上文所言的个体身心发展特征也致使该阶段的学生——尽管不是夸氏"明镜论"和洛氏"白板论"那般一无所知的简单受教育者，但客观上讲，相对教师而言，他们肯定是"无知者或少知者"。三是该阶段社会文化发展的智识系统侧重性与承袭性使然。文化发展是一个从发明形成、模仿重复到认知接受、发展完善，再到发明形成的螺旋式上升过程，在中小学这个特定阶段，文化经过学前阶段的简单模仿重复之后，便进入了一个以符号为基础的认知接受过程，此间，个体生命的有限性与人类文化积累的庞杂性又决定这一过程学生学习以间接文化知识为基本特征，或者说该阶段更加侧重文化构成当中的静态智识系统，继而该阶段的教学也就具有了人为而强烈的认知了解色彩。易言之，该阶段的文化于学生而言，首先是一个继承的过程，即要认知了解掌握人类业已形成的丰富的文化知识系统，因为文化的创新首先得继承才能更进与发展，没有基本的文化继承是不可能有创新的。

其三，大学阶段教学活动的特质是导与学。大学阶段是指 18 ~ 40 岁学生在大学接受的社会文化教育活动，该阶段对应的是个体发展的青年期或成年期，教学活动的特质是导与学。具体讲，导即教师以领导、引导、辅导为主的教；学即学生以自学、自习、自悟为主的学；在此阶段，凡是师生客观出现上述行为特征，便可视为教学活动的产生，而不问导法是否规范一致，学法是否定序成制。易言之，该阶段内力大于外力、内容重于形式、思维价值取向优于具体知识获取，教学活动具有目的生成性、任务自主性、观点开放性、评价中立性、模式随堂性、方法情境性等特点，此间师生关系也呈现更为民主、开放、多元的人际交往交流特征。何言如此？缘由有三。一是学生个体身心发展特征使然。该阶段个体发展的总体特征是身心都达到相对成熟状态，不仅身体发展速度相对平缓，精力依然旺盛，而且对世界、社会、事业、自己有较清晰的思考和系统的观念见解，对自己的未来已有能力做出明确和相对稳定的抉择。其认知特征是自我意识较为成熟、思维批判增强，业已形成自己基本的认知结构与认知风格，具有较强的逻辑辩证思维、分析综合、创造性及问题解决等能力；其情感特征是丰富细腻，有能力控制并掩饰自己的真实情感，自我体验向深层与独特性发展，其活动也更具广泛自主性与策略多面性，具有较强的自我控制、定向与设计能力，能根据实际情况调节自己的行为并表现出更为持久坚强的意志力。上述身心特征表明，尽管仍是学生，但他已是一名在智识、情感、地位等诸多方面与教师身心发展水平相当的个体（尤其是那些已具有多年工作经验的硕士、博士研究生们），由此也内在规定了导、学这种"我与你"的平等师生关系。二是该阶段学校教育目的的批判性与研究性使然。大学设立的初衷是什么？从大学发展史中我们知道，其最初是一个传播和探究高深学问的场所，从中世纪的古典大学开始，无论是自然科学还是人文社会科学，许多具有创新的知识都来源于大学，哪怕是具有十分封闭意义的神学院，也会产生一些与基督教不一样观点来，布鲁诺提出"日心说"对"地心说"的冲击、伽利略的斜塔实验、柏拉图的阿卡德米学园、中国古代齐国的稷下学宫等便是例证。就是自近代在此基础之上演化而来的社会服务功能，其更多特点也在于改进与创新，而非单纯承继。所有这些事实都表明，大学的教育目的在传播继承已有文化知识的同时，其更为重要的任务是更新、创造、发展新的知识，培养具有改造文化、促进社会发展的精英。因为"精英一旦停止给发明引路，一旦它只维持既定的风俗，社会的衰落也就迫在眉睫了"，[1] 由此，原有知识的无可争议性被研究性代替，承继性也让位于批判性，如此才导致如今世界各国研究生教育的日渐发达。三是该阶段社会文化发展的价值系统侧重性与创造性使然。社会文化的发展经过简单模仿、接受承袭之后，需要不断更进与完善，只有经过更进的文化再发明，人类的整个文明进程才能得以总体提升，因此，人类要向前发展、要有进步，必须有创造性，这一创造性不仅表现在文化的物质、制度方面，更突出地表现在文化的价值取向以及由此

---

① 〔法〕加布里埃尔·塔尔德：《传播与社会影响》，何道宽译，中国人民大学出版社，2005，第122页。

支配的日常生活行为方面。如何才能创造或发明新的文化？显然，这要两个条件：一个条件是系统全面地掌握了人类已有的文化智识成果；另一个条件是基于价值判断之上的求异思维与行动。当生命个体经过中小学乃至大学阶段的人类整体文化内化之后，自然会倾向于创造力与创造精神的培养，因为许多创造性的东西之所以能够产生是因为不一样的思维方式、价值取向以及不一样的探究实践，人类的知识观为什么会经过"神话知识型、形而上学知识型到科学知识型、文化知识型"① 的转变？尽管笔者对文化知识型在知识与认识者、认识对象、社会以及知识的陈述本身等方面的观点有所保留，但从整个人类智识演进的趋势来看，其关于促进人类社会向前发展的这种开放视域却是值得肯定的。正因如此，大学的教学不再是朝圣的过程，而是价值鉴别与判断的过程，这一点尤其体现在人文社会科学的发展上。

（二）待生之道

在了解教学的阶段属性及中小学教学活动的基本特质之后，要想提高教师教学的有效性，另一个重要的问题是中小学教师该如何来看待与对待自己的教育对象或受教育者——学生。这一问题事实上是学生观的问题，因为不同的学生观会导致不同的待生之道。关于学生观的探讨，其维度和内容可能有很多，但笔者认为，其核心问题是师生关系，而影响师生关系的关键又在于对学生身心特点的了解。由于学生在教学过程中表现出来的特点有很多，诸如学生已有身体素质、认知结构、情感态度、个性特征等等，因此要对学生观做出一个相对侧重的讨论，势必得有所聚焦，那么应该聚焦于哪一方面呢？笔者以为，由于对学生了解主要是为了解决教师的待生行为问题，所以如何看待学生观中关于学生的"人性"（理性）与"兽性"（非理性）问题又是关键中的关键。据此，笔者着重阐述一下学生的"理性"与"非理性"问题，这个问题由识生之性与待生之道两个问题构成。

---

① 石中英：《知识转型与教育改革》，教育科学出版社，2001，第46页。

其一，识生之性。此处的"理性"是指作为生命有机体的学生所具有的理性，也是哲学家们常说的人区别于动物而之所以为人的特性。这是一种基于人脑高度主观能动性的受动性及与此相应的思考力、判断力、决断力。"非理性"则是指学生的动物性，意即人脱胎于猿的那种原始动物属性，这是一种基于人脑尚属进化当中所遗留下来的那种制动性及由此产生的盲动性、斗争性、野蛮性。这两种基本属性如一币两面，不可分割地统一于学生作为生命个体的各个生命历程当中。这种理性和非理性共存于生命个体的道理应该是显明的，然而不幸的是，这种基本认知却囿于所处历史时空不同、所受文化影响各异、个体取向不一而致使我们的教育思想家和一线教师部分地存在人为将其分割开来的倾向。一是一线实践者的理性和非理性之分。先让我们来大致看一下当下中国中小学实践中的待生之道，细心的人们如果将目光对中小学教师的具体教育教学行为稍做聚焦，便不难发现：有的教师一味地强调对学生的严格严厉、管教约束，与之相应的措施便是生字写错一个，罚抄五十遍；上课搞小动作不听讲，面壁罚站一节课；而体育课上捣蛋的学生也少不了会被老师踹上几脚；极端者甚至对如何罚站的姿势都做出了不亚于明代东、西厂酷刑的规定来（面壁必须身体向墙、面鼻贴壁、四肢合拢等）。有的老师以生为本，注兴重趣、崇引贵导，一味迎合学生的兴趣爱好、迎合学生的身心与个性发展，随之而来的措施便是生字写错，打钩加点，在校打架斗殴，评语另述为"活泼好动、动手操作能力极强"等；甚至对课堂上各种具有明显错误认知与行为的学生也听之任之，期待并坚信学生能够不日自我主动纠错。事实上，这两种教师行为之所以能够在中小学教育教学实践中各行其道且各具市场，其学理依据是源自不同主张的教育心理学流派。"非理性"者依循的理论基础是行为主义，一旦刺激与反应形成固定联结，学习或教育即告完成，在此基本主张下，教师之所以对学生严厉有加，便是只看到学生所具有非理性的一面，即其蛮动、斗争、野蛮性而忽视了学生的理性。此时，学生是作为巴甫洛夫的"狗"、桑代克的"猫"、斯金纳的"鼠"而呈现在教师面前的。而将学生视作"理性"者，其所遵循的理论依据是认知主义和人本主义，学习是学生个体主动自觉建构的过程，此时，在教师眼中，学生是在智识、情感、行动能力与自己完全平等且高度相当的自由个体，他们是罗杰斯的"非指导性的人"，是马斯洛"具有多种不同层级需要的人"。上述两种观念态度以及由此带来的行为差异表明，尽管有不少教师并非上述这种非此即彼的做法，但可以肯定的是，这种原本应该将"理性"和"非理性"统一于学生的认知在实践中确实存在被人为分割开来对待的倾向，即要么把学生单纯视为"理性者"而忽视其"非理性"；要么将学生单纯视为"非理性"者而不管其"理性"。二是教育思想家的理性和非理性之分。当下的实践如此，过往的历史、形而上的教育思想家们的情形又如何呢？十分有趣的是，如果我们按照对待学生的立足点是"理性"还是"非理性"这一维度，我们发现，中外教育思想家对此与一线实践者有惊人的相似。学过教育史的同志都知道，外国教育思想史上最具代表性的教育思想家分别有古希腊"三杰"（苏格拉底、柏拉图、亚里士多德）、夸美纽斯、洛克、卢梭、裴斯塔洛齐、赫尔巴特、第斯多惠、福禄贝尔、乌申斯基、杜威、马卡连柯、苏霍姆林斯基、赞可夫等（当然，还有许多其他流派的教育思想家），如果抛开这些教育思想家教育基本主张中的辩证性或综合性不论，而只就其侧重性来看，事实上他们在学生观上也是存在相对典型的"理性"和"非理性"之分的。譬如正是因为将学生视为"理性"至上，所以卢、裴、福、杜等教育思想家才会在其教育教学基本主张中强调自然、个性、兴趣、活动及"从做中学"等法则；同样，由于将学生视为"非理性"居多，所以赫尔巴特、马卡连柯、苏霍姆林斯基等十分强调在教育之前要先有管理，集体教育的付诸要特别注重纪律与自律。中国自古以来在人性论上就存在性善、性恶之争，所以在这方面更加明显（从先秦时代的孔丘、孟轲、荀况三圣，秦汉的商鞅、董仲舒二子，经魏晋南北朝与隋唐的嵇康、韩愈、柳宗元，到宋明的朱熹、王阳明、王夫之、黄宗羲，还有清代的颜元、顾炎武、张之洞等），唯一不同的是，无论是性善论还是性恶论者，中国古代的教育思想家都强调严格控制的遵从与管理、纪律与约束。

　　其二，待生之道。上面我们阐述了中小学教育教学活动中学生的"理性""非理性"两种基本属性，下面我们将在此基础上集中探讨一下作为教育者的教师应该如何从认知观念到实践操作来对待具有"理性"和"非理性"双重属性的学生这一问题。笔者以为，至少要注意如下两个方面。首先，摒弃非此即彼的学生属性观。如上所述，既然学生从生物学、社会学、哲学视角意义上都是"理性"与"非理性"双重属性的结合体，那么我们的中小学教师首先应当确立的一个认知前提，便是不能将学生原本具有的这种双重属性割裂开来，而应当将其视为一个双重属性合于一体的个体来整体对待。由此，又导出如下三个子认知观念。一是教师不能将学生简单视为"非理性"的纯然被动受体，单纯用行为主义那套教育或学习理论，像巴甫洛夫、斯金纳、桑代克对待狗、鼠、猫那样来对待学生；二是教师也不能将学生全然视为具有超级主观能动性的全人，单纯用马斯洛、罗杰斯对"具有丰富个性的完人"那样来对待学生；三是教师应当树立"双面人"的学生观。即正视学生客观存在的这两种基本属性，承认学生是既具有动物属性的"非理性"的人，又是具有情感、态度等"理性"的人。所不同的是其"理性"和"非理性"因时空、情境、条件不同而表现各异，时而"非理性"显明，时而"理性"突出而已。"教师如何才能正确区分出学生此时为'非理性'、彼时为'理性'"这一具体操作层面的问题，才是本书探讨学生"理性"和"非理性"问题最具实践指导意义的关键所在。因为所有学生观或待生之道都是这一根本问题的派生之物。其次，建立望闻问切的学生辨症路径。"望闻"即教师用眼与耳去观察与倾听学生的言语和行为表现，"问切"则是在通过询问与交谈、观察与倾听到学生情况的基础上，对学生的言语与行为做出辨别与判断，以确定自己如何该以什么态度与行为来对待学生。由于这是一种任何教师在对待学生时都会产生上述行为的基本常识，所以此处笔者要强调说明的不再是具体的如何观察与倾听，而是在所察所听学生状态之后如何做出辨别与判断学生何时是"理性"或"非理性"，继而确定教师的待生之道的问题。我们的教师将以什么标准来确定学生的言行是"理性"还是"非理性"呢？此

处，十分重要的依据标准有两个。一是教育目的、教学目标与管理预期。人类之所以设立教育，其目的绝对不是任由学生按照自己的想法随心所欲地自然发展，而是通过教育影响去引导学生有方向性地发展，因而于社会和学生而言，教育本身就是一种合法的外在控制形式，任何学校教育都会有其依循的教育目的、教学目标和管理预期，而所有这些也都会应然地对学生产生限制性与制约性，这也是任何学校都会建立自己的组织纪律和规章制度的缘由。正因如此，学校教育者或教师在辨别学生言行到底是"理性"还是"非理性"时就应当首先考虑学生的言行思想是否违背了既定的教育教学管理目标，如果学生的言行思想确实违背了学校教育教学管理目标，那么教师可以说此时的学生便是"非理性"，那么便可以按照对待"非理性"者的方式来对待学生，此时，学生是被规训、被限制甚至是被惩罚的对象，教师不应该继续以"理性"的方式来迁就学生。二是学生言行表现所带来的现实后果及其影响程度。并非所有学生表现出来的有违学校规定的言行思想都是"非理性"的表现，因为学生作为人类的一员，有其主观能动性的一面，教师在判断与确定学生"非理性"的言行思想之前，还应该依据学生某一具体言行思想客观上所带的后果及其影响程度。譬如当某一学生与其他同学嬉戏、不经意地给某一较胖教师取绰号为"猪"而被该教师听见时，学生的这一行为本身可能是有违学校规定的，但就其后果与影响程度而言，并不必然构成教师以"非理性"的方式去对待学生的条件；当某一学生与另一位同学发生口角并相互殴打时，并未致伤，这可能也是一桩有违学校规定的"非理性"行为，但也不必然构成教师对该生采取"非理性"的教育方式的条件……只有当这一绰号被该生经年累月、肆无忌惮地呼叫且众人皆知时，也只有在该生的殴打致使另一学生产生身体伤害时，教师才可以采取典型的"非理性"方式去对待学生，如怒斥、恐吓、威胁、纪律处分，甚至其他更为激烈的教育方式。

（三）从业之责

中小学教师是一种怎样的职业？这一职业的基本特质与核心任务是什

么？身为中小学教师，其教育过程中最重要的东西又是什么？上述构成了从业之责的基本问题域，对此，笔者将一分为二来加以具体探讨。

其一，教师职责。教师是社会劳动中的一种特殊职业，其基本职责是教书育人。"教书"即向学生传授科学知识，包括给学生讲课，指导学生听课、读书、做作业、做实验、布置作业并批改讲解等一系列课堂教学和课外辅导以及指导学生参加各种课外和社会实践活动等；"育人"即通过教书，有效规范并养成学生的礼仪道德行为，养成学生良好人格，将其把学生培养成为具有相应素质的有利于个体和社会发展的相关人才。此间，教书是途径和方式，育人是目的和宗旨，二者共同构成了教师的基本职责，也是对学校本质及其社会功能的基本概括。教师的这一基本职责不仅充分肯定了教师在学校中的重要地位，还赋予了其重大社会责任，由此社会也对教师提出了相应的质素规定和严格要求。"教好书"，从过程上看，即指要组织好课堂教学及课后、课外学校与社会实践活动；从内容上看，则要传授好一定的科学知识，提高学生的知识水平和文化素养等。"育好人"即在此基础上，培养学生的良好个性和高尚的道德情操，积极引导学生树立正确的人生观、价值观，引导学生学会生活、学会做人，把学生培养成社会的合格人才。此问题如果细分，还可以具体分为教书、教学、教育三个递进层次的职责。正因为中小学教师职责重大，所以无论是国家还是民众，都对其素质提出了相应的规定和要求。对此，不同学者从各自的研究角度提出了许多观点，如有的从角色理论出发，将教师视为设计者、促进者、管理者、帮助者、反思者和研究者等多重角色，有的按照教师素质构成的重要程度和功能指向，将教师的素质分为基本素质和前瞻性素质两类，还有的按照教师从业过程中所需要的内容，将其分为三个层级、四种类型等。① 笔者以为，如果按照呈现形式，中小学教师的素质构成主要可以分为两大部类：第一部类是内在静态的素质构成，主要包括专业知识程度（具体包括公共文化背景知识、所授学科专业知识、教育实践专业知识及其程度）和伦理道德操守

① 相关论述详见国内《教育心理学》和《教育学》著作当中关于"教师"一章的专门论述。

（具体包括个体基本道德伦常、乐业敬业精神）两个小类；第二部类是外显动态的素质构成，主要包括以教学为核心的组织、管理、交往、科研等各种具体操作活动过程中所体现出来的实践能力，具体可以归结为课堂教学能力、课外教育能力、班级组织管理能力、校内外实践活动组织能力、教育教学实践变革能力五个小类。

其二，教师责任。教师的上述职责及由此提出的素质构成固然是重要而不可缺少的，但笔者认为，就中小学特别是小学和初中而言，真正促使甚至决定教师教学成效的并非这看似全面而完美的素质构成，其关键不在于教师专业水平的高低和素质构成的广狭，而在于教师责任性的大小和责任心的强弱，易言之，即教师的责任。何言如此呢？理由有三：一是因为基础教育阶段教学活动内容的基础性、要素性，而非为人难以理解的深奥性；二是因为对于一个受过高等专业教育的教师来讲，其专业知识完全能够胜任所授学科知识的教育教学工作；三是因为责任可以作为原动力去促成教师进一步完善学科专业知识的不足、教育教学能力的不济、伦理道德情操的不高。《现代汉语词典》对责任的释义是使人担当起某种职务和职责；分内应做的事；做不好分内之事而承担过失行为。教师不仅要具备合理的专业知识结构和较高水平的专业技能，更须具备强烈的责任意识，这是教师工作的根本保证。每个人都有自己责无旁贷的职责范围，由于身份角色的不同，其所承担的职责也各有所异。譬如医生的职责是救死扶伤、军人的职责是保卫国家安全、教师的职责是教书育人、律师的职责是维护社会公正、官员的职责是维护社会正义等。责任是基于职责而做应做之事，由责任意识和责任行为构成。责任意识是指个体对于自身所应承担的责任及其要求的觉察与认识，对自己履行责任情况的觉察与反思等等。如果说责任是历史和时代所赋予的客观要求，那么责任意识则是教师主体的一种主观自觉行为，教师的责任意识是激发教师责任行为、完成教学任务、实现教育理想的中介环节。那么教师的责任意识又由什么构成呢？大致来讲，它由三个构成内容和三种不同层级水平。就构成内容而言，它主要包括对责任的认知，即对身为教师所应承担职责的内容、意义、价值、社会期望及相关要求等有所明确；履行责任的自我评价，即对自己责任履行的行为状况的反思与自我评价；责任行为调节，即基于责任自我评价而做出的具体行为执行。就发展水平而言，可以根据自觉性水平将教师责任意识分为自控层、他控层、无控层三个高低不同的层次。其中，自控层的教师能够控制自己的行为并做到随时反思与调节自己的行为，这是责任意识的最高境界；他控层的教师缺乏自我监控能力、自制力较差，相关责任行为不是源自内心的认识与坚守，而是来自外部的规范与要求，这是教师责任意识的中级水平；无控层的教师对自身的职责缺乏明确认识、理解与把握，责任行为完全凭自己的一己之利、一孔之见、一时之潮来做出，这是教师责任意识的低级水平。由于责任是决定中小学教师教学成效的决定因素，因此，当前我国亟须加强的便是以责任为核心的教师职业道德伦理教育。

三　基础教育改革之旧途径

变革是事物发展的本真状态，基础教育改革的真精神也正是在一个"变"字，这是本书开篇即已阐明的一个基本观点。然而在变中，我们需要考虑影响其进程的各种因素，关于相关制约因素及其支配机理等，笔者已于上篇四章详细解读，因而此处笔者将主要就基础教育改革的如何实施做一强调申明，由于其间相关措施与观点事实上在前人早已讲过，所以此处冠以"旧"字论之。

（一）基础教育改革的基础性与要素性

基础教育改革异于其他教育之处在于"基础"二字，离开"基础"的基础教育改革注定是被异化的变革，因此，基础教育改革须以此为凭借点或支撑点。那么基础教育在改革实践中又该如何来体现这一"基础"性呢？笔者认为可以从内容与形式两方面来予以阐述。

其一，就基础教育活动的内容而言，应该加强学生基础知识、基本技能的掌握与运用。教育内容的核心构成是课程，课程的集中体现是教材

（或课本），所以要解决这个问题事实上便可聚集落实到教材的编写上，因而此处笔者将着重阐述教材的编制及其呈现问题，这些问题都是针对在笔者看来目前我国依然认识偏颇、做法失当而论述的，具体讲，一是教材内容选取要体现要素性。在小学和初中阶段，我们的教材编纂就是要体现各学科当中的基本概念、命题和原理，而不是所谓的前沿与思维，因而应当精选人类文化成果中最基本的要素和材料来作为教材内容和学生学习的原型。既然是精，就应该忌杂与繁，当前我国小学教材编制存在的一个较大问题是语文课本选材的"＊"现象比较严重，即教材中许多课文是被加上"＊"而作为课外阅读材料的，事实上，如果在原本教材阅读量就有限的情形下，再人为地将一些本该交由学校和教师来完成的教学任务交给学生自行去自由自主阅读，其功效是很差的，并且这也是一种资源的极大浪费和教师功能弱化的表现。与此同时，数学教材却越编越薄、练习题越来越少，这样便使不少学校盲目地依赖各种已有的出版习题集，如"一课四练""课堂作业本"等，继而削弱了教师教学的针对性，并弱化了教学效果，殊不知基本概念、命题和原理是要通过运用的强化来予以巩固的。二是教材表述的明晰性。作为学生最基本的学习材料，教材内容的表述应该是相对规范而明确的，而不能似是而非或者模棱两可。有些同志说过多的定论可能会钳制学生思维的发展，扼杀学生的创造性，事实不然，任何创造都是源于对已有内容承袭的重新思考，如果连起码的定论都没有形成，他们是不会创造的，因为本质而言，创造就是对已有物质与精神的批判、改进，继而形成与此前认识不一样的东西。不仅如此，教材编写的这一要求还要贯彻至教师的课堂教学过程当中，毕竟小学生和初中生首先需要学习的是关于整个世界和社会的明晰认识，其首要任务是清楚"是什么"，而不是"还有什么""为什么"的问题。三是教材形式的结构性。当前我国中小学教材编制存在的另一个缺陷是结构性不强，由于强调单元和模块的作用而相对忽视了学科本身应有整体结构的有效体现，继而使教材内容各个组成部分之间的逻辑性不强、前后内容杂乱不显，最后使学生无法理解整体与部分、部分与部分之间内容的内在关联，缺少系统性。事实上，这一源于美国的做法不仅被苏联的巴班斯基（Ю. К. Бабанский）强烈地批判过，他说："教学的无系统性曾伴随有蛊惑人心的口号，说什么要让孩子自由，不要把自己的逻辑和自己的体系强加给他等。所有这些假冒科学的探索早已被生活摒弃，它们的各种新的变种必将遭到同样的下场，就富有成效的教学来说，真正的科学基础是系统而循序渐进地学习教材"，[①] 而且被众多的美国本土教育心理学家的实验推翻过，奥苏伯尔（D. P. Ausubel）有意义的学习理论、加涅（R. M. Gagné）的信息加工理论、布鲁纳（Brunner）的认知结构说、托尔曼（E. C. Tolman）的认知图式说等，无不表明教材的呈现方式要与人类的认知结构相匹配的观点。[②]

　　其二，就基础教育活动的形式而言，应当加强学生各种活动的组织与开展。在学校接受教育的小学生和初中生，其教育接收源主要有静态和动态两种，静态的以教材为核心的课程上文已经阐述过，接下来再谈谈活动的组织与开展问题。一是活动的类别要多样。此处的活动是指除课堂教学之外的各类教育活动，包括体育文艺活动、相关手工和体力劳作活动、各种各类娱乐活动、兴趣小组和社团活动等，其特点是以学生的直接"做"与"动"为主，其目的是让学生更好地体验生活、感知和强化课堂学习的内容、缓和学生学习压力、促使学生劳逸结合，培养学生兴趣、挖掘或发现学生的特殊才能，使其掌握基本的劳作观念和劳作能力。当前我国中小学在这方面的活动是相对缺乏的。一方面是学生远离自然的现象比较突出。特别是城市中小学生，由于远离乡村自然环境，他们在压根没有直接感知经验的基础上去学习一些原本需要耳闻目睹才能深有体会的内容。最近宁波有则新闻报道说，某家长因为孩子未见过桃花是什么样子，不知道"娇似桃花"是什么意思而花了几十万元承租了一个山头，专门让孩子从中感受自然环境中的各种花草植物。这是学校缺乏让学生参与自然活动的表现之一。的确，单凭每年一两次的春游、秋游是无法达到让学生了解自

① 〔苏〕巴班斯基：《论教学过程最优化》，吴文侃译，教育科学出版社，2001，第29～30页。
② 邵瑞珍：《教育心理学》，上海教育出版社，1996，第57～138、325～332页。

然的功效的。另一方面是越来越多的家长让孩子们参加各种课外兴趣、特长、学科提升班，却很少去关注学生的日常劳作习惯与技能的培养。在校期间除了参加大扫除这样的经典"劳动课"外，鲜有组织学生参加具有生产性质的劳作活动，久而久之，这种机械单一且形式固定、周期开展的"劳动课"便成为学生只是单纯应付甚至埋怨的活动形式。英国人培养绅士要安排园艺、木工、纺织等活动；法国的爱弥尔到乡间不仅要去感受大自然，还要从事相关农村劳作活动；德国人甚至将国民教育学校径直称为"公民劳动学校"；在马卡连柯的铁路小学、苏霍姆林斯基的帕夫雷什中学，劳作无不是学生的重要活动。可见，强调劳动及其劳作能力的培养是近世以来世界各国社会发展的趋势。二是活动实施要自主。课外活动是一种有别于课堂的学生自主活动，其特点是弱受控性，即活动中不应强调教师对学生的控制，因此，在组织开展这些活动时，教育者应该体现学生的活动性，放手让学生自己去实践，如果说课堂教学活动以接受为基本模式，那么课堂之外的活动则完全可以实践探究模式为主；如果说教师是课堂之权威，那么课外活动才是真正的"平等中的首席"。① 事实上，学科课程与活动课程的结合并非简单的一方取代另一方，而是以自己特有的形式和功能完成各自不同的使命。

（二）基础教育改革的教师性与传授性

上面笔者阐述了关于以课程为核心的中小学教育内容与形式的基本主张，下面再来陈述一下关于教育依赖力量及该力量如何发挥作用的观点。基础教育活动的依赖力量是广大教师，中小学教学活动基本特质的授受性决定以教师教学为核心的"教授""教导""教习"能力不容忽视，因而，基础教育改革必须高度重视教师及其教学能力的提升。

其一，重新肯定并强调教师的主导性地位。学校教育是系统地有组织

---

① 〔美〕小威廉姆斯·E. 多尔：《后现代课程观》，王红宇译，华东师范大学出版社，2001，第 166 页。

地对学生施加影响而使其发生预期变化的专门场所，因而从该机构设立的原初意义讲，学生就是被当作影响对象而存在的，尽管学生是极具主观能动性和自主意识、自学能力的个体，当前"学生中心论"的倡导者也主要是基于如下基本认知来批判传统教育的：因为学生是否或能否接受教师的教育影响是整个教育成效体现的关键，而教育能否发生影响又最终由学生体现，因而教师的作用便是有限的，学生才是整个学校教育的主体，应该强调学生的中心地位与作用。诚然，从施加影响所产生变化的载体看，学生确实是自决产物，但学生的这一自决因素是绝对的，即只要涉及个体的学习或教育，其终极体现形式都是学习者个体本身的变化与否，不仅在校学生如此，非在校学生乃至普通人的情形也一样，不仅人类的学习如此，动物界那些发自本能的刺激反应联结学习也如此，因此，将一种普适的、不言自明且无法再还原的现象来忽视、削弱、反对教师的应然功能、应尽职责、应承角色，这是站不住脚的。同时，即便学校教育影响的这一学生终极体现特征，也不必然构成否定教师功用的依据，因为在现实教育实践中，因教师不同而出现学生差异较大的现象是有目共睹的。正因如此，笔者坚持认为，基础教育活动无论如何改革，它都应以教师为主体，通过强调并促使教师如何发挥自身的主动性、变革性、创造性来进行改革才是可行和有效的。严格来讲，那种以学生为中心的改革做法是本末倒置并违反学校设立初衷与存在本质的。

其二，再次强调教师教学能力的修炼与提升。在这种改革基于教师的认知观念下，那么改革的成效又当如何通过教师来达成呢？这便是教学问题。如何才能提高教师的教学能力呢？笔者以为，按照水平高低、程度大小以及境界雅俗，可以分阶段来提高教师的教学能力。第一个层级是科学化境界。在此阶段，我们要求教师在从教过程中必须掌握基本的教学规范，形成基本的教学技能，只要教师能够通过掌握这些技能与规范并能达到使学生理解、接受教师施加的教育影响即可。譬如在黑板上写的字，学生要能清楚认识；做的课件，学生要能看得真切；讲授的话语，学生要能听得明白；班级授课起码的秩序要能加以组织维系与调控等。一句话，该阶段是一个教学行为正确的表现，即科学化的要求。二是艺术化境界。如果说前一阶段或境界只能保证那些愿意学习或能够学习的学生成功获取教师的教育影响，那么这个阶段就是能够促使那些即使不愿意学习、看似时常不遵守组织纪律的学生也能饶有兴趣、安分守己地投入教师的课堂教学而有所获。具体讲，此时的教师，其语言不仅能够使学生听得懂，文字不仅能让学生辨得明，还能引发学生专心地听、认真地看，并且有一种欣赏的感觉。第三个层级是个性化境界。这种境界的教学能力是在前两者基础上对自身教学能力赋予个性或打上自己烙印的过程，即教师不仅掌握了基本的教育教学技能规范，能够运用相应的教育教学管理策略，将其灵活地组合施加于学生，而且即便人们没有亲历课堂，仅凭他人的描绘情形，也能清晰辨识该课为何人所授。实践中的特级教师便是这一境界的高度体现。上述三种境界教学能力的培养是当前我国教师培训的重点，有效教学的条件取决于教师的实际教学能力，因此，与其花费那么多的时间、精力、财力投入如何发挥学生的学习主动性或自主学习上，远不如投入教师教学能力的提升上。进一步说来，当前"国培计划"实施的全员轮训，在内容上应更多地侧重于教师教学实战能力的设计，形式上应该更多地通过课堂实际教学及其同课异构的观摩交流来进行，而非听报告、讲座。[①]

其三，着重强化教师责任心的培养与责任性的养成。前文已述，中小学教师教学有效性的能否达成重在基于责任心与责任性的教师教育教学责任行为，因而增强教师责任心与责任性的养成应当成为当前基础教育改革的重中之重。如何来做到这些呢？笔者以为，这是一项十分艰巨的工作，因为这是一个完全属于教师道德意识及其道德发展程度的心理问题，是内隐而非外显的，对其成效评判比较困难，当前世界各国对此也还没有发明出一种能够完全切实可行的评判与控制教师责任的方法与有效果措施来。但笔者认为可以通过如下方式来予以尽可能地解决。一是进行前提性的职业道德认知培训。这种培训除了目前惯常的岗前培训、在职进修外，要特

---

① 容中逵：《"国培"背景下的农村教师研训问题研究》，《教育发展研究》2014 年第 8 期。

别关注以学校为单位对广大教师发起广泛的阅读活动，通过"读书"来增强教师对教师职业责任性与责任心的认识。二是给予恪尽职守教师以充分肯定与社会正向形塑。长期以来，我们缺乏对恪尽职守者的肯定，这种缺乏不仅体现在没有重视对恪尽职守者的正面形塑上，更体现在没有对其予以物质与精神的肯定上。为此，在基础教育改革施行进程中，当前尤应重视以解决教师日常生活实际困难为核心的物质性支持和以声誉、名节为核心的精神性支持上。

（三）基础教育改革的调适性与渐进性

如果说前面两部分是从基础教育本身的特点来阐述改革要求的，那么调适性和渐进性则是从改革实施本身来分析的，即在基础教育改革过程中，我们应当通过具体问题的不断解决与群体效能的渐进提高来推进改革施行的具体进程。具体而言，要做到如下三点。

其一，起始阶段要做到目标适中性与措施改良性。改革启动是以目标定向为基础的，即改革到底要在哪些方面达成变化，事实上，改革在这个问题上是无须详言的，因为任何改革都会对此提出应然的目标诉求，因此，该问题的探讨实际上可以转换为目标提出本身是否是可以达到的。尽管每次基础教育改革都会提出目标，但目标提出能否实现还取决于目标制定得是否合理、是否具有实现的可能条件。如果用一个词来表述笔者关于改革目标的要求，那便是"适中"，即目标提出本身是适切中道的，其与改革前的情境差异不是巨大的，而是可以接受的；不是完全高出原有情境、遥不可及的，而是在一定的时空范围内和一定的社会历史条件下能够被实现与解决的。不仅如此，改革目标还应分成结构性的目标体系，即按照主要矛盾与矛盾的主要方面，将各种具体目标按重要程度不同有机地予以分层排列，将那些亟须解决的问题予以侧重性地优先考虑解决，而不能只提出一个美好宏大的、几近空想的愿景。二是措施的改良性。改革目标确定后，继之而来的是目标实现的具体措施与行动，任何改革都会出台相应措施，但措施本身却有力度、效能大小的不同，此间仍有渐进与激进、改良与革命等不同程度区分，而在笔者看来，基础教育改革的措施应该是改良式而非革命性的。因为一如本书上篇分析指出的，突变式的改革往往会由于其与现实教育差异过大而带来普遍不适，这种不适导致的结果不是促进改革实施效果的增加和施行进程的加速，而是相反。那么，措施的改良性体现在哪里呢？主要体现有二。一是改革措施的内源性。改革是特定历史时空条件下的具体行为，只有在目标、措施、方法等源于自身内在扬弃的基础上，改革才是可行的，易言之，改革是某一民族国家自己的主动行为，尽管改革措施的出台应当考虑借鉴性，但不能完全移植他者。二是改革措施的继承性。相关改革措施应该具有一定的历史继承性，不能以"旧有"为名完全摒弃过往的有益经验和做法，完全抛开传统的革命性的做法，尽管可能一时能够付诸实施，但终究会因历史的断裂而被遗弃的。一言以蔽之，上述两点要求我们的基础教育改革措施切不能脱离传统和已有行为模式太远。

其二，实施阶段要做到问题正视性与路径调适性。改革一旦付诸实施，都会碰到相应的问题，产生一定的矛盾，这是任何改革施行过程中的常态或必然现象，关键是改革者能否客观地看待这些问题。因而基础教育改革的发起者必须以正视的态度来对待施行过程中存在的各种异见与问题。所谓"正视"包括两项具体要求。一是问题正视性。一方面，改革发起者要容纳对改革产生的各种批评与异议的客观存在。任何反对意见都是事出有因，都会有其提出的客观依据，反对意见本身并不可怕，可怕的是改革者那种因刚愎自用而产生的对反对意见的蔑视与盲目否定。因此，改革发起者应该认真核实反对意见相关理据并做出理性客观的评价；另一方面，改革发起者要敢于承认已有失误、错误做法，肯定批评意见，结合各种意见及实施中的已有调查情况，对改革的相关目标措施予以重新审视，形成新的认识。二是路径的调适性。正视是前提，没有正视的心胸，便无法形成反思与行为的调整，因而在改革施行的调适过程中，改革者还应不断调适自己的改革措施，为此应当做到如下两点。一方面，要在过程上确保调适的经常性。改革发起者要在上述问题诊断的基础上，适时调整改革实践行为，此处调整应以实践效果为准则、以问题解决为中心，譬如因小组教学、合作学习而带来了更大的两极分化，则需将此改革措施修正复位而采取班级授课制，因削弱考试的作用而带来了学业质量下降，则应适时加强考试等。操作要点是以实践效果为判定依据而非以改革要求为判定依据。另一方面，要在内容上确保调适方向的正确性。改革的方向并非一成不变的，其施行过程中会因时随地产生不同偏差，因此改革发起者应当及时把握改革的总体方向，此处的把握方向，最关键的是要突破原有的思维定式，去除那种盲目认为"改革本身就是正确的"的错误观念，而其间最重要的环节，不是激进向前，而是缓和向后，即当改革施行进程中出现问题时，改革发起者应当做的不是以原有的方向去规训、约束、限制改革实践内容与措施，而是以实践中的内容、措施为基础去重新调整改革的方向与进程。

其三，总体进程要做到群体参与性与效能渐进性。改革从发起到施行应以共同体的方式进行，即由教育改革的行政决策、理论研究、实践操作三类主体共同参与改革方案的制定、施行过程的诊断、反思评价及其改进调适等活动，由此可以保证改革信息能够及时掌握并能得以迅速反馈至改革发起者那里。当然，这三类主体在改革施行中的功能是各有侧重的，行政决策者重在进行监控督促；理论研究者重在批判反思与及时纠错；实践操作者重在发现问题并及时做出反馈。犹如对某一病症的综合会诊，只有在三者共同参与、上下左右贯通并就改革的措施及其成效达成共识，改革的调适才会变得可能，而此间最重要的是三者必须保持相互平等和相互尊重的地位，而不能出现彼此掣肘的情形或控制与被控制的现象。二是在共同群体参与的基础上，通过群体扩展、渐次提高的方式来实现改革成效的逐步推进。此间的一种基本模式是：实践操作者特别是个别教师的改革实践效果被广大其他教师认同接受，成为一种可供学习仿效的范型而主动被其他教师研习并在实践中施行；理论研究者在全程参与这一过程的基础上，将其理论概括提升，形成可供通约解释的操作模式；之后再由行政决策者提供物力、财力进行更大范围的施行。这一模式的核心有两方面，即改革成效的确证与量的扩张时所需要的条件。什么意思呢？一方面，经由实践操作者而形成的功效应该是确实真切属实的，其被其他教师认可也是发自内心而非受制于人的人为认同；另一方面，还要明确其成效达成也是需要相应条件的，改革者应当将这些成效达成的条件分门别类地予以明确罗列开来，以使这些成效的仿行实施具有可供参考的依据，进而确保改革成效在量的扩张中的可操作性。一如有学者所指出的，"长期以来的历史经验显示，以点滴的改进及逐步的调整，迂回曲折地向前行去，反而能渐渐地带入改革的脉络，进而真正地实现改善学校教育的目的"。① 只有这种步步为营、效果渐进生成的改革方式才是基础教育改革的相对理想状态。

---

① 单文经：《教改性质的历史分析：逡逡巡巡步向理想》，《教育学报》2006 年第 2 期，第 26 页。

参考文献

陈建宪：《文化学教程》，华中师范大学出版社，2005。

陈乐民：《欧洲文明十五讲》，北京大学出版社，2004。

陈晓律：《发展与争霸：现代资本主义与世界霸权》，江苏人民出版社，2003。

陈学恂：《中国近代教育文选》，人民教育出版社，1984。

《陈云文选》（第3卷），人民出版社，1995。

陈振明：《公共政策分析》，中国人民大学出版社，2003。

陈琦、刘儒德：《教育心理学》，高等教育出版社，2005。

方晓东：《中华人民共和国教育史纲》，海南出版社，2002。

范先佐：《教育经济学》，人民教育出版社，1999。

费孝通：《乡土中国》，生活·读书·新知三联书店，2006。

冯静：《公共政策学》，北京大学出版社，2007。

顾明远：《民族文化传统与教育现代化》，北京师范大学出版社，1998。

顾明远：《中国教育的文化基础》，山西教育出版社，2004。

胡定荣：《课程改革的文化研究》，教育科学出版社，2005。

靳希斌：《教育经济学》，人民教育出版社，2009。

黄书光：《文化差异与价值整合：百年中国基础教育改革进程中的思想激荡》，教育科学出版社，2011。

黄书光：《中国基础教育改革的文化使命》，教育科学出版社，2001。

黄显华、霍秉坤：《寻找课程论和教科书设计的理论基础》，人民教育出版社，2002。

雷鸣强：《教育功效观——一个教育原理的新视角》，湖南师范大学出版社，1999。

李秉德：《教学论》，人民教育出版社，1991。

李金河、徐锋：《当代中国：公众政治参与和决策科学化》，人民出版社，2009。

联合国教科文组织：《学会生存：教育世界的今天和明天》，教育科学出版社，1996。

梁漱溟：《东西方文化及其哲学》，上海世纪出版集团，2006。

廖哲勋：《课程论》，华中师范大学出版社，1991。

马凤岐：《教育政治学》，人民教育出版社，2003。

马健生：《教育改革论》，安徽教育出版社，2007。

闵维方、文东茅：《学术的力量：教育研究与政策制定》，北京大学出版社，2010。

潘新民：《基础教育改革渐进论》，浙江教育出版社，2012。

祁型雨：《利益表达与整合——教育政策的决策模式研究》，人民出版社，2006。

钱穆：《文化学大义》，九州出版社，2011。

钱穆：《中国思想史》，九州出版社，2011。

瞿葆奎：《教育学文集·中国教育改革》，人民教育出版社，1991。

容中逵：《传统与现代的交锋：百年中国乡村教育变迁的实践表达》，浙江大学出版社，2010。

容中逵：《传统文化传承论：全球化时代中国教育的文化责任》，广西师范大学出版社，2011。

邵瑞珍：《教育心理学》，上海教育出版社，1996。

施良方：《课程理论——课程的基础、原理与问题》，教育科学出版社，1996。

石鸥：《教学别论》，湖南教育出版社，1998。

石中英：《教育哲学导论》，北京师范大学出版社，2002。

石中英：《知识转型与教育改革》，教育科学出版社，2001。

唐任武：《经济学原理》，北京师范大学出版社，2011。

王策三：《教学论稿》，北京师范大学出版社，1985。

王策三、孙喜亭、刘硕：《基础教育改革论》，知识产权出版社，2005。

王承绪、顾明远：《比较教育》，人民教育出版社，1999。

王承绪：《比较教育学史》，人民教育出版社，1999。

王汉澜、王道俊：《教育学》，人民教育出版社，1999。

王宏甲：《中国新教育风暴》，北京出版社，2010。

王义高：《当代世界教育思潮与各国教改趋势》，北京师范大学出版社，1998。

王英杰：《比较教育》，广东高等教育出版社，1999。

王英杰：《美国高等教育发展与改革》，人民教育出版社，2002。

吴康宁：《教育社会学》，人民教育出版社，1998。

吴康宁：《转向教育的背后：吴康宁教育演讲录》，华东师范师范大学出版社，2008。

吴志宏：《教育行政学》，人民教育出版社，2000。

吴忠魁、张俊洪：《教育变革的模式》，四川教育出版社，1988。

项贤明：《比较教育学的文化逻辑》，黑龙江教育出版社，2000。

项贤明：《泛教育论》，山西教育出版社，2002。

袁振国：《教育改革论》，江苏教育出版社，2005。

袁振国：《教育政策学》，江苏教育出版社，2001。

许象国：《基础教育课程管理概论》，上海教育出版社，2002。

叶澜、白益民等：《教师角色与教师发展初探》，教育科学出版社，2001。

叶澜：《教育概论》，人民教育出版社，1991。

叶澜：《中国基础教育改革发展研究》，中国人民大学出版，2009。

叶澜：《新基础教育论：关于当代中国学校变革的探究与认识》，教育科学出版社，2006。

衣俊卿：《文化哲学十五讲》，北京大学出版社，2004。

张楚廷：《教学论纲》，高等教育出版社，1999。

张荣伟：《我们需要怎样的教育——中国基础教育改革概论》，教育科学出版社，2012。

赵敦华：《西方哲学简史》，北京大学出版社，2001。

赵敦华：《现代西方哲学简编》，北京大学出版社，2001。

赵汀阳：《没有世界观的世界》，中国人民大学出版社，2005。

郑金洲：《教育通论》，华东师范大学出版社，2000。

郑金洲：《教育文化学》，人民教育出版社，2000。

郑新蓉：《现代教育改革理性批判》，人民教育出版社，2003。

《马克思恩格斯全集》（第1卷），人民出版社，1956、2009。

钟启泉：《课程的逻辑》，华东师范大学出版社，2008。

钟启泉：《现代课程论》，上海教育出版社，1989。

周浩波：《教育哲学》，人民教育出版社，2000。

钟启泉：《为了中华民族的复兴、为了每位学生的发展——〈基础教育课程改革纲要（试行）〉解读》，华东师范大学出版社，2001。

朱慕菊：《走进新课程：与课程实施者对话》，北京师范大学出版社，2002。

朱志宏：《公共政策》，台北：三民书局，1991。

陈丽萍、林丹：《关于基础教育改革中教师阻力的辩证关系分析》，《教育科学》2008年第5期。

程天君：《教育改革三问》，《教育研究与实验》2011年第5期。

程天君：《改革教育改革：从作为政治—经济改革到作为社会—文化改革》，《湖南师范大学教育科学学报》2012年第2期。

程天君：《教育改革的转型与教育政策的调整：基于新中国教育60年

来的基本经验》,《北大教育评论》2012 年第 4 期。

丁邦平:《学科课程与活动课程:是分离还是融合?》,《教育研究》2002 年第 10 期。

多尔:《后现代思想和后现代课程观》,《全球教育展望》2001 年第 2 期。

冯生尧:《香港课程实施影响因素之分析》,《全球教育展望》2001 年第 5 期。

顾超雄:《课程改革提防耽误一代人》,《中国教育报》2001 年 10 月 26 日。

高晚欣、王聪:《国家财政性教育经费地区分配问题研究》,《桂海论丛》2013 年第 5 期。

郭晓明:《论基础教育课程政策的公正性问题》,《教育理论与实践》2002 年第 4 期。

衡孝军:《美国基础教育改革》《教育研究》2001 年第 6 期。

胡东芳:《课程政策:一个亟待关注的课程研究领域》,《集美大学学报》(社科版) 2001 年第 3 期。

胡亚玲:《论社会变迁中教育的文化创新功能》,《青海师范大学学报》(哲社版) 2003 年第 1 期。

江鹏峰:《不评价学生应作为教师工作的一个原则》,《教育评论》2001 年第 1 期。

教育部"新基础教育课程改革实施与实施过程评价"课题组:《基础教育课程改革的成就、问题与对策》,《中国教育学刊》2003 年第 12 期。

靳玉乐:《论基础教育课程发展的新理念》,《教育理论与实践》2002 年第 4 期。

靳玉乐:《中国基础教育新课程的创新与教育观念的转变》,《西南师范大学学报》(人文社会科学版) 2002 年第 1 期。

雷顺利:《集权与分权的平衡》,硕士学位论文,湖南师范大学,2003。

李广、马云鹏:《课程改革中的文化冲突与文化适应》,《教育发展研究》2008 年第 22 期。

李幼蒸：《后现代主义策略及其后果》，《哲学研究》2002 年第 4 期。

李召存：《关于教育观念的理论思考》，《教育理论与实践》2002 年第 6 期。

林丹：《基础教育改革中教师"阻力"成因解析》，《教育发展研究》2008 年第 20 期。

刘复兴：《教育政策活动中的价值问题》，《北京师范大学学报》（人文社科版）2002 年第 3 期。

刘要悟：《试论课程论与教学论的关系》，《教育研究》1996 年第 4 期。

路书红：《基础教育课程改革阻力的文化思考》，《教育发展研究》2007 年第 1 期。

马健生：《论教育改革方案的可接受性与可行性：公共选择的观点》，《北京大学教育评论》2004 年第 10 期。

马维娜：《教育的国际化与本土化的合理性追究》，《上海教育科研》2001 年第 4 期。

马云鹏：《基础教育课程改革：实施进程、特征分析与推进策略》，《课程·教材·教法》2009 年第 4 期。

欧阳康：《后现代主义与当代西方人文社会科学》，《江汉论坛》2001 年第 11 期。

庞学光：《教育终极目的论纲》，《教育研究》2001 年第 5 期

齐学红：《基础教育改革的制约因素及作用方式》，《教育理论与实践》2012 年第 16 期。

容中逵：《课程论的"大"字情结与教学论的职责坚守》，《当代教育与文化》2013 年第 5 期。

容中逵：《论教育目的的国民性表述问题——战后中日韩新四国教育目的之国民性比较分析》，《外国教育研究》2006 年第 12 期。

容中逵：《论教学活动特质的阶段属性》，《课程·教材·教法》2013 年第 6 期。

单文经：《教改性质的历史分析：逡逡巡巡步向理想》，《教育学报》

2006 年第 2 期。

沈岚霞：《论多尔后现代课程观》,《盐城师范学院学报》（人文社科版）2002 年第 2 期。

石鸥：《从教育批评看学校不能承受之重》,《教育研究》2002 年第 1 期。

石鸥：《教育实验推广中效果递减现象的研究》,《中国教育学刊》1995 年第 2 期。

石鸥：《课程改革：在实施中异变的原因与对策》,《课程・教材・教法》2004 年第 3 期。

石中英：《本土知识与教育改革》,《教育研究》2001 年第 8 期。

石中英：《当前基础教育改革中的几个认识论问题》,《学科教育》2002 年第 1 期。

石中英：《如何理解基础教育的"基础性"》,《人民教育》2005 年第 24 期。

孙喜亭：《从实践观点看教学理论》,《教育科学研究》2002 年第 11 期。

孙喜亭：《基础教育的基础何在?》,《教育理论与实践》2001 年第 4 期。

孙喜亭：《再谈基础教育的基础何在?》,《教育理论与实践》2003 年第 8 期。

孙振东：《学校知识的性质与基础教育改革的方向》,《教育学报》2006 年第 2 期。

王策三：《关于课程改革"方向"的争议》,《教育学报》2006 年第 2 期。

王文倩：《20 世纪 60 年代美国〈初等和中等教育法〉研究》, 上海师范大学, 2012。

吴康宁：《教师是社会代表者吗?》,《教育研究与实验》2003 年第 1 期。

吴康宁：《学生仅仅是受教育者吗?》,《教育研究》2003 年第 4 期。

吴康宁：《谁支持改革．兼论教育改革的社会基础》,《教育研究与实验》2007 年第 6 期。

吴康宁：《制约中国教育改革的特殊场域》,《教育研究》2010 年第 12 期。

吴康宁：《赞同? 中立? 反对? ——再论教育改革的社会基础》,《教育学报》2011 年第 4 期。

吴康宁：《教育改革成功的基础》，《教育研究》2012年第1期。

吴康宁：《反思我国教育改革的舆论支持》，《湖南师范大学教育科学学报》2012年第2期。

吴康宁：《理解"深化教育领域综合改革"》，《清华大学教育研究》2013年第1期。

吴康宁：《深化教育改革需深化的三个重要转变》，《南京师范大学学报》（社会科学版）2013年第3期。

吴康宁：《教育领域综合改革需要怎样的社会支持?》，《教育研究与实验》2013年第6期。

吴永军：《新课程改革需要理性精神》，《教育发展研究》2003年第1期。

夏心军：《我国基础教育改革中的十大阻力》，《河北师范大学学报》（教科版）2008年第6期。

项贤明：《教育：全球化、本土化与本土生长》，《北京师范大学学报》（人文社科版）2001年第2期。

项贤明：《开放、自尊与文化殖民》，《学术界》2002年第5期。

项贤明：《论教育创新与教育改革》，《高等教育研究》2007年第12期。

肖正德：《课程改革中的文化冲突与整合》，《教育研究》2008年第4期。

谢登斌：《多尔后现代课程观的理论探析》，《广西师范大学学报》（哲社版）2002年第2期。

杨宝山：《21世纪课程目标：向后现代教育过渡》，《北京师范大学学报》（人文社科版）2000年第4期。

姚永强：《教育政策主体的利益冲突与整合》，《教育学术月刊》2012年第2期。

袁桂林：《本届美国政府教育改革计划述评》，《外国教育研究》2001年第12期。

张应强：《教育过程主客体及其关系新论》，《教育理论与实践》2002年第12期。

周作宇：《教育、社会分层与社会流动》，《北京师范大学学报》（人文社科版）2001 年第 5 期。

祝怀新：《角逐卓越：美国奥巴马政府中小学教育改革新动向》,《外国中小学教育》2013 年第 2 期。

〔加〕迈克·富兰：《变革的力量：透视教育改革》,曾子达译,教育科学出版社,2004。

〔加〕迈克·富兰：《变革的力量：深度变革》,刘祥福译,教育科学出版社,2004。

〔加〕迈克·富兰：《变革的力量续集》,郭晓平译,教育科学出版社,2004。

〔加〕迈克·富兰：《学校领导的道德使命》,邵迎生译,教育科学出版社,2005。

〔加〕迈克·富兰等：《突破》,孙静萍、刘继安译,教育科学出版社,2009。

〔加〕本杰明·莱文：《教育改革：从启动到成果》,项贤明、洪成文译,教育科学出版社,2004。

〔美〕查尔斯·A. 爱尔乌德：《文化进化论》,钟兆麟译,上海文化出版社,1989。

〔美〕菲利普·库姆斯：《世界教育危机》,赵宝恒等译,人民教育出版社,2001。

〔美〕菲利普·G. 阿特巴赫：《比较高等教育：知识、大学与发展》,人民教育出版社教育室译,人民教育出版社,2001。

〔美〕汉娜·阿伦特：《人的条件》,竺乾威等译,上海人民出版社,1999。

〔美〕亨利·A. 吉罗克斯：《跨越边界——文化工作者与教育政治学》,刘惠珍等译,华东师范大学出版社,2002。

〔美〕克莱德·M. 伍兹：《文化变迁》,何瑞福译,河北人民出版社,1989。

〔美〕克里福德·格尔茨：《文化的解释》,韩莉译,译林出版社，1999。

〔美〕刘易斯·科塞：《理念人：一项社会学的考察》，郭方译，中央编译出版社，2004。

〔美〕迈克尔·W. 阿普尔：《意识形态与课程》，黄忠敬译，华东师范大学出版社，2001。

〔美〕斯科特：《弱者的武器》，郑广怀等译，译林出版社，2007。

〔美〕爱德华·希尔斯：《论传统》，傅铿、吕乐译，上海人民出版社，1991。

〔美〕小威廉姆斯·E. 多尔：《后现代课程观》，王红宇译，教育科学出版社，2001。

〔美〕彼得·M. 布劳：《社会生活中的交换与权力》，李国武译，商务印书馆，2011。

〔挪〕波尔·达林：《教育改革的限度》，刘承辉译，重庆出版社，1991。

〔日〕滕田英典：《走出教育改革的误区》，张琼华译，人民教育出版社，2001。

〔英〕B. 霍姆斯：《比较课程论》，张文军译，教育科学出版社，2001。

〔英〕埃德蒙·金：《别国的学校和我们的学校》，王承绪译，人民教育出版社，2001。

〔英〕克拉克·威斯勒：《人与文化》，钱岗强译，商务印书馆，2004。

〔英〕洛克：《教育漫话》，傅任敢译，教育科学出版社，1999。

〔英〕斯蒂芬·J. 鲍尔：《教育改革：批判与后结构主义视角》，侯定凯译，华东师范大学出版社，2002。

Duncan Ame（2009），"A Call to Teaching Given at the University of Virginia," http//: www. Ed. gov/news/speeches/2009/10/10092009. html. 2009 - 10 - 09.

Stefan Remaekers（2002），"Postmodernism：A 'Sceptic' Challenge in

Educational Theory", *Journal of Philosophy of Education*, Vol. 36, No. 4.

Marianna Papastephanou (2002), "Arrows not yet Fired: Cultivating Cosmopolitanism through Education," *Journal of Philosophy of Education*, Vol. 36, No. 1.

Hiromi Yamashita & Christopher Williams (2004), "A Vote for Consensus: Democracy and Difference in Japan," *Comparative Education*, Vol. 38, No. 3.

Joseph W. Newman (1994), *America's Teachers*, Longman Publishing Group.

James Gribble (1969), *Introduction to Philosophy of Education*, Ally and Bacon. Inc.

John Smyth (1989), *Critical Perspectives on Educational Leadership*, The Falmer Press.

Gerald L. Gutek (1988), *Philosophical and Ideological Perspectives on Education*, Ally and Bacon.

T. R. Dye (1987), *Understanding Public Policy*, Prentice – Hall, Inc.

跋

提起这五寸之管，蘸墨停顿良久竟不知如何动笔，因为思绪早已随着这羊毫小楷漫无边际地飘荡：时而飞往十多年前硕士开题报告时的唇枪舌剑，忽然又浮现出岳麓山腰诸友相互争辩时的眉飞色舞，瞬间脑海内又响起师父（刘要悟教授）那掷地有声的鞭策鼓励之辞……似梦境、如坐云雾般思绪万千！

是呀，想当年正值新课改伊始，源于湘勇的血性与执着，我从步入湖南师范大学时便对这个颇具政策意蕴的论题倍感兴趣。然而，冲动是魔鬼，兴趣浓烈的一时快感之后，接踵而来的便是后悔与痛苦。国人的文化是一种面子精神，楚人的风格又是一种土匪式豪情，在这两者的内外夹攻下，我开始硬着头皮将压根并未细致思考的"对新基础教育课程改革理念、举措、实施的理性审视"作为硕士学位论文选题。研究是依章进行的，当我把第一个专题"后现代课程观与当前我国课程实践的定位问题"撰诸成文交给刘导时，他看后第二天便邀上我们直奔"东北饺子馆"——一个三年来师徒谈学论术、把酒言欢的革命根据地。二两小酒下肚后，他开始步入正题，然而，跟往常不一样的是，这次他开口便说："小容、天君、尹伟，今天为师跟你以喝酒聊天为主，关于你们的论文，我只提一个要求，我只希望你们的每一个三级标题都按照交给我的那些投稿论文来认真撰写，不管有多少人反对，如果你们这么坚持下去，你们的论文就是最优秀的……来，喝一个！"这是论文写作初期的一段酒话，然而正是这番鼓励坚定了我的信心，执拗而蛮动的我之后按照研究思路和写作提纲将整个硕士论文分成了十个小专题。没错！每一个小专题我都严格按照导师的要求，将其行诸成了十份单篇投稿论文，然而颇受打击的是，这些原本在 2003 年左右就已完成的投稿论文却屡投不中，年少轻狂的我时常在酒席间与挚友天君调侃"这文章都不要，看来这期刊办得也没什么前途了"以自嘲。

人生常有一波三折、时来运转之说，就像当年本科毕业硬要报考华东师范大学比较教育专业研究生未果，中经等额面试落第北京师范大学比较教育研究所，后又跨专业连续三年报考北京大学国际关系学院绝望至极一样，当我几近与斯金纳的小白鼠那般，即使唾手可得都不愿或不敢敲击那个食物阀门时，我却意外地获得了在湖南师范大学重生的机会。论文的情形也差不多，国内刊物几乎按铁路线投遍了，就是没人要。当时我并未去关注论文本身之外的东西，就是一头认定是论文本身写作的质量有问题，直至一位善良编辑电话里一句不经意的话提醒我时，我才放弃了对论文那股修删润裁的执着。我将这洋洋洒洒的八万余字像"女儿红"一般地封存珍藏起来，这一封存便到了甲戌赴京攻博的深秋。2004 年，学界开始出现了关于新课改的争鸣，于是我小心翼翼地打开这些封存老酒，贴上"女儿红·三年珍藏"的标签，开始逐坛贩卖起来，没想到同一种东西，时过境迁后又是另一番风景。随着"论新一轮基础教育课程改革的价值取向"一文在 2004 年秋被《现代教育论丛》刊登并被人大《复印报刊资料》的《中小学教育》全文转载之后，库存的十坛老酒逐坛出土，并先后有六篇被人大《复印报刊资料》全文转载，在地下封存过的东西看来果真不同凡响，那些还夹杂着泥土地气息的原本只有三十度左右的浆汁竟然可以浓烈至五十二度，沁人心脾！是呀，要真心感谢那些生产"女儿红"的诸多产家，而此间最要感谢的产家便是《教育理论与实践》，正是她的包容、宽宥才给予了我"大放厥词"的机会，也正是她的浑厚与不拘一格才为我提供了发表关于新一轮基础教育课程改革论文的平台，就让我先对那些刊用拙文的编辑同志们真诚地道一声谢谢吧！

像老太婆似的在这里不停唠叨着这一研究历程并非哗众取宠，而是自我反思中的一种认知进步，或许我们的先哲早就告知我们，君子要"达则兼济天下，穷则独善其身"，但若没有一番穷达的历练，又如何能有那番感同身受的体认呢？难怪我们的"美女教授"（辛继湘）要将"体验教学论"作为博士学位选题，而室友"鲁四老爷"（肖海平）在研究历史教学时要强调穿越时空的体验呢！这番"体验"让我这颗小脑袋在胡思乱想些什么呢？这便是"基础教育改革支配逻辑"研究的由来，本书下篇是对硕士学位论文的修改，上篇却是十年来对基础教育改革进一步深入思考的结果，时下关于2001年新课程改革的争议仍在继续，如果我们把这些新课程改革中的上述诸多现象纳入一个更为广阔的视域加以系统考察或深究，我们便会更加透彻地看清这看似复杂难明现象背后的一些原理性机理。布迪厄（Pierre Bourdieu）曾说不同的场域有不同的游戏规则：政治言权，关注得失；军事言盟，分辨敌友；经济言利，看重盈亏；文化言文，尤重话语区隔……教育讲什么呢？应该是工具效率和正义公平吧！他又说不同场域的游戏规则是具有可通约性的，不正是这些可通约性促使着个体在不断通约的反思中成长成熟吗？！的确，学术原本也是一种生活，不然，张世英前辈怎么会断言"在真正的哲学工作者眼中，北大未名湖畔最静谧的林荫小道永远是和王府井最繁华的商业大街相通的呢？"本书事实上是一种将基础教育系统视为一种生命个体而加以拟人化考察的随机感悟，其间诸多观点可能真的是片面之词，并且在看似自成体系的表象当中，也确实难以掩饰其先天杂乱基因的不足，我不想去多加隐讳和辩白，不是不愿，而确实是囿于智识、学养而无力辩白。因此，撰写此书的初衷是想让同人知晓曾经有那么一位年轻的学者发表了这么一堆零散的看法。当然，在这个被大众传媒日益吞噬并统治的帝国世界里，或许连这一点初衷也难以如愿成行。天道酬勤，学贵大成不贵小用，大成者参于天地，小成者计利谋功，足一愿足矣！

一口气写了八页，再次执管停思，似乎缺少了点什么，是什么呢？作为一名成年人，应该不会再像犬子那般，当人们问及已认识的字是谁教的时，便无知地向众人大声宣称："是我自己学会的！"如果说他尚透露着稚嫩，我断然不会如此狂妄地向世人这么宣称，否则站在身后被他姐姐取笑的可能就不再是她弟弟，而是她爸爸了。本书撰写要感激给予启发帮助的人真的很多，细说来应该有两个排的建制，但真的要发自内心地感谢以导师刘要悟教授为首的湖南师范大学众位恩师：是稳健严谨、极富远见的刘导对学生选题的充分尊重与几近苛刻的学术训练才使我的求学之路有所担当；是幽默睿智的张楚廷教授那数学解题式的追问才使我的研究走向深入；是石鸥教授那犀利敏捷的批判才使我的研究愈加严谨；是娄底方言十分浓郁的周庆元教授那份对本研究铿锵有力的肯定才使我信心倍增；是张传燧教授那考古式的鉴定才让我的学术更加规范；是长兄般的田汉族教授那细致入微的论文开题提点才使我警惕有加……当然，少不了程天君——一个已然声名鹊起且在未来更具发展前景的年轻才俊，但除了彼此都从师父那里窃取的"二两小酒下肚后才思敏捷"之外，还能曰什么呢？如果说还有一点值得挖掘的东西，那可能就只剩下同道中人那点"驴"之批判愤青的学术精神了！正是这种当前学界少有的精神才使拙著手稿雏成、寄呈彼处时便遭五雷轰顶，细思来，也正是这种少有的精神才使得彼此每每都能情投意合、惺惺相惜！

感谢杭州师范大学原校长林正范教授的鼎力支持，孔子曰"风过草偃"、孟子道"浩然之气"、荀子又云"化性起伪"，他那宽宥、人如其名的一身正气与率先垂范，不仅纠正了我学术行文的偏激之处，更令我的人格愈趋圆润成熟。感谢张华教授，作为国内外的知名学者和新基础教育课程改革发起的智囊成员之一，正是在与他对酒当歌般的谈学论术、辩驳论争过程中，才使我的许多观念和认知得以更新与更进。感谢研究生赵春兰同学，是她的智识储备与妙笔生花促使了"政治逻辑"的自然雏成，又是她那比导师更激进的批判精神才使"政治逻辑"更趋完善扛辩。感谢父母带病一如既往地为我操持这个小家，二老作为共和国的同龄人，他们的身体力行让我这个业已完成国民教育体系最后阶段的无用文人，再度受到了最经典与最直接的继续教育，是他们在窝居中完成了我的整个学术乃至事业支撑！特别感谢肖正德教授，他那严谨的西北师大学风常常让他成为我"逻辑"观点表达聆听的第一人，也正是与他的讨论才使本书诸多观点日趋细致、条理化，他使我想到了挚友桑锦龙大学毕业留言时的那段话："你年幼，我龄长；你喜动，我好静；你是矛，我是盾；你是南方人，我是北方人；感谢马克思主义的辩证法，是它将我们一统于矛盾的共同体之中……"是呵！没有仁兄的关爱，群生、德芳、王凯、从根、淑琼等群弟又何以马首是瞻？西北师范大学的前辈们常常教导我们"为学先做人"，什么样的学术造就什么的人生，愿我们以严谨的学术锻造真诚的人生，也愿我们以真诚的人生孕育异样的学术！最后要感谢的是湖南师范大学的刘铁芳教授，没有他的敦促和资助，拙作无法迅速提上出版日程。还有社会科学文献出版社的丁凡老师，她那种编审式的字斟句酌和社会学式的叩问质疑，让我对学术出版的严谨性有了一份更为深刻的认识，也让我这个被同侪斥为没有学术归属感、"乱搞"的杂家对学术的深入性与独占性有了一番完全异于此前的认知。确实，没有她那高效作风，拙著难以出版于学术之林；没有她那果敢性情，敝人难以自省于乌合之众。

后记乎？感悟耶？似是而非，是则是之，非则非也，即体即用耳！随即一曲以自娱：

芝兰生东牖，栎影罩西窗，輦麝南室、馨泄东厢。一路聚萤遣夜去，未曾识，雾失沟壑、云起峰峦，慵整寒衾待春寒！日月五星仍在，暗忖度，明朝七夕、可否再解霓裳？

嵬峨岳麓琦，幽然玄武珊，坐拥齐鲁、斜瞰楚湘。百里执戈挎瘦马，只道是，尘扬魏赵、沙卷燕韩，踏破铁骑平秦川！战国七雄无存，细思量，今日李唐、安能复造阿房？

容中逵

己亥六月初六于麓山景德寓所

图书在版编目（CIP）数据

力度与限度的博弈：基础教育改革的支配逻辑／容
中逵著 . --北京：社会科学文献出版社，2019.9
ISBN 978 - 7 - 5201 - 5396 - 6

Ⅰ.①力… Ⅱ.①容… Ⅲ.①基础教育 - 教育改革 -
研究 - 中国 Ⅳ.①G639.21

中国版本图书馆 CIP 数据核字（2019）第 180197 号

力度与限度的博弈

——基础教育改革的支配逻辑

著 者／容中逵

出 版 人／谢寿光
责任编辑／丁 凡
文稿编辑／李惠惠

出 版／社会科学文献出版社·城市和绿色发展分社（010）59367143
地址：北京市北三环中路甲 29 号院华龙大厦 邮编：100029
网址：www. ssap. com. cn
发 行／市场营销中心（010）59367081 59367083
印 装／三河市龙林印务有限公司

规 格／开 本：787mm × 1092mm 1/16
印 张：17 字 数：248 千字
版 次／2019 年 9 月第 1 版 2019 年 9 月第 1 次印刷
书 号／ISBN 978 - 7 - 5201 - 5396 - 6
定 价／78.00 元

然的功效的。另一方面是越来越多的家长让孩子们参加各种课外兴趣、特长、学科提升班，却很少去关注学生的日常劳作习惯与技能的培养。在校期间除了参加大扫除这样的经典"劳动课"外，鲜有组织学生参加具有生产性质的劳作活动，久而久之，这种机械单一且形式固定、周期开展的"劳动课"便成为学生只是单纯应付甚至埋怨的活动形式。英国人培养绅士要安排园艺、木工、纺织等活动；法国的爱弥尔到乡间不仅要去感受大自然，还要从事相关农村劳作活动；德国人甚至将国民教育学校径直称为"公民劳动学校"；在马卡连柯的铁路小学、苏霍姆林斯基的帕夫雷什中学，劳作无不是学生的重要活动。可见，强调劳动及其劳作能力的培养是近世以来世界各国社会发展的趋势。二是活动实施要自主。课外活动是一种有别于课堂的学生自主活动，其特点是弱受控性，即活动中不应强调教师对学生的控制，因此，在组织开展这些活动时，教育者应该体现学生的活动性，放手让学生自己去实践，如果说课堂教学活动以接受为基本模式，那么课堂之外的活动则完全可以实践探究模式为主；如果说教师是课堂之权威，那么课外活动才是真正的"平等中的首席"。[①] 事实上，学科课程与活动课程的结合并非简单的一方取代另一方，而是以自己特有的形式和功能完成各自不同的使命。

（二）基础教育改革的教师性与传授性

上面笔者阐述了关于以课程为核心的中小学教育内容与形式的基本主张，下面再来陈述一下关于教育依赖力量及该力量如何发挥作用的观点。基础教育活动的依赖力量是广大教师，中小学教学活动基本特质的授受性决定以教师教学为核心的"教授""教导""教习"能力不容忽视，因而，基础教育改革必须高度重视教师及其教学能力的提升。

其一，重新肯定并强调教师的主导性地位。学校教育是系统地有组织

---

① 〔美〕小威廉姆斯·E. 多尔：《后现代课程观》，王红宇译，华东师范大学出版社，2001，第166页。

这一源于美国的做法不仅被苏联的巴班斯基（Ю. K. Бабанский）强烈地批判过，他说："教学的无系统性曾伴随有蛊惑人心的口号，说什么要让孩子自由，不要把自己的逻辑和自己的体系强加给他等。所有这些假冒科学的探索早已被生活摒弃，它们的各种新的变种必将遭到同样的下场，就富有成效的教学来说，真正的科学基础是系统而循序渐进地学习教材"，[①] 而且被众多的美国本土教育心理学家的实验推翻过，奥苏伯尔（D. P. Ausubel）有意义的学习理论、加涅（R. M. Gagné）的信息加工理论、布鲁纳（Brunner）的认知结构说、托尔曼（E. C. Tolman）的认知图式说等，无不表明教材的呈现方式要与人类的认知结构相匹配的观点。[②]

其二，就基础教育活动的形式而言，应当加强学生各种活动的组织与开展。在学校接受教育的小学生和初中生，其教育接收源主要有静态和动态两种，静态的以教材为核心的课程上文已经阐述过，接下来再谈谈活动的组织与开展问题。一是活动的类别要多样。此处的活动是指除课堂教学之外的各类教育活动，包括体育文艺活动、相关手工和体力劳作活动、各种各类娱乐活动、兴趣小组和社团活动等，其特点是以学生的直接"做"与"动"为主，其目的是让学生更好地体验生活、感知和强化课堂学习的内容、缓和学生学习压力、促使学生劳逸结合，培养学生兴趣、挖掘或发现学生的特殊才能，使其掌握基本的劳作观念和劳作能力。当前我国中小学在这方面的活动是相对缺乏的。一方面是学生远离自然的现象比较突出。特别是城市中小学生，由于远离乡村自然环境，他们在压根没有直接感知经验的基础上去学习一些原本需要耳闻目睹才能深有体会的内容。最近宁波有则新闻报道说，某家长因为孩子未见过桃花是什么样子，不知道"娇似桃花"是什么意思而花了几十万元承租了一个山头，专门让孩子从中感受自然环境中的各种花草植物。这是学校缺乏让学生参与自然活动的表现之一。的确，单凭每年一两次的春游、秋游是无法达到让学生了解自

---

① 〔苏〕巴班斯基：《论教学过程最优化》，吴文侃译，教育科学出版社，2001，第29~30页。
② 邵瑞珍：《教育心理学》，上海教育出版社，1996，第57~138、325~332页。

（或课本），所以要解决这个问题事实上便可聚集落实到教材的编写上，因而此处笔者将着重阐述教材的编制及其呈现问题，这些问题都是针对在笔者看来目前我国依然认识偏颇、做法失当而论述的，具体讲，一是教材内容选取要体现要素性。在小学和初中阶段，我们的教材编纂就是要体现各学科当中的基本概念、命题和原理，而不是所谓的前沿与思维，因而应当精选人类文化成果中最基本的要素和材料来作为教材内容和学生学习的原型。既然是精，就应该忌杂与繁，当前我国小学教材编制存在的一个较大问题是语文课本选材的"＊"现象比较严重，即教材中许多课文是被加上"＊"而作为课外阅读材料的，事实上，如果在原本教材阅读量就有限的情形下，再人为地将一些本该交由学校和教师来完成的教学任务交给学生自行去自由自主阅读，其功效是很差的，并且这也是一种资源的极大浪费和教师功能弱化的表现。与此同时，数学教材却越编越薄、练习题越来越少，这样便使不少学校盲目地依赖各种已有的出版习题集，如"一课四练""课堂作业本"等，继而削弱了教师教学的针对性，并弱化了教学效果，殊不知基本概念、命题和原理是要通过运用的强化来予以巩固的。二是教材表述的明晰性。作为学生最基本的学习材料，教材内容的表述应该是相对规范而明确的，而不能似是而非或者模棱两可。有些同志说过多的定论可能会钳制学生思维的发展，扼杀学生的创造性，事实不然，任何创造都是源于对已有内容承袭的重新思考，如果连起码的定论都没有形成，他们是不会创造的，因为本质而言，创造就是对已有物质与精神的批判、改进，继而形成与此前认识不一样的东西。不仅如此，教材编写的这一要求还要贯彻至教师的课堂教学过程当中，毕竟小学生和初中生首先需要学习的是关于整个世界和社会的明晰认识，其首要任务是清楚"是什么"，而不是"还有什么""为什么"的问题。三是教材形式的结构性。当前我国中小学教材编制存在的另一个缺陷是结构性不强，由于强调单元和模块的作用而相对忽视了学科本身应有整体结构的有效体现，继而使教材内容各个组成部分之间的逻辑性不强、前后内容杂乱不显，最后使学生无法理解整体与部分、部分与部分之间内容的内在关联，缺少系统性。事实上，关要求等有所明确；履行责任的自我评价，即对自己责任履行的行为状况的反思与自我评价；责任行为调节，即基于责任自我评价而做出的具体行为执行。就发展水平而言，可以根据自觉性水平将教师责任意识分为自控层、他控层、无控层三个高低不同的层次。其中，自控层的教师能够控制自己的行为并做到随时反思与调节自己的行为，这是责任意识的最高境界；他控层的教师缺乏自我监控能力、自制力较差，相关责任行为不是源自内心的认识与坚守，而是来自外部的规范与要求，这是教师责任意识的中级水平；无控层的教师对自身的职责缺乏明确认识、理解与把握，责任行为完全凭自己的一己之利、一孔之见、一时之潮来做出，这是教师责任意识的低级水平。由于责任是决定中小学教师教学成效的决定因素，因此，当前我国亟须加强的便是以责任为核心的教师职业道德伦理教育。

三　基础教育改革之旧途径

变革是事物发展的本真状态，基础教育改革的真精神也正是在一个"变"字，这是本书开篇即已阐明的一个基本观点。然而在变中，我们需要考虑影响其进程的各种因素，关于相关制约因素及其支配机理等，笔者已于上篇四章详细解读，因而此处笔者将主要就基础教育改革的如何实施做一强调申明，由于其间相关措施与观点事实上在前人早已讲过，所以此处冠以"旧"字论之。

（一）基础教育改革的基础性与要素性

基础教育改革异于其他教育之处在于"基础"二字，离开"基础"的基础教育改革注定是被异化的变革，因此，基础教育改革须以此为凭借点或支撑点。那么基础教育在改革实践中又该如何来体现这一"基础"性呢？笔者认为可以从内容与形式两方面来予以阐述。

其一，就基础教育活动的内容而言，应该加强学生基础知识、基本技能的掌握与运用。教育内容的核心构成是课程，课程的集中体现是教材